农业绿色发展的
黄岩探索与创新

NONGYE LÜSE FAZHAN DE
HUANGYAN TANSUO YU CHUANGXIN

王丽娟 解崇斌 等 著

中国农业出版社
北 京

图书在版编目（CIP）数据

农业绿色发展的黄岩探索与创新 / 王丽娟等著.
北京：中国农业出版社，2024. 10. -- ISBN 978-7-109
-32387-2

Ⅰ. F327.554

中国国家版本馆CIP数据核字第2024ZQ2981号

中国农业出版社出版

地址：北京市朝阳区麦子店街18号楼
邮编：100125
责任编辑：张　丽
版式设计：杨　婧　责任校对：吴丽婷
印刷：中农印务有限公司
版次：2024年10月第1版
印次：2024年10月北京第1次印刷
发行：新华书店北京发行所
开本：787mm×1092mm 1/16
印张：11.25
字数：260千字
定价：158.00元

本书著者名单

王丽娟　解崇斌　徐梦洁　闻海燕　俞丽红
王　琪　王　燕　王允镔　朱静琦　张景棋
陈　炜　陈永强　陈佳佳　范　锋　范森珍
周佳媚　唐文升　龚　丹　彭泸以　黄　源
喻柳熹　喻露娜　蔡佳苡

序一

　　黄岩农业是浙江农业的典型代表，其平原、丘陵、山区兼具的地形地貌带来了丰富优渥的自然资源，农业发展具有得天独厚的优势，素有"稼穑之利，甲于一州""温黄熟、台州足"等美誉，是中国"蜜橘之乡""优质杨梅之乡""茭白之乡""枇杷之乡""紫莳药之乡"。特别是"黄岩蜜橘"享誉中外。1949年12月，毛泽东主席第一次出访苏联时将黄岩蜜橘作为国礼，斯大林品尝后评价其乃"橘中之王"，成为一段佳话。

　　绿色高效发展是新时期黄岩农业打造的又一张"金名片"。20世纪末，围绕发展效益农业，黄岩区把农业标准化建设放到了推进农业产业化和实施名牌战略的重要地位。进入新世纪以来，根据时任浙江省委书记习近平提出的"大力发展高效生态农业"决策部署，黄岩以西部山区为突破口推进农业产业发展，率先启动了农业绿色发展进程。近年来，黄岩紧跟国家、省、市生态文明建设战略部署，农业绿色发展不断深入，先后获批创建国家有机肥替代化肥示范县、国家农产品质量安全县、国家农业绿色发展先行先试支撑体系建设试点县、全省化肥减量增效示范县、全省农业绿色发展先行县、全省农业绿色发展暨肥药两制改革试点县、全省农业标准化生产示范县等，农业绿色发展整体水平达到全国领先。

　　浙江省农业科学院与黄岩区具有深厚扎实的合作基础。浙江省农业科学院柑橘研究所1936年建所于黄岩。作为全国第一个建立的柑橘专业研究机构，该研究所长期在优良品种选育、优质高效栽培、病虫害综合防治、果品精深加工、农技人才培养等方面提供技术支撑与服务。近年来，在黄岩区委区政府的高度重视下，双方以农业绿色发展为契机开展了更为紧密的协作。在实施全省特色农产品安全风险管控（"一品一策"）重大农业专项任务中，浙江省农业科学院先后在黄岩主产区建立柑橘、杨梅、草莓、茭白等全产业链安全风险管控技术示范推广基地25处，进一步提升了黄岩农产品质量安全水平。2020年，黄岩区与浙江省农业科学院就开展国家农业绿色发展先行先试支撑体系试点县建设签订了战略合作协议，围绕建立和完善黄岩绿色农业发展的技术体系、标准体系、产业体系、经营体系、政策体系和数字体系等开展研究，有力地推动了黄岩农业绿色发展体系化建设和系统化转型。2021年以来，黄岩区与浙江省农业科学院又联手开展全国农业科技现代化先行县共建，在共商产业发展、共建合作平台、共解技术难题、共绘绿色名片、共育发展人才等方面开展全面战略合作，黄岩区于2023年成功入选首批"全国农业科技现代化先行县"名单。

在此背景下，《农业绿色发展的黄岩探索与创新》一书应运而生，该书系统总结概括了黄岩农业绿色发展的模式路径和创新举措，为把黄岩农业绿色发展先行先试的经验做法推广到全省、全国乃至世界各地提供了载体条件。通读全书不难发现，坚持"科技和改革双轮驱动"是农业绿色发展取得显著成效的法宝。"凡是过往，皆为序章"，站在新的起点，面向建设现代农业强国和推进乡村全面振兴的更高要求，希望黄岩区和农业科研单位继续保持密切合作，充分发挥双方政策、资金、人才、科技等优势，把农业绿色发展的"金名片"擦得更亮。

是为序。

成行江

2024年8月15日

2005 年，时任浙江省委书记习近平在全面分析浙江资源禀赋、经济社会发展水平和农业发展新形势的基础上，前瞻性地作出了大力发展高效生态农业的战略决策。党的十八大以来，习近平总书记提出一系列新理念新思想新战略，又特别指出，推进农业绿色发展是农业发展观的一场深刻革命，并就新时代农业绿色发展作出了一系列重要论述。在新的时代背景下，黄岩区坚定不移沿着习近平总书记指引的方向，紧跟绿色发展要求，逐步走出了一条科技含量高、资源消耗少的农业绿色可持续发展之路。

自古以来，黄岩农业资源丰富，自然生态资源禀赋优越，对农业绿色发展有长远布局。2006 年，台州市出台了《关于加大扶持台州市黄岩西部欠发达地区"十一五"发展的若干意见》(台市委〔2006〕19 号)，明确指出要充分发挥黄岩西部山区生态环境优势，大力发展高效生态农业，提高特色农业的产业化水平，提升西部山区农业整体效益。在高效生态农业战略引领下，黄岩区农业部门积极引进、开发和推广高产、优质、抗病虫新品种，广泛运用生物技术、信息技术和现代先进种养、贮藏、加工技术，降低生产成本，减少农业面源污染，增强农产品安全性和保障性；同时，加大现代农业设施的投入力度，在农田安装喷滴灌设施，推广先进、实用的植保、排灌、果蔬采摘、保鲜冷藏、农产品加工等农业机械，较早启动了农业绿色发展引擎。

2013 年以来，浙江在全省范围内部署推动国家现代生态循环农业试点省、国家农产品质量安全示范省、国家畜牧业绿色发展示范省、国家农业绿色发展试点先行区等一批"国字号"创建和"五水共治""肥药两制"改革等重要行动。在此背景下，黄岩农业绿色发展的步伐日益加快，建立和完善了绿色农业技术体系、标准体系、产业体系、经营体系、政策体系和数字体系等六大体系，入选全国农业科技现代化先行县共建名单、全国农业绿色发展先行先试支撑体系建设试点，并成功创建国家有机肥替代化肥示范县、国家农产品质量安全县等。经过多年的不懈努力，黄岩农业绿色发展整体达到全国领先水平，踏实稳健地走出了一条独具特色的农业绿色发展道路。

2024 年中央 1 号文件强调，当前，农业资源环境制约、农业发展质量效益和竞争力不高等问题依旧存在，农业绿色发展仍须常抓不懈、久久为功。接下来，黄岩将"坚持产业兴农、质量兴农、绿色兴农"，"坚定不移走生态优先、绿色发展之路"，以科技创新为支撑，以农业供给侧结构性改革为主线，深入推进"肥药两制"改革，加强农业标准化生产，强化农业面源污染治理，优化农业生产结构，进一步提高农业资源利用效率，保障农产品质量安全，让绿色成为区域农业高质量发展的鲜明底色。

2024 年 3 月 20 日

目 录

CONTENTS

◀ 第一章 ▶

概　　述

一、黄岩区农业发展概况

浙江省台州市黄岩区，史称"稼穑之利，甲于一州"之地，气候优越，土肥物丰，是"台州粮仓"，黄岩东部地区所在的温黄平原素有"温黄熟，台州足"之美誉。

（一）黄岩农业发展条件

1. 交通区位条件

黄岩区位于浙江黄金海岸线中部，东界台州市椒江区、路桥区，南与温岭市、乐清市接壤，西邻仙居县、永嘉县，北连临海市，行政区域总面积 988 千米²，距省会杭州 207千米。区内交通发达，甬台温高速公路、104 国道均途经黄岩，2022 年末全区公路总里程1 322 千米，其中国道 53 千米，省道 29 千米，高速公路 21 千米。建成农村公路总里程达1 218 千米，19 个乡镇街道 302 个行政村全部通公路，实现村村通硬化路率 100%。"四纵四横"的公路框架基本形成。黄岩客运中心属国家一级客运站，毗邻台州机场。甬台温铁路台州客运站设在黄岩境内，已被铁道部评定为客运一等站。黄岩港区是台州港的六个组成港区之一，岸线总长约 1.87 千米，现有 1 个公用码头和 4 个主业码头，其中千吨级泊位 4 个，500 吨级泊位 1 个，年货物吞吐能力 235 万吨。

2. 自然资源条件

黄岩辖区地形狭长，东西长 54 千米，南北宽 25 千米，地势西高东低，西部多高山，主要山脉有括苍山支脉和北雁山余脉，自西向东延伸，东部属于温黄平原，因此具有特色鲜明的东南山区—平原过渡带特征。

黄岩属亚热带季风区，四季分明，温暖湿润，雨水充沛，光照充足；夏少酷暑、冬无严寒，雨热同季，气候条件十分优越。全年年平均气温 17℃，气温以 1 月为最冷，平均 6.1℃，7 月为最热，平均 27.8℃。平均无霜期 259 天，年降水量 1 537 毫米。由于地形、地理环境的影响，黄岩区东部和西部以及不同海拔高度上存在明显的气候差异。

境内主要由永宁江水系和金清河网组成，其中永宁江最大，干流全长 77 千米。河道主要由 1 条省级河道、8 条市级河道、18 条区级河道和 1 300 多条区级以下河段组成。水库主要由 1 座大型水库（长潭水库）、2 座中型水库（秀岭水库、佛岭水库）、9 座小（一）型水库和 16 座小（二）型水库组成，共有山塘 657 座。水闸主要由 1 座大型水闸（永宁江闸）、1 座中型水闸（西江闸）和近 70 座小型水闸组成。

黄岩是"七山一水两分田"的典型山区，据 2022 年台州市黄岩区国土变更调查，2022 年黄岩区土地总面积为 98 863.50 公顷，其中，耕地面积 8 951.30 公顷，含水田7 582.15 公顷和旱地 1 369.15 公顷；种植园用地面积 12 427.92 公顷，含果园 12 067.92 公顷、茶园 158.67 公顷和其他园地 201.33 公顷；林地面积 57 244.1 公顷。耕地、种植园用地、林地分别占全区土地总面积的 9.1%、12.6%、57.9%。按第三次全国土壤普查分类，黄岩区土壤共分红壤、黄壤、粗骨土、紫色土、水稻土、潮土六个土类，12 个亚类、55 个土种。

3.经济社会条件

黄岩区辖东城街道、南城街道、西城街道、北城街道、新前街道、澄江街道、江口街道、高桥街道 8 个街道，宁溪镇、北洋镇、头陀镇、院桥镇、沙埠镇 5 个镇，屿头乡、上郑乡、富山乡、茅畬乡、上垟乡、平田乡 6 个乡。根据《中华人民共和国 2022 年国民经济和社会发展统计公报》，截至 2022 年底，黄岩区户籍总人口 61.24 万人，常住人口约 71.2 万人。2022 年，全区实现地区生产总值 612.08 亿元，按可比价格计算，比上年增长 3.5%。分产业看，第一产业增加值 23.04 亿元，增长 3.3%；第二产业增加值 288.31 亿元，增长 3.1%；第三产业增加值 300.73 亿元，增长 4.0%；三次产业结构比为 3.8 ∶ 47.1 ∶ 49.1。全年居民人均可支配收入 58 990 元，比上年增长 5.0%；城镇居民人均可支配收入 70 714 元，增长 3.5%；农村居民人均可支配收入 38 787 元，增长 7.2%；城乡居民收入倍差由 2015 年的 2.02 逐步降至 1.82。

（二）黄岩农业发展现状

黄岩农业以种植业为主，2022 年农林牧渔业总产值 30.55 亿元，其中农业产值 28.33 亿元，占 92.73%；林业产值 0.41 亿元，占 1.34%；畜牧业产值 0.90 亿元，占 2.95%；渔业产值 0.39 亿元，占 1.28%；农林牧渔服务业产值 0.52 亿元，占 1.72%（图 1-1）。全区粮食播种面积 8.92 万亩，产量 3.88 万吨；经济作物播种面积 19.74 万亩，其中蔬菜播种面积 17.28 万亩，产量 35.31 万吨，油料作物种植面积 5 585 亩；水果种植面积 14.32 万亩，产量 13.23 万吨；生猪出栏量 1.88 万头，年末存栏量 2.88 万头，其中能繁母猪 0.44 万头；年末家禽存栏 25.37 万只。

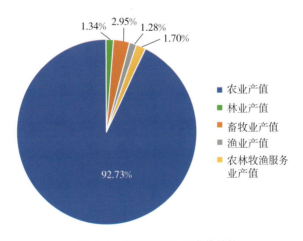

图 1-1 农林牧渔业总产值结构

黄岩农业发展具有如下特征：

一是特色产业优势鲜明。黄岩特色主导产业主要有柑橘、杨梅、茭白等，种植面积分别为5.8万亩、6.1万亩和2.0万亩，有"中国蜜橘之乡""中国优质杨梅之乡""中国茭白之乡""中国枇杷之乡""中国紫莳药之乡"等称号。其中，黄岩蜜橘驰名中外，具有1 700余年的悠久历史，在唐代便被列为贡品，"黄岩蜜橘筑墩栽培系统"入选中国重要农业文化遗产。区内建成柑橘省级特色农产品优势区1个、省级特色农业强镇（北洋镇）1个、市级农业特色产业小镇（高桥镇）1个、省级农业产业化联合体（台州市黄岩区水果产业化联合体）1个、农业农村部农业国际贸易高质量发展基地（浙江台州一罐食品有限公司）1处、列入省级农业全产业链建设名单的产业链（黄岩区水果加工全产业链）1个、省级农产品加工基地（台州市黄岩区一罐水果加工基地）1处。

二是新型农业经营体系完善。截至2022年底，全区累计培育农民专业合作社597家，其中国家级示范性合作社2家、省级示范性合作社8家、市级示范性合作社39家；家庭农场491家，其中省级示范性家庭农场14家、市级示范性家庭农场55家、区级示范性家庭农场56家；农业种养大户909户。截至2022年底，培育区级以上农业龙头企业17家，其中国家级农业龙头企业1家、省级农业龙头企业4家、市级农业龙头企业11家，销售额上亿元农业龙头企业6家，实现销售收入27.73亿元，出口创汇1.26亿美元，建立基地2.17万亩，带动3.25万户农户就业。此外，还成立了黄岩区新型瓜农合作经济组织联合会、黄岩区杨梅产业农合联、黄岩区中药材专业技术协会等，会员人数近千人，覆盖19个乡镇、街道。

三是绿色农业领先发展。黄岩于20世纪末较早地开展了农业标准化建设，随后在全省开展的发展高效生态农业、农业治水、农产品质量安全建设、"肥药两制"改革[①]等各项农业绿色发展工作中保持先发优势，被列为全国有机肥替代化肥试点县、国家农产品质量安全县、全国农业科技现代化先行县、全国化肥减量增效示范县、全国农业绿色发展先行先试支撑体系建设试点县、浙江省农业绿色发展先行县等。

四是农业科技支撑有力。通过加强与浙江省农业科学院、中国柑橘研究所、华中农业大学、浙江大学、南京中医药大学等涉农院（校）的合作，加强科技创新与推广。截至2022年底，黄岩区共建成省级数字工厂5家、省级高品质绿色农业科技示范基地19处、省级"星创天地"2个，培育省级农业科技企业16家、省级农业科技型中小企业5家。2023年黄岩区成为全省唯一入选的首批全国农业科技现代化先行县。

二、黄岩区农业绿色发展历程

黄岩区于20世纪90年代就围绕发展效益农业开展农业标准化建设，较早地开启

---

① "肥药两制"改革指化肥农药实名制购买、定额制施用，具体内容见第六章。

了农业绿色发展进程，此后又紧跟全省范围内部署开展的高效生态农业建设、"五水共治""肥药两制"改革等行动，历经绿色发展萌芽阶段、形成阶段、加速阶段和深化阶段，一步一个脚印，走出了一条具有黄岩特色的农业绿色发展之路。

（一）萌芽阶段——推进农业标准化建设

1997 年以来，随着中国市场经济和农业现代化建设步伐的加快，黄岩区把农业标准化建设放到了推进农业产业化和实施名牌战略的重要地位，并把它作为发展效益农业的有效途径来抓。在此期间，黄岩区政府按照"选准一个产品、制定一套系列标准，建立一个示范区，争创一个名牌产品，发展一个优势农业产业，致富一方百姓"的工作思路，稳步推进农业标准化的实施。一是制定了《本地早蜜橘系列标准》《脐橙系列标准》《东魁杨梅系列标准》《洛阳青枇杷系列标准》《双季茭白系列标准》《沙埠早乌芋系列标准》以及《无公害茭白生产技术规程》等 22 个地方标准。这些标准涵盖农业林业，涉及主要农产品品种标准、产品质量分级栽培技术规程、安全卫生标准、病虫防治、农产品包装、贮运、标识等。二是创建了省级现代农业示范区 2 个、市级现代农业示范区 9 个、区级现代农业示范区 27 个，推广面积达到 3 万余亩。三是注册了茶叶、茭白、柑橘、东魁杨梅、双季茭白等名优产品的商标。其中，"九峰牌柑橘""九峰牌东魁杨梅"等 2 个品种获浙江名牌产品称号，"龙乾春牌茶叶""剑山牌茭白""富顶牌冷水茭白""富顶牌白萝卜"等 5 个产品获浙江省绿色农产品证书，"九峰牌柑橘"获国家首批无公害农产品认证。

（二）形成阶段——发展高效生态农业

2005 年，时任浙江省委书记习近平在全面分析浙江资源禀赋、经济社会发展水平和农业发展新形势的基础上，前瞻性地作出了大力发展高效生态农业的战略决策，明确了高效生态农业是以绿色消费需求为导向，以提高市场竞争力和可持续发展能力为核心，具有高投入、高产出、高效益与可持续发展的特性，将集约化经营与生态化生产有机耦合的现代农业。高效生态农业的发展战略与黄岩农业特别是西部山区农业发展的现实情况不谋而合，在此背景下，《关于加大扶持台州市黄岩西部欠发达地区"十一五"发展的若干意见》（台市委〔2006〕19 号）文件适时出台，指出要充分发挥西部山区生态环境优势，大力发展高效生态农业，通过加强基地建设、提升科技水平、培育营销体系、加强质量监控等措施，提高特色农业的产业化水平，提升西部山区农业整体效益。这一阶段，黄岩区农业部门积极引进和开发高产、优质、抗病虫新品种，广泛运用生物技术、信息技术和现代先进种养、贮藏、加工、保鲜技术，降低生产成本，减少农业面源污染，增强农产品安全性和保障性。同时以农业科技入户工程为切入点，开展科技人员联基地、联合作社、联龙头企业、联大户活动，加速科学技术的应用和转化，并且有效地整合各种资源，通过多渠道、多形式绿色证书培训，推广新品种和新技术。此外，加大现代农业设施的投入力度，推广设施农业应用中的水肥一体微喷滴灌技术，以及先进实用的植保、排灌、果蔬采摘、冷藏保鲜、农产品加工等农业机械。

（三）加速阶段——"五水共治"和农产品质量安全县建设

2013 年底召开的浙江省委十三届四次全会作出了"五水共治"重大决策部署。借助"五水共治"行动，围绕"五水共治"目标，黄岩区以治水为倒逼手段，促进农业发展方式转型，农业绿色发展进一步加快。一是铁腕推进畜禽养殖污染整治。规模养殖场全部完成整治，全区范围内杜绝畜禽养殖污染水体现象，有效改善生态环境。保留 8 家规模养殖场，全部实行农牧结合生态消纳。黄岩区农业林业局被省委、省政府评为 2016 年全省畜牧业转型升级先进集体。二是全力推进化肥农药减量增效。2017 年开始，全产业、全方位推进"肥药双控"改革，推广病虫统防统治、测土配方施肥、农药化肥减量、秸秆粉碎还田等技术，建设"肥药双控"示范区、示范基地。三是全面开展农药废弃包装物回收处置。通过招投标方式确定黄岩橘都农资物流配送中心负责废弃包装物归集，确定台州市德长环保有限公司负责无害化处理。四是加快现代生态循环农业发展。台州市黄岩能信生猪养殖场、台州市黄岩康牧生猪专业合作社、台州市黄岩志鸿养殖场等种养配套型养殖场和黄岩红叶食用菌专业合作社等 4 家农业废弃物资源化利用型示范主体获省级现代生态循环农业示范主体认定。五是加快推广农业节水灌溉工程。以创建农产品质量安全放心县为抓手，实行农产品质量安全"十化"工作法[①]，着力抓好辖区内农业投入品监管工作，2016 年，成功创建首批省级农产品质量安全放心县，被列为全省食用农产品合格证试点县；2017 年入选第二批国家农产品质量安全创建试点单位。

（四）深化阶段——"肥药两制"改革和国家先行区试点建设

2019 年，为贯彻落实党中央国务院、省委省政府文件精神和省生态文明体制改革的部署安排，进一步增强农业绿色发展的新动能，持续推动浙江农业绿色发展走在全国前列，浙江省在全国首创"肥药两制"改革，并作为今后一段时期全省农业绿色发展的主要抓手进行谋划和推进。黄岩区在全省率先开展了"肥药两制"改革，被列为省级"肥药两制"改革综合试点县，先后制定出台《黄岩区推进农药实名制和化肥定额制改革试点实施方案》《黄岩区省"肥药两制"改革综合试点县创建方案》等文件，积极推动化肥、农药等农业投入品实名制购买、定额制施用改革，对农业生产全过程进行再造和优化。围绕"肥药两制"改革，黄岩区自主开发了"肥药两制"管理平台和溯源应用"诚信农夫"，并与省农业农村厅数字化应用"浙农优品"无缝对接，实现"农业投入品刷脸实名购买—定额使用—有效回收"闭环管理，全区所有农资经营店和规模生产经营主体

---

① 农产品质量安全"十化"工作法：一是职责分工具体化，二是制度建设法制化，三是监管对象清晰化，四是技术推广标准化，五是部门协作亲密化，六是源头追溯多元化，七是台账收集常态化，八是应急处置迅捷化，九是处罚打击灵活化，十是宣传培训普及化。

已纳入"肥药两制"管理。与此同时，黄岩区入选国家农业绿色发展先行先试支撑体系建设试点县，通过建立和完善绿色农业技术体系、标准体系、产业体系、经营体系、政策体系和数字体系，打造绿色支撑体系试点全国样板。为高质量推进试点县建设，黄岩区人民政府与浙江省农科院签订战略合作协议，建成农业绿色发展长期固定观测黄岩试验站，打造一批可复制的绿色科技示范基地，并形成一套可推广的政策保障制度和技术规范，探索东南山区—平原过渡带特色作物生态种植黄岩模式，黄岩区农业绿色发展进一步得到深化发展。

三、黄岩区农业绿色发展成效

近年来，黄岩区通过全国有机肥替代化肥示范县、国家农产品质量安全县、国家农业绿色发展先行先试支撑体系建设试点县、全国农业科技现代化先行县、全省化肥减量增效示范县、全省农业绿色发展先行县、全省农业绿色发展暨"肥药两制"改革试点县、全省农业标准化生产示范县等创建，农业绿色发展整体上处于全国领先水平。

(一) 农业资源保育水平显著提高

全面落实最严格的耕地保护制度，连续 22 年实现耕地总量动态平衡。截至 2022 年底，通过高标准农田建设和全域土地综合整治，累计建成高标准农田 13.71 万亩[①]；建成粮食生产功能区 164 个，总面积 7.21 万亩。完成高效节水灌溉建设 2 431 亩，推广水肥一体化实施面积累计达 1.74 万亩以上。全区农业水价综合改革推广到 263 个行政村、13.995 万亩农田，农用灌溉水有效利用系数从 2017 年的 0.568 提升至 0.592。完成第三次全国农作物种质资源普查调查和第一次全国水产养殖种质资源普查，收集濒危种质资源 101 份、柑橘种质资源 73 份，摸清了区内水产养殖种质资源底数，挂牌成立中国黄岩蜜橘种源研究中心、浙江省柑橘种质资源保护圃。全流域全年实施禁渔制度，并通过增殖放流，使区内各水系特别是永宁江鲢、鳙、鲫等鱼类资源得以有效补充。部署开展外来入侵生物普查工作，并制定了农业林业生物灾害应急预案，构建生物灾害应急响应机制。

(二) 农业面源污染防治成绩斐然

全区减肥减药措施技术体系基本形成。2017—2022 年，累计推广测土配方施肥技术 165 万亩、农药减量技术 11.3 万亩、病虫统防统治技术 4.59 万亩，相比于最高年份，化肥、农药分别减少了 700 吨和 2.8 吨。养殖污染治理不断加强。2022 年，全区规模养殖

---

① 亩为非法定计量单位，1 亩 ≈ 666.7 米^2。

场粪污资源化利用率达 99%，处理设施装备配套率达 100%；规模水产养殖主体尾水处理设施覆盖率 100%，实现养殖尾水零直排。农业废弃物综合利用率显著提高。2022 年，黄岩区农作物秸秆综合利用率达到 96.64%，高出全省平均水平 0.4 个百分点；累计回收农药废弃包装物 49.65 吨，无害化处理 49.65 吨，回收率和处置率均达到 100%；废旧农膜回收率达 92.2%，废旧棚膜、菌棒膜基本实现全量回收处理。

（三）绿色优质农产品供给不断增加

建设草莓、杨梅、柑橘、茭白等"一品一策"技术推广示范基地，建成草莓示范基地 4 处，示范面积 500 亩；建成杨梅示范基地 6 处，示范面积 500 亩；建成蜜橘示范基地 53 处，示范面积 2 000 亩；建成茭白示范基地 3 处，示范面积 1 000 亩。截至 2022 年底，全区共认证地理标志农产品 4 个、有机农产品 27 个、绿色食品 77 个，认证主体 66家，优质农产品认证总面积 14 万余亩，主要食用农产品认证比率 57.14%。农产品质量安全水平逐步提升，已建成 248 家农产品质量安全追溯主体，全区示范性合作社、农业龙头企业、家庭农场等生产型主体追溯率达到 100%，主要农产品质量安全省级监测合格率稳定在 99% 以上。通过省级平台已使用食用农产品合格证 56 余万张，通过区平台"证码合一合格证"标识使用 12 余万张，规模生产主体使用率达 100%。

（四）绿色发展治理能力逐步增强

以肥药定额施用标准为切入点，加快对农业生产全过程关键环节标准的制定和修订，制定《茭白生产标准综合体》等省级团体标准和地方标准 17 项、农作物绿色高效施肥等模式 17 套，推动建立现代农业标准化生产体系。制定出台粮食、水果、茭白、畜牧等产业高质量发展的扶持政策意见，不断完善《黄岩区现代农业（渔业）发展专项资金管理办法》等激励制度；完善涉农资金统筹整合长效机制，建立以绿色生态为导向的财政支农政策体系；健全绿色发展评价体系，制定出台《黄岩区农资"两制"管理平台使用星级评定办法》《黄岩区农业主体绿色发展评价制度（试行）》等，系统性构建农业绿色发展的政策制度体系。同时，借力"农资两制"管理平台、"诚信农夫"追溯应用和"慧眼护农"监管体系等数字化改革成果，并与浙江省农业农村厅数字化应用"浙农优品"无缝对接，实现了数据资源的整合、共享、开放和利用，为农业绿色发展科学化、精准化、智能化提供有力支撑。

第二章

农业资源保护与节约利用

一、耕地保护与质量建设

土地是农业生产的基础，耕地是人们赖以生存、不可替代的最基本的生产资料。据2022年台州市黄岩区国土变更调查，黄岩区现有耕地 134 269.50 亩，人均耕地面积仅为0.19 亩，其中，水田 113 732.25 亩，占 84.70%；旱地 20 537.25 亩，占 15.30%。针对人均耕地少、耕地后备资源不足、耕地保护形势十分严峻的情况，黄岩全面落实最严格的耕地保护制度和最严格的节约用地制度，采取多种措施加强耕地保护和质量建设。

（一）严格耕地资源保护

1. 落实永久基本农田特殊保护

随着工业化城市化加快、人口快速增长及经济社会快速发展，建设用地增加导致耕地面积呈逐年减少趋势。永久基本农田是为确保土地资源可持续利用和经济社会可持续发展，根据土地管理法律法规，在土地利用总体规划中确定不得占用的具有较高或潜在生产能力的耕地。从 2015 年开始，浙江省部署开展永久基本农田划定工作，把优质耕地划为永久基本农田进行保护，并于 2019 年开始利用第三次全国国土调查成果（以下简称"三调"），开展永久基本农田整改补划。截至 2022 年底，黄岩区全面落实省级部署，在"三调"成果基础上，全区落实永久基本农田保护任务 12.35 万亩。

在划定保护范围的基础上，黄岩区严格执行永久基本农田"五不准"制度①，严查违法占用永久基本农田行为，实施清理腾退、整治修编、提升改造、政策引导、长效管护等措施，确保永久基本农田能够真正发挥保护粮食生产、棉油糖蔬菜等农产品及饲草饲料食用农产品生产的作用。一是开展整治农村房屋违法用地和设施农用地违法违规两项问题行动。对全区农村房屋违法用地和设施农用地违法违规情况进行了全面排摸、调查，在排摸的基础上进行集中整治。根据"建立台账、分类处置、逐一销号"原则，按照"一案一策"的文件要求，建立整改清单，落实整改措施，进行逐一结案销号。二是开展"大棚房"、违建别墅清查整治和整治"回头看"工作。按照党中央国务院、省市部署认真组织开展"大棚房"问题专项整治行动，共发现占用耕地非农设施建设 16 宗，占用耕地 9.28 亩，均已拆除复耕到位；全面排查违建别墅的建设情况，依照"自拆自改，助拆除改，强拆强改"的原则狠抓整改落实，实现排查整改违建别墅 17 宗、29 栋，占地面积

---

① 永久基本农田"五不准"制度：一是不准除法律规定的国家重点建设项目之外的非农建设占用基本农田；二是不准以退耕还林为名，将耕作条件良好的基本农田纳入退耕范围，违反土地利用总体规划随意减少基本农田面积；三是不准占用基本农田进行植树造林，发展林果业；四是不准以农业产业结构调整为名，在基本农田内挖塘养鱼和进行畜禽养殖，以及其他严重破坏耕作层的生产经营活动；五是不准占用基本农田进行绿色通道和绿化隔离带建设。

17.72 亩。三是切实开展农村乱占耕地建房问题整治工作。积极贯彻国家及省市农村乱占耕地建房问题整治的工作部署，及时开展排摸工作，截至 2022 年底，已完成全区 19 个乡镇（街道）10 973 个图斑的外业核查工作，下阶段将根据要求进行全面整治，确保农村乱占耕地建房"八不准"落到实处，坚决守住耕地保护红线。

● 北洋镇编制台州市首个乡镇《农民农村建房执法指引》●

近年来，新农村建设步伐不断加快，乱占耕地建房问题频发，以前由于乡镇没有执法权，违建执法需要相关上级主管部门认定，并且有时候需要多个执法部门共同协商，程序复杂、流程多、耗时长。在基层执法力量薄弱，执法人员法治意识、专业素质不高的背景下，容易出现执法过程不合法、执法不规范等问题，引发群众不满和干群矛盾。

2023 年 1 月 1 日，台州市黄岩区北洋镇（图 2-1）经过赋权执法事项调整，新增农村违建执法事项。北洋镇综合行政执法队通过实地走访、召开座谈会等，组织专业力量认真学习行政处罚法、行政强制法、城乡规划法、土地管理法等法律法规，根据事项内容重点梳理出管理细则，结合实际对农民建房的审批流程、处置方式、职责分工等相关执法程序进行再设计和再细化，编制《农民农村建房执法指引》。这是台州市首个乡镇梳理出的农村违建领域执法指引。

经过乡镇赋权事项调整，加上《农民农村建房执法指引》，可以对建房全过程进行规范审批、严格监督，实现"审批、处罚"一体化，进一步规范执法流程和提升执法效能，推动乡镇综合行政执法工作向更深层次、更高水平迈进，破解农村违建执法难题。该指引受到一线执法人员和群众的高度认可。

图 2-1　台州市黄岩区北洋镇（王敏智摄）

2. 开展耕地"非农化""非粮化"整治

黄岩区落实国家及省市制止耕地"非农化"、防止耕地"非粮化"部署，结合本区实际开展整治，于2021年出台了《黄岩区坚决制止耕地"非农化"防止耕地"非粮化"工作方案》，成立了由区长任组长，分管自然资源和规划、农业农村副区长为副组长，发展和改革、农业农村、自然资源和规划、财政、水利、商务等相关部门负责人为成员的制止耕地"非农化"防止耕地"非粮化"专项整治行动工作领导小组，下设制止耕地"非农化"专班和防止耕地"非粮化"专班，负责制止耕地"非农化"防止耕地"非粮化"整治优化具体方案制定及日常管理等工作。

一是开展全面核查。以第二次全国土地调查为基础，结合2018年全国土地变更调查、第三次全国国土调查及农村乱占耕地建房问题调查等，对违规占用耕地绿化造林、超标准建设绿色通道、违规占用耕地挖湖造景、占用永久基本农田扩大自然保护地、违规占用耕地从事非农建设和违法违规批地用地等六个方面的耕地"非农化"，以及占用永久基本农田种植苗木花卉草皮、占用永久基本农田种植水果茶叶等多年生经济作物、占用永久基本农田挖塘养殖水产和闲置、荒芜永久基本农田等四个方面的耕地"非粮化"进行清查，摸清耕地"非农化""非粮化"的类型、面积、分布，全面掌握真实现状，登记造册，并标注在第三次国土调查最新成果所形成的地图上。

二是开展全面整改。以"坚决遏制增量"为原则，对2020年9月10日以后发生的耕地"非农化"问题、2020年11月4日以后发生的耕地"非粮化"问题，做到发现一起、制止一起、查处一起。以"妥善处置存量"为原则，对耕地"非农化""非粮化"历史问题，不搞"一刀切"，根据不同情况，分类制定稳妥处置方案：对严重违法违规占用耕地特别是永久基本农田的，坚决予以纠正，立即恢复耕地属性；对种植多年生经济作物等耕地"非粮化"行为的，分类分步妥善处置，妥善处理各方关系，维护社会稳定；对违规占用耕地及永久基本农田植树造林的，不予统计造林面积，不享受财政资金补贴政策；对违规占用永久基本农田挖湖造景的，限期恢复，确实无法恢复的，按照有关规定进行补划；根据自然保护地整合优化方案，妥善调整自然保护地内的永久基本农田。

三是强化资金支持和监督考核。区财政安排"恢复耕地种粮属性青苗补助"专项资金7 000万元，由区农业农村局会同财政局根据各乡镇（街道）任务亩数、作物类型等因素，分配包干补助资金；此外，工程恢复费用按新建高标准农田5 000元/亩、高标准农田改造提升与高效节水灌溉2 000元/亩、山区梯田耕地抛荒整治1 000元/亩的建设标准按实结算。同时，将制止耕地"非农化"防止耕地"非粮化"纳入乡镇（街道）年度耕地保护责任目标和粮食安全责任制、乡村振兴战略考核内容，耕地保护责任目标考核结果与耕地保护补偿资金挂钩。2022年黄岩区全面完成粮食功能区"非粮化"整治优化7.21万亩。

（二）加强耕地质量建设

1. 推进高标准农田建设

黄岩区高标准农田建设始于 2012 年，截至 2018 年底，已完成高标准农田建设项目 115 个，计 11.98 万亩。随着人口增加、城市化发展加快，高标准农田建设所依托的耕地不断减少。面对日益匮乏的耕地资源，近年来黄岩区深挖高标准农田建设潜力，高质量开展高标准农田建设，2019—2022 年立项高标准农田项目 59 个，面积 1.44 万亩；改造提升项目 5 个，面积 1 万亩。

一是做好前期规划。为做好高标准农田建设工作，黄岩区提前做好规划和资料储备。编制黄岩区"十四五"农田建设规划，深入调查全区"十四五"高标准农田建设后备潜力资源，明确总体目标、年度任务安排、新建任务与改造提升项目建设内容与分布及建立重点项目库的目标，为开展高标准农田建设工作奠定基础。

二是加大投入力度。为更好地推进高标准农田建设，黄岩区农业农村局、财政局发文，明确高标田建设资金不超过 8 000 元 / 亩（包括中央和省级补贴资金），由财政保障，走在前列。

三是注重长效管护。为做好高标准农田建后管护利用工作，黄岩区出台了《关于印发黄岩区高标准农田建设项目资金奖补政策的通知》（黄农〔2023〕42 号）、《关于印发黄岩区高标准农田（粮食生产功能区）建后管护实施办法（试行）的通知》（黄农〔2022〕30 号），明确制定工程管护制度，安排工程管护资金，落实工程管护责任到乡镇，建立长效管护机制。文件还规定，管护资金每亩不低于 15 元，是省级 5 元 / 亩标准的 3 倍。

四是加强考核验收。在高标准农田建设过程中严格落实土地平整工程、土壤改良工程、灌溉与排水工程、田间道路工程、农田防护与生态环境保护工程、农田输配电工程等 6 方面的工程要求，并做到高标准考核验收，市、区两级多次组织现场核查。

◀━ 黄岩为高标准农田扣上"保险锁" ━▶

针对高标准农田建后管护工作薄弱问题，黄岩区农业农村局结合辖区实际，着力推动高标准农田 IDI 保险项目，引入"保险 + 服务"模式，充分发挥保险的经济补偿和风险减量管理功能，探索符合市场规则的高标准农田建后管护新路径。2022 年 5 月 27 日，在台州市黄岩区农业农村局的大力支持下，人保财险台州市黄岩支公司签出全省首笔高标准农田工程财产质量综合保险（简称"高标准农田 IDI"），为黄岩区下庄村高标准农田提供为期 5 年的风险保障，填补了省内（宁波除外）在高标准农田建设领域的保险空白。

高标准农田 IDI 保障内容主要包含因意外事件造成建设工程的损坏，在日常使用过程中存在安全事故隐患，或发生故障无法正常运行而产生的工程设施维修费用、重置费用、人工费用等必要合理费用，以及因火灾爆炸、自然灾害及飞行物体及其他空中运行物体坠落等原因造成的损失。该保单的成功签发，将转变高标准农田建后管护主要依赖施工单位质量缺陷责任期内服务和政府拨款管护的传统模式，能有效化解后期管护问题（图2-2）。

图2-2　黄岩区高标准农田建设
（黄岩区农业农村局供图，后无标注的图片都为黄岩区农业农村局供图）

2. 开展全域土地综合整治

黄岩区高度重视全域土地综合整治工作，把该项工作作为盘活存量建设用地、解决耕地碎片化难题、破解用地空间制约、促进土地利用提质增效的抓手推进落实。自2018年启动实施以来，已获批1个国家级试点和6个省级试点，包括院桥镇全域土地综合整治项目和院桥镇前宅等20村全域土地综合整治与生态修复工程、院桥镇梁湖桥村全域土地综合整治与生态修复工程、院桥镇永友等3村全域土地综合整治和生态修复工程、北洋镇岭下村全域土地综合整治与生态修复工程、头陀镇横山等4村全域土地综合整治与生态修复工程、宁溪镇上桧村全域土地综合整治与生态修复工程。2019年，院桥镇梁湖桥和合屿全域整治区块被列为全省全域土地综合整治与生态修复现场会考察点。2020—2022年，全区通过土地整治项目新增耕地2 415亩、水田2 016亩。

一是突出高起点谋划。为做好全域土地综合整治工作，黄岩区专门组建了由区长担任组长的全域土地综合整治领导小组，编制出台了具体工作方案，并将该项工作纳入区破难攻坚项目和综合目标责任制考核。科学谋划"四大片区"，即东部主城区、南部城市拓展区、中部农业发展区和西部生态保护区，统筹山水林田湖保护和生态修复，全力打造全域土地综合整治样板区，实现空间重构、山河重整、乡村重生。

　　二是突出专业化管理。为加强项目专业化管理，提高项目施工质量，加快项目的进度，各乡镇（街道）的全域土地综合整治项目统一交由（指定委托）区国有土地开发公司组织实施。乡镇人民政府（街道办事处）作为项目的法人主体，具体负责项目立项和政策处理等前期工作、项目实施期间的协调、竣工资料上报、落实耕种和地力培肥等后期工作。区国有土地开发公司具体负责项目的工程招投标、监理落实、施工管理、资金筹措、工程建设、政策处理等有关费用（指项目成本组成部分）支付的工作，同时配合乡镇（街道）做好竣工资料上报。

　　三是突出制度性保障。为调动各方积极性，顺利推进全域土地综合整治工作，2019年黄岩区出台《全域土地综合整治项目资金奖补政策》，对乡镇（街道）、村集体和区国有土地开发公司进行奖补，其中，建设用地复垦和垦造耕地项目根据入库新增耕地面积，水田和旱地分别按 4 万元 / 亩和 2 万元 / 亩奖补，旱地改水田项目根据入库新增水田面积，按 2 万元 / 亩奖补，以上奖补资金由乡镇（街道）和村集体平分；入库新增耕地面积按 3 000 元 / 亩标准对区国有土地开发公司进行奖补。

● 院桥镇全域土地综合整治国家级试点项目 ●

　　院桥镇东连路桥，北接黄岩城区，是市区融合的重要区块。作为黄岩区试点乡镇之一，院桥镇全域土地综合整治范围涉及 20 个行政村、1.77 万人。项目将"山、水、林、田、路、村、城"作为一个整体，将耕地保护、城乡统筹发展、美丽乡村建设、新型城镇化发展、乡村振兴战略及"三改一拆""五水共治"、环境综合整治等各专项工作有机整合，通过农用地整治、城镇低效用地再开发、矿山整治、村庄建设用地整治等四大行动，对院桥镇域空间进行有机整合，全力推进新型城镇区、新兴产业区、现代农业区、生态农业区和观光农业区五个"万亩园区"建设，实施城镇低效用地再开发约 3 600 亩，复垦农村建设用地约 6 800 亩，建成高标准农田约 31 100 亩，垦造耕地约 2 300 亩，实施旱地改水田约 1 700 亩，有效实现用地空间的释放和要素配置的协同，提高土地资源利用效率，推动城乡融合发展，助力院桥镇打造"工业发达的智造之镇、环保集约的和谐之镇、山水人文的休闲之镇、品质优越的人居之镇"，并与周边的高桥、沙埠实现连片发展，打造黄岩副中心。

　　梁湖桥村是院桥镇全域土地综合整治工作的重点区域之一，该村距离黄岩城区 8 千米，区域内农田相对分散，建设用地集中度较低，空间格局散乱无章。随着人口增长，村民不断增长的住房刚性需求难以满足，人居环境亟待改善，因此该村被列为全域土地综合整治第一村。通过开展全域土地综合整治与生态修复，已建成 1 500 亩的高标准基本农田，永久基本农田零星图斑下降 90% 以上，农田集中连片度达 300 亩以上，形成"田成方、路成网、渠相通、林成行"的现代农业区（图 2-3）。

图2-3 院桥镇全域土地综合整治国家级试点项目（黄岩区院桥镇供图）

3. 实施耕地地力提升

2008年，在标准农田地力分等定级调查中，黄岩区标准农田土壤养分状况的总体特征是富有机质、高氮、缺磷、少钾，但不同区块、耕作因素和施肥水平之间差异很大。近年来，黄岩区通过科学监测土壤地力、强势推进地力培育措施、落实耕地地力补贴制度、进行耕地地力保险试点，努力实现耕地地力的提升。

一是开展耕地地力监测工作。耕地地力监测可以为农业产业结构合理布局、培肥和改良土壤、科学施肥和耕地资源的合理开发利用提供科学依据。黄岩区建立了长期地力定位监测点4个，分别位于新前街道中恩村、北洋镇前蒋村、院桥前宅村和上郑岭后村。其中，前两个是国家级监测点，后两个是省级监测点。长期地力监测点的主要监测内容包括立地条件和农业生产概况、土壤剖面特征、作物种类、产量、施肥量、土壤养分、作物吸收量等。2017—2019年，黄岩区农业技术推广中心按照省厅要求，开展了耕地质量变更调查，陆续完成了全区33个监测点的采样送检。

二是探索地力培育措施。2014 年，黄岩区的省标准农田质量提升试点项目实施面积为 5 340 亩，实施内容主要包括增加土壤有机质和推广科学施肥技术等两个方面。经过四年的连续培育，标准农田提升区块的耕地质量均有不同程度的提升。2018 年底，台州市组织专家对土壤测试的结果表明，与 2014 年相比，项目区块综合地力指数的平均值由 0.66 提升至 0.834，提高了 26.3%；达到一等田标准的土壤面积为 5 005 亩，提升达标率至 93.8%；提升区土壤的有机质含量有所提高，土壤酸化有所改善，土壤容重也更趋合理。2015 年黄岩区的项目实施面积为 1 022 亩，2019 年验收时全部提升至一等田；与此同时，项目区块的土壤结构不断改善，土壤肥力也有所提高。

三是提升耕地基础地力。2018 年，黄岩区承担了"土壤综合培肥化肥减量增效示范区"和"冬绿肥种植示范"两个省级沃土工程项目。其中土壤综合培肥化肥减量增效示范项目的核心区位于院桥镇水家洋片，示范面积 700 亩，非核心示范方 12 个，分布于 8 个乡镇，合计实施面积 2 305 亩；冬绿肥种植示范项目的核心区 2 个，分别位于院桥镇上壵村和上洋乡西洋村，示范面积共 1 100 亩，非核心示范方 26 个，示范面积 3 060 亩。地力监测结果表明，通过项目实施，项目区土壤有机质含量存在不同程度的提高，氮磷钾养分平衡更趋合理，土壤理化性状有所改善。

四是落实耕地地力保护补贴。耕地地力保护补贴是为了保护耕地资源和耕地地力、稳定粮食面积、抓好粮食生产保供、稳定提高粮食生产潜力而实施的一项普惠制政策。2015 年财政部将浙江省列入改革试点范围，种粮农民直接补贴、农作物良种补贴和农资综合补贴统一归并为农业支持保护补贴，其中 80% 的农资综合补贴存量资金，加上种粮农民直接补贴资金和农作物良种补贴资金，用于支持耕地地力保护。补贴对象为拥有耕地承包权，且自己种植粮食作物或出租给种粮大户种植粮食的农民。耕地地力保护补贴面积数据以第二轮土地承包登记在册的面积为基础，结合当年补贴对象实际用于种植粮食作物的耕地面积确定。享受补贴的农户应承担耕地保护责任，做到耕地不抛荒、地力不下降。

4. 全域推进土壤健康行动

黄岩区坚持"沃土"强本固基，强化政策整合，建立全产业健康土壤扶持体系，全域推进土壤健康行动，持续激发健康土壤活力。

一是构建土壤健康管理新体系。印发《黄岩区土壤健康行动实施方案》，开展特定作物土壤健康综合培育技术研究与应用推广，实施土壤物理、化学、生物、产出指标协同监测，探索建立土壤健康培育"一地一策"模式；针对全区土壤状况，分类制定配方肥补贴政策，鼓励农业生产主体按"方"购肥，全区范围内的种植主体均可凭身份证到区内各农资经销单位实名定额购买相关物资，系统按照补贴后价格销售，种植主体可直接享受优惠；创新引入耕地地力指数保险，旨在通过正向激励，引导农户以减少化肥用量、增施有机肥、绿肥养田等综合措施，实现土壤内在质量的提升。试点总面积 2 500 亩，试点地类为用于粮食生产且连片种植面积达 50 亩及以上的耕地，地力指数为土壤有机质含量。具体以投保时的有机质含量指标为基准，约定标准保险周期结束后，根据实际测得保险耕地的有机质含量，确定有机质含量的提升幅度，根据有机质含量所对应等级的变化幅度计算赔付金额。该保险每亩保费 100 元，由区财政补贴 80%，农户自负 20%；保险金额确定为 600 元，保险费率为 16.5%。

二是构建全链条式健康土壤产业模式。黄岩区在对柑橘、水稻、蔬菜、茭白等主导产业进行农田土壤状况摸查基础上，针对土壤养分失衡、有机质匮乏、产能低等问题，开展增施有机肥、生草栽培、减排增碳等技术研究，系统集成打造健康土壤培育技术模式；创建以曦禾农场、中德农场、台州田苑为代表的土壤健康综合培育基地，积极推进各类农业经营主体开展健康土壤培育；依托科技创新和数字化手段，从"土壤—食物—环境—健康"耦合角度出发，充分利用健康土壤的生态系统，加快"生态—产品—产业"的模式转化，实现基于健康土壤培育的农业高质量发展。推动自主开发的"肥药两制"管理平台和溯源应用"诚信农夫"与浙江省农业农村厅数字化应用"浙农优品"无缝对接，实现从健康土壤培育到"农业投入品刷脸实名购买—定额使用—有效回收"闭环管理，构建从生产到销售的全链条式健康土壤产业模式。

二、农业用水效率提升

自 2018 年起，黄岩区按照省、市有关部门的部署，遵循"高水平实现目标、高标准完成任务、高质量体现成效"的要求，进一步完善农田水利工程体系，探索构建节水导向的农业用水管理机制，稳步推进农业水价综合改革各项工作。截至 2022 年底，全区农业水价综合改革推广到 263 个行政村（全覆盖）、13.995 万亩农田，增强了农业用水户节水意识，有效提升了农田灌溉保证率和农田灌溉水利用效率，农田灌溉水有效利用系数从 2017 年的 0.568 提升至 0.592，缓解了水资源紧缺带来的压力，促进了灌区经济社会协调发展。

（一）完善农田节水设施

1. 发展高效节水灌溉

为了全面提高农业综合生产能力，黄岩区水利部门以农田水利标准化建设为主线，以发展高标准旱涝保收和高效节水灌溉农田为核心，优化配置水资源，加快渠道防渗等农业节水基础设施建设。2019—2022 年，全区配套高效节水灌溉项目 20 项、建设面积 3 073 亩（表 2-1），完成高效节水灌溉建设 2 431 亩。

表 2-1　2019—2022 年高效节水灌溉项目清单

序号	项目名称	立项年度	高效节水面积（亩）
1	黄岩区高标准农田建设高效节水灌溉补充建设内容	2019	1 017.00
2	院桥镇见瑭村对岙土地开发项目	2019	56.11
3	头陀镇横山村、溪东村土地开发项目	2019	171.37
4	头陀镇新下岙村溪坦土地开发项目	2019	54.24
5	黄岩区南城街道下洋山村土地开发项目	2019	33.57
6	黄岩区新前街道屿新村土地开发项目	2019	53.68
7	黄岩区新前街道三合村土地整治项目	2019	100.30
8	黄岩区新前街道黄坦村土地开发项目	2019	17.24
9	黄岩区上郑乡大溪村等 3 村土地整治项目	2019	54.20
10	黄岩区上郑乡岭后村土地整治项目	2019	44.96
11	黄岩区上郑乡美丰村、圣堂村土地整治项目	2019	51.20
12	黄岩区高桥街道三童岙村岙里、岙口土地开发项目	2019	86.11
13	黄岩区院桥镇潘家岙村、见塘村土地开发项目	2019	33.76
14	黄岩区北洋镇山下街村、潮济村土地开发项目	2019	99.79
15	黄岩区茅畬乡浦洋村白蒲岙地块土地开发项目	2019	111.79
16	黄岩区茅畬乡西边村，西泉村土地整治项目	2019	91.15
17	黄岩区头陀镇头陀居委会土地开发项目	2019	47.03
18	黄岩区上垟乡西洋村等 5 村高标准农田建设项目	2020	350.13
19	黄岩区东城街道上渚村高标准农田建设项目	2021	500.00
20	2022 年黄岩区头陀镇高标准农田建设项目	2022	100.00

2. 集成推广节水技术

黄岩区大力推进应用水肥一体化，并在《关于修订黄岩区现代农业（渔业）发展专项资金管理办法（试行）若干条款的通知》（黄财农〔2018〕8 号）中明确，"鼓励规模种植的蔬菜、果树在增施有机肥的同时，配备喷滴灌设施，应用水肥一体化技术（智能控制或简易设施）提高水肥利用效率。对实施面积达 30 亩以上，按区现代农业发展资金项目管理办法中竞争性项目管理，建成验收合格后，按照项目投资额最高不超过 70% 予以补助"。2018 年 8 月，黄岩区农业林业局对区首个"水肥一体化"试点项目（头陀镇新界村橘源地生态农业园"水肥一体化"项目）完成验收并在全区推广。截至 2022 年底，黄岩区水肥一体化实施面积达 1.74 万亩以上，涉及 371 个农业经营主体，示范推广与应用的作物种类主要有叶菜、丝瓜、茄子、茭白、番茄、柑橘、西甜瓜、草莓、食用菌、中药材十大类。同时，开展规模化养殖场标准化改造与建设，规范取水用水和计量监测，鼓励采用节水型自动饮水装置和干清粪工艺，实施年出栏万头以上的生猪规模养殖场节水改造与建设全覆盖。推进渔业健康养殖，减少养殖用水量和尾水排放量。

● **鑫农农业有限公司养猪场项目节水化建设** ●———

　　鑫农农业有限公司养猪场项目是黄岩区内唯———项重点民生保障建设工程，被列入黄岩区委区政府百项破难攻坚项目。项目于2020年5月开始建设，占地面积120余亩，总投资1.2亿元，建设年出栏生猪5万头的区级保障性规模猪场。该项目投资8万元完成节水化建设，主要采用节水型饮水器（图2-4）。猪舍采用自动水位控制器，这种水位控制器是利用水在水管中向下流动产生的水柱，拉动水管中的空气产生负压，再利用负压吸合水位控制器中的硅胶膜片，从而达到止水的目的，使猪在饮水过程中更加节水。保育舍、育肥舍、妊娠舍主要使用节水的饮水器和水碗。项目安装了节水器5 000个，管道安装长度5 000米，已投入运行。

图2-4　鑫农农业有限公司养猪场项目节水型饮水器

（二）加强农业用水管理

1. 构建用水核算机制

　　黄岩区按照点面结合、形式多样，首部控制、计量到片，简便易行、精度合理等原则，因地制宜完善计量布局，通过典型计量、以点带面的方式实现全区实际用水量核算。截至2022年底，黄岩区累计配套自动化用水计量设施62套，包括智能远传电表、明渠水位计、超声波水表、电磁流量计等不同类型。除增设计量设施以外，全区105座泵站实现"以电折水"的用水计量，基本实现了"首部控制、精度合理"。为加强用水管理和信息台账管理，黄岩区开发了农业水价综合改革信息化管理与考核系统，接入所有用水计量数据，可实时查看用水量数据以及设备的状态信息，实现灌溉用水实时监测，达到"总量控制、定额管理"的目的。

2. 构建水价形成机制

在农田水利设施和量水设施配套完善及节水技术得到推广的前提下，黄岩区出台了《关于核定黄岩区农业分类用水价格试行标准的通知》，坚持总体上以不增加农民负担为前提，按照"总量控制、定额管理"要求，建立健全骨干工程及末级渠系农业水价形成机制，探索超定额用水惩罚机制，以达到鼓励农民节水灌溉的目的。明确粮食作物水价为 0.08 元 / 米^3，经济作物水价为 0.27 元 / 米^3，规定用水量超出定额 10%（含）以内，超出部分水价按照指导价的 1.1 倍标准计；用水量超出定额 10%～30%（含），超出部分水价按照指导价的 1.2 倍标准计；用水量超出定额 30% 以上，超出部分水价按照指导价的 1.3 倍标准计。

3. 构建节水激励机制

黄岩区出台了《农业水价综合改革工作绩效评价办法（试行）》和《黄岩区农业水价综合改革试点区精准补贴及节水奖励办法（试行）》，以平原地区 8 元 / 亩、山丘区 7.5 元 / 亩为精准补贴标准，对纳入改革范围内的行政村根据考核结果实行差别化补贴：90 分及以上奖励总资金需求 ×10%，85（含）～90 分奖励总资金需求 ×5%，80（含）～85 分按精准补贴标准进行补贴，70（含）～80 分减少总资金需求 ×5%，60（含）～70 分减少总资金需求 ×10%，60 分以下不补贴。节水奖励方面，依据有效灌溉面积及种植结构，将农业用水总量控制指标细化分解落实到各行政村（灌片或泵站），对比各村实际用水量与控制指标，同时结合各乡镇（街道）对村考核结果，分数排名前 30% 的村按照 3 元 / 亩给予奖励，排名前 70%～30% 的村按照 2 元 / 亩给予奖励，排名后 30% 的村按照 1 元 / 亩给予奖励。通过设置差异化的补贴和节水奖励，引导各村重视农田水利设施的管护。

4. 构建设施管护机制

针对小型农田水利工程存在的产权不清晰、管护主体不明确等问题，黄岩区于 2020 年开展山塘、机埠、堰坝、沟渠信息清查与注册登记工作，全区 160 座山塘、160 座机埠、堰坝和沟渠均完成注册登记工作，共发放所有权证书 275 本，并将小型农田水利设施计入村集体资产，实现山塘、机埠等农田水利设施产权化。在此基础上，明确了全区 19 个乡镇（街道）以村级或灌区为单位的终端管理组织，在乡镇（街道）的统一指导下，所有纳入改革范围的行政村以现有村集体管理模式为基础组建"村级用水管理小组"，成员包括村委委员、农户代表和放水员，承担田间用水管理及工程日常管护职责。同时，为保障农用水利工程设施的有效管护，黄岩区结合实际配套出台放水员工作制度、用水管理制度、灌溉管理制度、工程维修养护制度、财务管理制度等，明确终端管理组织成员工作职责，规范放水管理和工程管护。

● 农业综合水价改革之"八个一"村级改革 ●

为将农田水利"最后一公里"管护工作做好，增强农户节水意识，黄岩区将农业水价综合改革推广到全区 275 个村，全面完成"八个一"村级改革（图 2-5）。

图 2-5 "八个一"村级改革（黄岩区水利局供图）

一个用水组织。在乡镇（街道）的统一指导下，有改革任务的行政村以现有村集体管理模式为基础组建"村级用水管理小组"，成员包括村委委员、农户代表和放水员，办公室设在村委会或田间便于管理的管理房。用水管理小组承担水价改革要求的田间用水管理及工程日常管护职责。

一本产权证书。开展山塘、泵站、堰坝、沟渠的确权发证工作，并对全区范围内的农村集体资产开展清查核实工作，清查范围涵盖农村小型水利工程等农业基础设施。

一笔管护经费。通过对镇街的年度绩效评价考核，确定各乡镇考核等次，依据考核结果及时兑付奖补资金，将资金专项用于村级农田水利设施的维护养护工作。

一套规章制度。为保障农用水利工程设施的有效管护，结合实际配套出台放水员工作制度、用水管理制度、灌溉管理制度、工程维修养护制度、财务管理制度等，制度上墙，同时放水员工作记录本也印有相关制度。

一册管护台账。建立完善巡查养护及放水管理工作台账，要求各行政村在开展日常工作时建立工作台账，确保问题能够及时得到记录、反馈与处理。在对工程设施进行维修养护时，留存各项维修养护凭证，包括维养合同、维养明细、维养照片及资金使用发票等。

一条节水杠子。依据各行政村有效灌溉面积及种植结构，将农业用水总量控制指标细化分解落实到村（灌片或泵站），有助于加强放水员的灌溉管理工作，促进农业节水减排。

一种计量方法。黄岩区按照点面结合、形式多样，首部控制、计量到片，简便易行、精度合理等原则，因地制宜完善计量布局，通过典型计量、以点带面的方式实现全区实际用水量核算。

一把锄头放水。为实现"一把锄头放水、集中统一管水"，黄岩区行政村严格执行《灌溉管理制度》，落实放水员管护责任，由放水员具体做好末级放水和维修养护工作，根据全年和阶段性供水计划，适时供水、安全输水，合理利用水资源，科学调配水量。

三、农业生物资源保护

黄岩属亚热带季风区，四季分明，温暖湿润，雨水充沛，光照充足；夏少酷暑，冬无严寒、雨热同季，气候条件十分优越。东部属温黄平原，是富饶的鱼米之乡，西部是山区，拥有丰富的古老优质种质资源。但随着工业化、城镇化进程的加快及耕作制度和农业经营方式的变化，农业生物资源日益减少。为此，黄岩区采取有力措施，加大农业生物资源保护力度。

（一）加强农业种质资源保护

1. 开展种质资源普查收集

一是农作物种质资源普查。按照全国第三次农作物种质资源普查与收集行动部署，为切实做好农业种质资源普查与收集工作，2017年黄岩区专门出台了《农作物种质资源普查与收集行动实施方案》，成立台州市黄岩区农作物种质资源普查工作领导小组和工作小组。从2017年4月开始到2021年完成第三次全国农作物种质资源普查调查工作，普查工作小组与浙江省农科院专家一起走访了院桥、沙埠、平田、上垟等9个代表乡镇、20个村，共收集濒危种质资源101份，例如店头荸荠、沙埠芋头、黄精、本地席草、本地马铃薯等，做到特有资源不缺项、重要资源不遗漏，按时按质按量完成普查和收集工作，对全区多种农作物特性、地理分布、历时演变、栽培方式、利用价值、濒危状况和保护利用情况有了较全面的了解。

二是水产养殖种质资源普查。2021年，根据《第一次全国水产养殖种质资源普查实施方案（2021—2023年）》及《浙江省农业农村厅关于加快推进全省水产养殖种质资源普查工作的通知》等文件的要求，黄岩区对区内水产养殖种质资源开展全面普查，摸清了区内水产养殖种质资源家底，为水产养殖种质资源的保护与利用积累了丰富的一手资料。

三是林草种质资源普查。黄岩区森林类型众多，已知植物资源主要有针叶林、阔叶林、混交林、竹林、矮林灌丛等40多科700多种，花卉品种145种，药材近百种。开展林草种质资源普查，以便从已保存的林草种质资源、栽培利用的林草种质资源、野生的重点林草种质资源三方面摸清黄岩家底，科学制定保护战略。黄岩拥有丰富的种质资源，将对本地柑橘、杨梅、枇杷等进行专项调查。

● 一棵杨梅母树带富一方群众 ●

自古农业以种为先，种质资源被称为农业的"芯片"，是国家宝贵的战略资源。东魁杨梅个大、味甜、品质优良，被誉为杨梅的"王中之王"，这个优异的种质资源从发现到发扬光大，背后还有着一段曲折的故事。

1959年，浙江省开展杨梅种质资源普查，技术人员在黄岩江口东岙村发现了一棵年逾百岁的杨梅古树，产量丰硕，果实饱满，有"乒乓杨梅"的初誉，属于独一无二的实生变异优株，于是把它登记在册，这就是日后名满天下的东魁杨梅的始祖母树。到了20世纪70年代，浙江农业大学一级教授吴耕民先生，取东岙村之"东"，杨梅魁首之"魁"，将其命名为"东魁杨梅"，亦喻"东方魁首"之意，并编入果树学教材。1992年黄岩东魁杨梅获得品种认定。2021年，浙江省农业科学院通过基因组测序溯源，从遗传学角度证明了"天下东魁出黄岩"。

根据相关检疫证明的引种统计，1981—2019年，这棵杨梅母树已向全国各地输出嫁接苗4 800多万棵，而民间交易流通的苗木更是不计其数。截至2022年底，浙江省内栽培东魁杨梅70多万亩，占全省杨梅总量的50%以上；全国种植东魁杨梅200多万亩，占杨梅总种植量的40%以上。30多年来，东魁杨梅凭借"果型大、产量高、品质优"的特点，在全国甚至世界范围开枝散叶。近年来，其销售均价保持在60～100元/千克，杨梅株均销售收成在1 000元以上，真正成为带富一方百姓的"摇钱树"（图2-6、图2-7）。

图 2-6　黄岩东魁杨梅母树园——江口街道东魁村

图 2-7　东魁杨梅

2. 强化柑橘种质资源保护

有"世界蜜橘之源"美称的黄岩，早在 2006 年就在头陀镇孙西村建立了浙江省首个柑橘种质资源库，收集有世界各地柑橘种苗 100 多种。为进一步推进现代种业和柑橘产业高质量发展，近年来黄岩积极开展温州蜜柑、杂柑等黄岩蜜橘近缘品种资源的收集、评价及利用研究，如 2021 年区农业农村局委托浙江省柑橘研究所实施了《柑橘种质资源收集与鉴定评价项目》，内容包括收集评价浙江省地方特色柑橘品种资源 73 份、对收集的资源开展品种特性及适应性观察研究、建立资源保存圃等。2022 年黄岩区挂牌成立"中国黄岩蜜橘种源研究中心"，该中心定位国内一流、国际知名的蜜橘种源收集、保护、培育与利用中心，旨在按照"近期鉴评引进、中期中试推广、远期自主培育"梯队育种模式，选育蜜橘特色良种，推动蜜橘种源保护和创新利用，全面增强黄岩蜜橘产业核心竞争力和文化软实力。

（二）加强水生生物资源保护

1. 开展生物资源调查

开展水生生物资源与生态环境调查能够厘清水生生物资源底数及其栖息地、产卵场所在水域的环境条件，为当地政府及渔业管理部门制定科学、合理的渔业管理及保护措施提供资源数据基础。20 世纪 80 年代，为完成台州地区渔业区划工作，黄岩区对辖区内陆水域进行了详细的水生生物资源调查。此后 30 年间，随着工业化、城市化进程的加快，闸门大坝的陆续修建，以及时有发生的过度捕捞等情况，严重威胁着永宁江水生生物资源的可持续利用。为此，2016 年黄岩区农业林业局委托浙江省海洋水产研究所实施了"黄岩区水生生物资源调查与保护利用项目"，通过两年时间全面摸清黄岩区水生生物资源的基本情况，编制了《黄岩水生生物种类名录》《黄岩野生鱼类分布图》《黄岩重要鱼类产卵场分布图》《黄岩重要经济鱼类资源量及优先开发顺序调研报告》，为进一步做好土著鱼类资源保护、人工增殖放流、苗种繁育等水生生物资源保护工作和促进水域的开发利用提供科学依据。

● 黄岩区鱼类种类及其优势种组成① ●

■ 种类组成及时空变化

本次调查共鉴定出水生动物51种，其中，鱼类46种，虾类3种，蟹类2种。鱼类隶属于6目12科37属，虾类隶属于1目2科3属，蟹类隶属于1目2科2属。

季节上，春季、夏季、秋季、冬季出现的水生动物种类数（鱼类种类数）分别为30种（28种）、34种（30种）、34种（31种）、33种（31种）。

空间上，长潭水库、永宁江、西江、南官河、鉴洋湖出现的水生动物种类数分别为31种、37种、27种、21种、20种。鱼类在永宁江出现的种类数最多（33种），在鉴洋湖出现的种类数最少（16种）。

■ 优势种组成及时空分布

季节上，春季、夏季、秋季、冬季优势种数分别为11种、12种、16种、11种。全年优势种有11种，其中，主要优势种为鲫、鲢、鳘。空间上，长潭水库、永宁江、西江、南官河、鉴洋湖优势种数分别为13种、15种、10种、13种、10种。

---

2. 持续开展增殖放流

增殖放流是一项保护水生生物资源的有效举措，通过增殖放流，补充经济鱼类和珍稀水生生物种群数量，发挥增殖渔业在水域生态修复中的作用，维护水生生物多样性。黄岩区水产技术推广站与区渔政站制定年度增殖放流计划，组织开展增殖放流鱼种的招投标工作，全程把关放流鱼种的质量、数量、规格等，对不同水域放流不同鱼种的关键技术进行现场指导，做好增殖放流的技术支撑工作。自2017年以来，在永宁江、东官河、南官河、江南渠道、宁溪上游溪流、长潭水库上游溪流、长潭水库、鉴洋湖、秀岭水库等水域投放鱼苗共计5 096.89万余尾，包含鳙鱼、鲢鱼、泥鳅、青鱼、草鱼、鲫鱼、黄尾密鲷、圆尾鲷、香鱼等多个品种，其中2021年开展2期增殖放流，共计放苗425.3万尾。通过增殖放流，增加了特有鱼类和经济鱼类种群数量，使黄岩区各水系特别是永宁江鲢、鳙、鲫等鱼类资源得以有效补充，有效增强了渔业生态系统功能的修复和保护，切实改善了渔业水域生态环境。

3. 严格执行禁渔制度

为保护水生生物资源和生态环境，促进渔业资源可持续发展，2018年黄岩区发布了《关于设立禁渔区、禁渔期制度和加强水环境保护的公告》，规定全流域全年严禁非法捕捞。为切实执行禁渔制度，黄岩区持续开展各项渔政执法行动，农业农村与公安、市

---

① 本专栏内容摘自《黄岩区水生生物资源调查与保护利用项目技术总结报告》。

场监督管理等部门联动，加强对区内重点水域、重点时段日常执法监管，严厉打击"电、毒、炸"等非法捕捞、破坏水生生物资源的行为。近年来，黄岩区渔政站以永宁江为重点，采用昼夜蹲守和不定期突击巡查的形式，加大了对非法电捕鱼和使用各类违法渔具的打击力度，电鱼、炸鱼、使用禁用渔具等现象鲜有发生。同时，加大宣传力度，通过下乡走访、张贴告示、报纸、电视、微信公众号等多种媒介方式，多举措开展水生生物资源保护宣传，在重点水域、流域设立禁捕宣传警示牌，印发相关禁捕宣传资料，提升群众水生生物资源保护意识。

（三）加强外来入侵物种防控

1. 开展外来入侵生物普查

为了解和掌握全区外来入侵生物的种类数量、区域分布、发生面积、危害程度及发展趋势等基本情况，根据《浙江省农业农村厅关于印发〈浙江省农业外来入侵物种普查实施方案〉的通知》《浙江省农业农村厅关于印发〈浙江省外来入侵水生动物普查实施方案〉的通知》《浙江省林业局关于组织开展全省森林、草地、湿地生态系统外来入侵物种普查工作的通知》等文件要求，黄岩区于 2022 年开始在区内部署开展外来入侵生物普查工作，为科学防控外来入侵生物提供基础数据。2022 年通过对黄岩区 67 个踏查点的调查，共发现外来入侵植物 46 种，其中"外来入侵物种普查系统"中登记的外来入侵植物 38 种，分属 17 科 28 属。对这 38 种外来入侵植物的数据进行分析，结果表明，菊科种类最多，为 12 种，占总种数的 31.6%，这主要与菊科植物具有单株种子多、粒小、质轻、果实具冠毛或钩刺、可以通过动物或人传播、有性繁殖能力极强、种子萌发率较强、化感作用强等特性有关[1]。除菊科外，苋科发现 4 种，占总种数的 10.5%；大戟科发现 3 种，占总种数的 7.9%，其他科各发现 1 ～ 2 种。而危害最为广泛的是空心莲子草，其次为三裂叶薯，另外菊科植物中的白花鬼针草、加拿大一枝黄花、藿香蓟、钻叶紫菀、小蓬草和香丝草出现亦较为频繁。针对黄岩区连续危害面积大的外来入侵植物，共设置外来入侵植物标准样地 20 个，对其进行系统调查和上报。在外来入侵病虫害方面，烟粉虱、美洲斑潜蝇是黄岩区发生频度最高的 2 种入侵生物，也是最大的 2 种外来入侵优势物种。这与它们的寄主范围广有关。烟粉虱是黄岩区分布最广的入侵生物，在农户的自留田中，作物种类丰富，有利于烟粉虱的庇护和传播；此外黄岩区的大棚作物较多，且在踏查的时间点，蔬菜作物普遍种植，为烟粉虱提供了丰富的食物。美洲斑潜蝇主要发生在丝瓜和豇豆上。丝瓜和豇豆属于藤蔓作物，需要搭架子，而田间多种藤蔓作物常常共用一个架子，茎叶互相缠绕，因此便于美洲斑潜蝇在不同的瓜类、豆类叶片中寄生。对外来入侵病虫害的治理，关键在于加强田间管理、科学用药，有时可以与杂草防治共同进行。如菊方翅网蝽、扶桑绵粉蚧出现在路边、田边的杂草上，尤其苍耳、钻叶紫菀、鬼针草等菊科杂草上多，可由杂草向附近的农作物扩散，因此田边需经常清理这类杂草，以减少虫源。

2. 建立生物灾害应急机制

为有效预防、控制农林业生物灾害的危害，指导和规范农林业生物灾害处置能力，避免或最大限度地降低有害生物危害和农林业生产损失，2021年区政府办公室制定发布了《台州市黄岩区农林业生物灾害应急预案》，明确由应急指挥机构、日常办事机构、技术咨询机构组成区农林业生物灾害应急组织指挥体系，成立区农林业生物灾害应急指挥部，由区人民政府分管农业副区长任总指挥、区政府办公室联系农业副主任和区农业农村局局长任副总指挥。根据农林业生物灾害发生的性质、种类、波及范围和危害程度等，该预案将灾害分为Ⅰ级（特别重大农林业生物灾害）、Ⅱ级（重大农林业生物灾害）、Ⅲ级（较大农林业生物灾害），构建不同等级灾害的应急响应机制。同时构建了日常监测、信息报告、灾害诊断、风险评估、预警预报、预防控制的运行机制，由区农业技术推广中心、区植检生态中心和区森林病虫害防治检疫站等为核心建立覆盖全区、快速反应、高效运转的农林业重大病虫害和危险检疫性有害生物及外来有害生物监测预警网络，并对其发生基数、发生面积、种群消长、迁移、蔓延、扩散等进行系统监测，对监测信息进行综合分析预测，经风险评估有可能造成农林业生物灾害的，由区农业农村局及时发布长期、中期和短期预报、预警，为启动和终止相应级别的农林业生物灾害应急预案提供决策依据。

第三章

农业产地环境保护与治理

一、化肥农药减量使用

化肥农药减量使用是转变农业发展方式，确保粮食安全和农产品质量安全，促进农业绿色发展、可持续发展的有效抓手。自 2017 年以来，黄岩区狠抓"肥药双控"，2019 年之后又以全省部署开展的"肥药两制"改革为契机，在全省率先全面铺开农资"刷脸实名购买"、化肥定额施用等制度，深入推进化肥减量"三大行动"和农药减量"四大措施"，积极探索有特色、出成效、可复制的高质量农业绿色发展模式，2022 年化肥、农药分别比 2017 年减少 700 吨、2.8 吨。化肥农药减量工作走在全省前列，2018—2021 年相继承办了全省绿色防控现场会、全省化肥减量增效现场会和全国化肥减量增效工作推进会等多个全国和省级现场会。

（一）推进化肥减量增效

1. 实施测土配方施肥

一是开展精准化测土。围绕水稻、茭白、柑橘、杨梅、中药材等主导产业开展全方位免费测土服务，2021 年共计采集土壤样品 747 个，测定了 4 个主要养分指标、6 个中微量元素指标和 5 个重金属指标，达到规模种植主体生产基地全覆盖、200 亩以上连片种植基地全覆盖。

二是科学制定主推配方。在掌握土壤肥力组成结构的基础上，遵循粮油作物"减氮、控磷、稳钾"、经济作物"减氮、减磷、控钾"总体施肥要求，结合主要作物需肥特性推出主推配方，并按照"大配方、小调整"原则，每年组织开展主要农作物配方肥筛选试验，及时调整发布肥料配方，如《黄岩区主要农作物主推配方（2021 年）》包含粮食作物主推配方 9 个、蔬菜作物主推配方 13 个、水果类主推配方 9 个。

三是供给端发力推动配方肥应用。出台《全面推进供给端"配方肥替代平衡肥"行动实施方案》，构建激励约束机制，引导农资生产经营主体加大配方肥、缓（控）释肥、有机肥和高品质有机无机复混肥等生产与销售，鼓励各类规模种植主体施用配方肥，加快按"方"施肥技术落地，截至 2022 年底，黄岩区供给端主要农作物基本实现去平衡肥化。

━━●　**数字智控、全域直补的"黄岩模式"**　●━━

2022 年 2 月，浙江省农业农村厅办公室印发了《配方肥推广闭环管理典型模式》供全省各地学习借鉴，其中，黄岩区"数字智控、全域直补"模式作为 7 个配方肥推广闭环管理的典型模式之一被重点介绍，其主要内容如下。

■ 总体思路

遵循"政府引导、部门协同、行业自律、数字管控"的基本原则，以全面推进供给端"配方肥替代平衡肥"行动为契机，配方肥补贴政策全覆盖为动力，优化完善"黄岩区补贴农资管理平台"建设，将全区所有农户的种植信息、肥药实名购买、财政补贴等纳入农资平台实现一体化、数字化管理，实现农户、农资经营店全覆盖；加强配方肥供应和销售统计监测，全面落实、推广区农业农村局发布的主推配方；推动"黄岩区贴补农资管理平台"接入全省"肥药两制"改革数字化应用，推行刷脸、刷证、刷码等信息化购销方式，实现系统实时直接补贴，全面建立"进销施"数字化闭环台账（图3-1）。

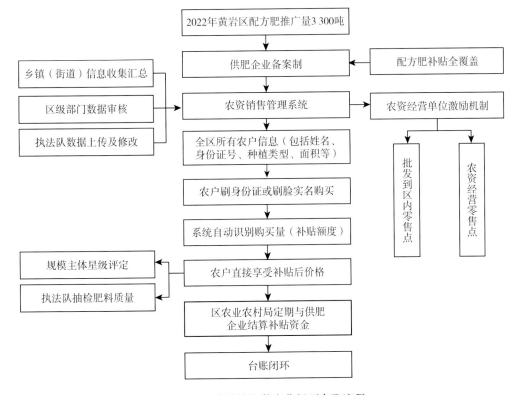

图 3-1 "进销施"数字化闭环台账流程

■ 数智直补全覆盖

建立主要农作物配方肥补贴激励机制，通过财政补贴、以奖代补等政策，加大配方肥推广应用力度。区财政对中、高浓度配方肥和有机无机配方肥分别给予600元/吨和1 000元/吨补贴。健全农资销售数字管理系统，系统平台录入全区9.4万户农户身份资料以及相对应的分户作物种植面积信息，按照化肥定额制要求设置不同农作物每亩补贴肥料上限，系统覆盖全区104家农资经营店，系统内全区所有农户信息数据库实现共享，农户购肥时系统自动识别可享补贴数量。依托数字化农资补贴销售管理系统，简化配方肥补贴流程，农户直接享受补贴后销售价格，提高数字化管理效率。

■ 规范农资经销管理

推进"肥药两制"改革农资店建设，加大"店内码"等农资产品电子标识应用力度，推行刷脸、刷证、刷码等信息化购销方式，提高从业人员数字化应用技能，全面建立"进销"数字化闭环台账。为引导农资经营单位调整优化经营肥料种类，指导落实肥料实名购买、档案管理和按"方"推荐肥料品种，对区内农资经营单位推广配方肥实名购买的，按农资管理系统登记的终端推广量给予 75 元／吨奖励。

■ 优化肥料供应结构

加强农资供应和销售统计监测，积极引导肥料生产企业、批发商和农资经营门店，以生态、可持续发展为导向，自觉加大配方肥、缓（控）释肥、有机肥和高品质有机无机复混肥等的生产与销售。加强农资执法监管，对区内农资批发企业推广配方肥且进销台账完善的，按农资"两制"管理系统（图 3-2）管理登记的批发到区内零售点的推广量，给予 15 元／吨奖励，引导农资行业加快推进供给端"配方肥替代平衡肥行动"，优化肥料经营种类，实行按"方"销售，截至 2022 年底，供给端基本实现去平衡肥化。

图 3-2　农资"两制"管理系统

2. 开展有机肥替代化肥

一是推广冬绿肥种植。每年投入资金 80 余万元采购紫云英等绿肥种子，对连片种植主体免费发放，大力发展冬闲田、幼龄果园的绿肥种植，增加有机肥源，到 2022 年底累计补贴种植冬绿肥 9 万余亩。

二是发展秸秆综合利用。在推广稻、麦秸秆机收粉碎全量还田的基础上，采取措施鼓励茭白秸秆堆腐还田、果园覆盖，实现区内主要农作物秸秆综合利用率 96% 以上。

三是鼓励组建从事沼液配送的社会化服务组织和种植业主体兴建田间堆粪（肥）场、田间沼液储肥池，直接利用区内规模养殖场畜禽粪便、沼液等有机肥源。

　　四是建立补贴机制鼓励主体应用菜籽饼、商品化有机肥，2020 年出台《黄岩区补助商品有机肥推广应用实施方案》，2017—2022 年共补贴应用各类商品有机肥、缓（控）释肥、菜籽饼 1.5 万余吨。

● 黄岩区柑橘有机肥替代化肥项目 ●

　　2017 年，黄岩区入选农业部果菜茶有机肥替代化肥示范县，实施柑橘有机肥替代化肥项目。黄岩区成立了项目领导小组、推进落实小组和技术指导组，并将"柑橘有机肥替代化肥"工作列入对乡镇（街道）综合目标责任制考核内容。通过遴选实施主体，加大资全投入，加强宣传培训，确保项目顺利实施。黄岩区制定了以"有机肥＋配方肥"技术模式为主的有机肥替代化肥方案，2019 年实施"有机肥＋配方肥"模式 1.3 万亩、"有机肥＋水肥一体化"模式 600 亩、"果－沼－畜"模式 300 亩、"自然生草＋绿肥"模式 3 000 亩、"有机肥＋机械深施"模式 3 000 亩。完成总投资 752.75 万元，其中，中央财政资金 387.59 万元，社会资本 365.16 万元（表 3-1）。通过项目实施，果农能够积极应用有机肥替代化肥及化肥减量增效技术。据统计，项目区应用商品有机肥（菜籽饼）3 250 吨、畜禽粪便堆沤 1 000 吨、农作物秸秆 6 000 吨，化肥（折纯）较上年减少 104 吨、17.7%，有机肥用量较上年增加 1 225 吨、21.97%；新建绿色产品基地 5 处，新增"三品一标"品牌 32 个，土壤有机质含量平均提高到了 1.61%；果实品质达到无公害或绿色食品标准，优质果率和商品果率均提高，优质果率平均提高 9%，商品果率平均提高了 6%，平均亩增产值 435 元，1.3 万亩柑橘共增加产值 565.5 万元。项目实施提高了土壤肥力，减少了农业面源污染，又提高了果实品质，受到了果农欢迎（图 3-3）。

表 3-1　2019 年黄岩柑橘有机肥替代化肥项目资金投入统计

项目名称	建设内容	实际投资（万元）	其中		
			中央资金（万元）	区配套（万元）	自筹（万元）
有机肥应用	菜籽饼等有机肥	512.51	240.24	0	272.27
沼液综合利用示范	沼液池	7	5	0	2
水肥一体化	水肥一体化相关的管道、控制系统等	66.05	22.3	0	43.75
农作物秸秆还园覆盖	农作物秸秆还园覆盖	0	0	0	0
果园套种绿肥	橘园套种绿肥补助	25.45	11.74	0	13.71
橘园深施有机肥	橘园机械深施有机肥试验示范	74.13	50.99	0	23.14
技术集成	农户施肥调查、土壤肥力监测、农产品质量检测、开展有机肥替代化肥相关技术研究及项目评估、化肥定额制试验示范	30.73	30.73	0	0

（续）

项目名称	建设内容	实际投资（万元）	其中		
			中央资金（万元）	区配套（万元）	自筹（万元）
堆肥场建设	规模基地建设25米²堆肥场	32.49	22.2	0	10.29
技术培训	技术培训、宣传等	4.39	4.39	0	0
合计		752.75	387.59	0	365.16

图 3-3　全国果菜茶（柑橘）有机肥替代化肥示范县标识牌

3. 推广高效施肥技术

一是结合《浙江省化肥定额制施用技术指导意见》，制定黄岩区水稻、茭白、柑橘三种主要作物化肥投入的定额标准和施用技术导则，结合浙江省智慧施肥系统"浙样施"，指导区内种植主体精准施肥。

二是大力推广菜－稻轮作、果（茶）－绿肥、稻－鱼（虾、蟹）等种养模式，统筹农田土壤周年养分管理，实现大幅度减少化肥使用量目标。

三是引进侧深施肥机、有机肥深施机等新型机械，推广机械深施、种肥同播、侧深施肥、水肥一体等高效施肥技术，逐步淘汰浅施、撒施、表施等落后施肥技术，重点在大田作物上推广机械施肥和一次性施肥，在经济作物上推广水肥一体化技术，避免大水大肥和撒施表施，帮助农民减轻劳动强度，提高施肥效率和肥料利用率。

四是推广应用新型肥料，如在粮油作物上推广有机无机配方肥，蔬菜瓜果作物上推广有机无机配方肥、缓控释配方肥，水果上推广配方水溶肥等新型肥料，并根据土壤丰缺情况和植株需求适施微量元素肥料和微生物肥料。

● "浙样施" 智慧施肥系统 ●

　　"浙样施"智慧施肥系统由浙江省耕地质量与肥料管理总站和浙江省农业科学院数字农业研究所联合开发，是全省耕肥系统利用近年来测土配方施肥技术成果，运用数字化理念，采取省市县三级联动的方式，构建的集"取土测土、配方施肥、定额管理、技术咨询"于一体的新一代智慧施肥移动应用平台。"浙样施"汇集了全省历年土壤检测数据，将土肥资讯、土壤质量、施肥建议、化肥定额、技术咨询、施肥记录等功能应用融于一体，为农户提供"一户一业一方"的精准施肥技术方案，引导农户科学精准施肥；同时，基于县级最新的测土点位数据，通过空间插值和统计等方法，对耕地、园地图斑单元进行评价赋值，全省生产主体只需通过镇、村定位，即可获得该田畈的土壤属性详情和地力水平，及基于地力的、化肥定额的多作物施肥技术方案，基本实现土壤肥力"一网通查"、科学施肥"一键到田"，提高了种植户科学用肥水平，促进了测土配方施肥技术的入地见效。2021年12月15日，"浙样施"智慧施肥系统成功上线"浙里办"App，"浙样施"的品牌效应、服务范围得到有效放大，已成为浙江省科学施肥品牌（图3-4）。

图3-4　"浙样施"智慧施肥系统

4. 水稻绿色高产创建成效显著

为深入落实"藏粮于技"战略，强化栽培、种子、农机、土肥、植保等先进适用技术在水稻生产中的有机融合，黄岩区认真组织各地开展水稻绿色高产创建示范与竞赛活动（图3-5），年综合示范面积5 000多亩，平均增产10%以上。通过示范方创建及辐射带动，全区水稻生产水平和种植效益逐步提高，有力保障了黄岩区粮食生产安全。近年来，规模种粮大户早稻和连作晚稻单产水平增加明显，特别是连作晚稻创高产能力提升较快，最高亩产量从5年前不到600千克提高至800多千克。继2022年实现连作晚稻示范方平均产量754.3千克、攻关田最高亩产805.3千克创黄岩区纪录后，2023年这一纪录再次被刷新，分别达到了793千克、864.1千克。目前，黄岩区连作晚稻绿色高产创建攻关水平已跻身全市前列。

图3-5　水稻绿色高产创建示范

（二）推进农药减量增效

1. 强化精准测报

加快推进水稻"两迁"害虫智能化监测预警站点建设，完善配套性诱智能测报系统，覆盖所有病虫发生数据采集点，推进传统测报向数字化、智能化转型。科学研判主要农作物重大病虫害发生趋势，开展分区分片发布提供病虫情报信息试点，提高病虫防控指导的精准性。依托科研院校，探索建立蔬菜、水果病虫测报系统。在全面掌握病虫害高峰期和发生量的基础上，对各主导产业制定专项防治方案，因病施策，切实减少化学农药使用量，保障农产品质量安全。已建成2套水稻二化螟、纵卷叶螟性诱测报系统和 1 座智能病虫测报站。

2. 强化绿色防控

遵循病虫害综合治理基本原则，综合运用农业防治、生态调控、生物防治、理化诱控、科学用药等绿色防控措施，集成整个产业或整个建制的绿色防控技术模式。截至 2022 年底，建成稻田（茭白田）养鸭、稻田养龙虾、茭田养河蟹、茭田养鱼等 5 个种养结合模式试验示范；种植硫华菊等田埂花草 6.6 万米、三叶草 50 亩；探索使用赤眼蜂防治水稻二化螟等生物防治技术 2 000 亩；累计安装杀虫灯 4 300 余台，应用面积 21 万亩；在水稻、蔬菜主要种植区块安装二化螟、稻纵卷叶螟及斜纹夜蛾等害虫性诱捕器 10 万套，应用 10 万亩次；杨梅防虫网室栽培应用 8 万余株，枇杷等水果套袋技术应用 8 000 亩。

3. 强化统防统治

加强植保社会化服务组织培育，有针对性地扶持和壮大与区域产业相适应的植保社会化服务组织，建立与"农业两区"、专业大户、小散农户的连接机制，探索整产业、整建制推进统防统治服务新模式，扩大植保社会化服务覆盖面。加大植保社会化服务组织从业人员的专业技能培训力度，提高病虫防治技术水平。截至 2022 年底，累计培育水稻统防统治专业植保服务组织 38 个，拥有植保无人机、喷杆喷雾机、风送喷雾机、担架式喷雾机等植保机械 215 台（套），完成主要农作物病虫害专业化统防统治 4.2 万亩，统防统治覆盖率 46% 以上。

2018—2022 年，先后在院桥等 10 个乡镇（街道）推进绿色防控与统防统治融合示范区建设，累计建成省级绿色防控千亩水稻示范区 5 个，市级 300 亩以上水稻绿色防控示范县级"肥药减量增效"水稻示范区 11 个，核心示范区面积 630 公顷，辐射面积 2 350 公顷。通过培育和示范建设，在示范区内专业化统防统治与绿色防控技术融合度达 100%，病虫危害损失率降低到 3% 以下。

4. 强化高效用药

加大补贴力度，引进无人机、风送式喷雾机等先进高效防治机械，因地制宜推广高效先进植保机械，引导、支持专业化统防统治服务组织、种植大户、合作社等通过植保设施装备的升级换代，提高农药利用率。强化对症选药，加快高效低毒低残留农药替代，实行轮换用药，合理添加喷雾助剂，提高防治效果。

二、农业废弃物综合利用

黄岩区贯彻落实浙江省绿色农业行动计划要求，立足县域统筹，根据农业废弃物总量、分布及环境容量，合理布局，培育农业废弃物收集、利用、处理主体和社会化服务组织，整体构建"主体小循环、园区中循环、县域大循环"的循环利用体系。加强养殖主体、种植主体、农业废弃物利用与处理主体、社会化服务组织之间的循环对接，建立健全政府推动、主体运行、财政补贴、监督管理有机结合的链接机制。经过多年努力，2022年黄岩畜禽粪污综合利用率超过99%，秸秆综合利用率达到96.64%，农膜回收率达92.2%。

（一）强化养殖污染防治

1. 加强畜禽养殖污染防治

一是严格畜禽养殖业环境准入。严格依照《中华人民共和国畜牧法》《畜禽规模养殖污染防治条例》和地方相关法规的要求，同时结合饮用水水源保护区、人口集中区域范围等的调整，开展了禁养区划定情况排查及整改工作，于2020年发布新一版《黄岩区畜禽养殖禁养区划定方案》。严格落实禁养区养殖场关停措施，并予以损失评估及相应补偿；限养区内禁止新建、扩建畜禽养殖场，对已有的畜禽养殖场进行限期治理，逾期未完成治理任务的，依法予以关停。禁（限）养区以外新建扩建畜禽养殖场必须进行环境影响评价，依法办理环保、动物防疫、建设规划、用地等有关审批手续，对未批先建的现有规模化畜禽养殖场在完成限期治理及相关环保要求的前提下，依法补办相关审批手续。

二是推进畜禽养殖废弃物资源化利用。建立了畜禽养殖废弃物主体责任处理与社会化服务相结合的农牧对接长效机制。规模养殖场通过建设封闭式集粪棚、农牧对接点储液池、田头堆粪棚，散养户通过户用三格式化粪池或贮液桶等方式解决农牧对接"最后一公里"问题。养殖主体无法就地消纳的，由沼液运输服务组织进行异地消纳。出台了畜禽养殖污染治理扶持政策，规模户污水处理设施建设财政补助90%，散养户治理按户用三格式化粪池720元/套、砖混结构600元/米³进行补助，美丽牧场建设按省补1∶1配套，全区规模养殖场粪污处理设施装备配套率达100%，截至2022年底，已建成海鑫家禽专业合作社、能信生猪养殖场、鑫农农业有限公司等6家省级美丽生态牧场。

三是加强畜禽养殖污染监管。一方面，建立完善了三级畜禽养殖监管网格，落实了每个村、场的畜禽养殖污染巡查网格员，其中乡镇级569人、村级527人。并落实相关巡查制度，规定了巡查频次和要求，通过巡查严防畜禽养殖污染现象发生。同时，对所有保留的养殖场树立整治公示牌，标明养殖场名称、负责人、畜禽种类、最高限量、治理方式、技术指导员、巡查责任人以及举报电话，接受社会监督。另一方面，对保留畜禽养殖场、畜禽无害化处理场等监管场所进行线上监管，在监管场所设置监控探头，实施畜禽养殖污染线上防控机制，实现了对全区8家保留的规模养殖场各环节的在线监控，并全部纳入环保部门监管平台。

2. 推进水产养殖污染防治

一是开展禁（限）养区划定整治。2017年编制出台了《黄岩区养殖水域滩涂规划》，对水域滩涂进行禁养区、限养区和养殖区的"三区"划分，建立对应管控措施。以长潭水库、秀岭水库、佛岭水库为代表的饮用水水源地一级保护区、鉴洋湖湿地保育区、永宁江及保育区上游河道等12个区域被划定为禁养区，禁止开展水产养殖活动，对已开展的养殖活动限期关停、搬迁、取缔；富山水库、英山水库、毛儿坑水库等9个区域被划定为限养区，实行保水型生态养殖，严禁施肥，控制投饵和放养密度，以保持水质的清新，同时加强投入品管理及质量监测，全面实施无公害标准化名特鱼类养殖。

二是分类管控发展绿色生态养殖。将禁（限）养区以外的养殖区分为池塘（山塘）养殖区和稻田综合种养区，分类实施绿色生产养殖。对池塘（山塘）养殖区，要求在养殖生产过程不得使用任何农药进行清塘；排放尾水达到国家标准，或者作为养殖用水循环使用；养殖生产者收集的养殖污染物应被用作塘堤护坡或种植农产品的肥料，不得随意处置，以防造成二次污染；不得在开放性水域施用化肥和有机肥养鱼，同时，渔业主管部门需加强对渔业水域水质状况的监测。对稻田综合种养区，要求不得破坏耕地，养殖过程中不得使用任何农药；收集的养殖污染物不得随意处置，以防造成二次污染；限制永久性设施改造和建设，养殖生产者接受水产品质量安全监督和渔业水环境监测；渔业主管部门加强对养殖尾水排放的监测。

三是推进养殖尾水处理工程建设。按照"养殖生态化、尾水排放达标化、质量安全化、管理制度化"的建设标准，黄岩区开展养殖尾水处理净化系统建设，改善生产条件，提高生态养殖环境质量，形成具有地域特色的生态养殖模式。2019年，黄岩区完成了首家养殖主体（池塘养殖）的尾水处理工程建设，通过验收并投入运行。2020年，遴选了台州市黄岩苍蒲湾水产养殖场实施"山塘水库养殖尾水原位处理技术应用实施养殖尾水处理项目"，总投资89万元，于2021年完成。同时，积极开展养殖尾水处理技术服务，协助制定区域尾水整治方案，组织技术培训与交流，做好处理设施设计与运行维护指导，通过开展不同养殖模式养殖尾水处理效果的评价，建立各种模式的养殖尾水处理技术规范。

● 黄岩苍蒲湾水产养殖场"山塘水库原位处理模式" ●

黄岩苍蒲湾水产养殖场于2018年8月注册成立，养殖基地位于黄岩区北洋镇呑里村的苍蒲湾水库，养殖面积16.4亩，养殖用水为流动水，上进下出，养殖模式为微流水水库养殖；养殖品种丰富，主养品种为加州鲈鱼，搭配养殖翘嘴鲌、鳙鱼、鲫鱼等。该场于2021年完成养殖尾水处理设施建设，被认定为省级健康养殖示范场，具有一定的先进性。其尾水处理模式为"山塘水库原位处理模式"，主要应用技术如下。

生物浮床净化技术：在水库出水口附近布设生物浮床共54块，每块规格12米^2，共计648米^2。种植美人蕉、水菖蒲等净水植物，达到水质处理、环境美化效果（图3-6）。

增氧机改底技术：在生物浮床中间安装2台曝气式增氧机，加强水体循环流通，增加水中溶氧。同时搅动底层水体，增强水底有机质的氧化，释放底质养分，丰富水体中的藻类，不仅为鱼类提供了饵料，而且达到了净化水质的作用。

生态滤坝处理技术：在水库出水口位置建设生态滤坝，放置生物炭、滤网等装置，让水体先过滤再排放，使排放水质更加洁净（图3-7）。

图3-6　生物浮床净化技术

图3-7　生态滤坝处理技术

（二）推进秸秆综合利用

农作物秸秆是指农业生产过程中收获农作物籽粒等主产品后，残留的不能食用的茎、叶等农作物副产品，不包括农作物地下部分。农作物秸秆属于农业生态系统中的生物质能，其综合利用对于促进农民增收、环境保护、资源节约以及农业经济可持续发展意义重大。黄岩区采取"疏堵结合""以用促禁"的方式，以粮食秸秆直接还田肥料化利用为主、秸秆离田资源化利用为辅来稳步开展秸秆综合利用工作。

1. 全面禁止焚烧秸秆

秸秆焚烧会产生大量烟雾，不仅是农村环境保护的瓶颈问题，甚至成为殃及城市环境的罪魁祸首，导致重污染"雾霾"天气的形成和加重；此外，秸秆焚烧也会产生大量有毒有害物质，对人与其他生物健康形成威胁。黄岩区的不少乡镇（街道）四处环山，露天焚烧秸秆容易引发山火等火情，还会破坏土壤结构，加重土壤板结，降低土壤肥力，使得农田质量下降，农作物的生长因而受到影响。黄岩区高度重视秸秆禁烧工作，严格落实禁烧管控，防止秸秆焚烧带来区域性大气污染。

一是明确全区范围的禁烧要求。依据《中华人民共和国大气污染防治法》，各级人民政府及有关部门应当划定区域，禁止露天焚烧秸秆。《浙江省大气污染防治条例》进一步规定在全省行政区域内禁止露天焚烧秸秆、落叶等产生烟尘污染的物质。黄岩区政府全面禁止在行政区域内焚烧秸秆，由各乡镇人民政府、街道办事处落实属地管辖责任，将秸秆禁烧纳入村规民约，责任落实到户。

二是推进"无秸秆焚烧乡镇（街道）"创建活动。自 2018 年以来，为切实加强农村废气治理，根据《台州市"无秸秆焚烧乡镇（街道）"创建活动实施方案》精神，黄岩区启动了乡镇（街道）的创建活动，逐步形成镇村联动、群众参与、群防群治的无秸秆焚烧的良好工作氛围，力争做到"三个无焚烧"，即秸秆无焚烧、杂草无焚烧、枯枝落叶无焚烧。当年"无秸秆焚烧乡镇（街道）"占比就达到 36% 以上，2020 年"无秸秆焚烧乡镇（街道）"已全部创建成功。

三是开展秸秆禁烧巡查工作。环保、行政执法和农业农村部门成立联合巡查小组，重点开展秋冬季秸秆禁烧专项巡查；与此同时，督促各责任单位加大宣传力度，压实工作责任，严格落实露天秸秆禁烧管控措施。

四是打造美丽黄岩全域生态智治（智慧环保）平台。近年来台州市生态环境局黄岩分局贯彻省市委数字化改革精神，围绕"大生态"多跨协同工作格局，基于构建"一张图""一个库"的理念，打造了美丽黄岩全域生态智治平台，2022 年 4 月，该平台正式上线。依托黄岩区的 18 个乡镇空气站、8 个道路空气微站、8 个废气排口监测和 8 个高空瞭望台密不可分，将数据集成到智慧平台，实现了污染源"线上"监控，全面提升露天焚烧管控能力。

2. 形成秸秆"五化"利用新格局

秸秆五化利用是指秸秆肥料化、饲料化、燃料化、原料化和基料化。秸秆肥料化是秸秆直接还田、加工肥料等；秸秆饲料化的主要方式有直接饲喂、青贮、微贮、揉搓压块等；秸秆燃料化主要是发电、气化、炭化、压块等；秸秆原料化是指秸秆可用于建材、化工、草编、造纸等行业；秸秆基料化是以秸秆为原料生产食用菌等。黄岩区牢固树立绿色发展理念，深挖农作物秸秆价值，形成"五化"利用新格局，2019—2022 年连续四年全区秸秆综合利用率达到 96% 以上（表 3-2）。

表 3-2　2017—2022 年黄岩区秸秆综合利用变化

单位：万吨、%

年份	全年秸秆量	综合利用量	综合利用率	肥料化利用量	饲料化利用量	能源化利用量	基料化利用（量）	原料化利用（量）
2017	17.14	15.55	90.72	12.91	1.93	0.04	0.300 0	0.370 0
2018	6.98	6.74	92.85	5.61	0.78	0.28	0.001 3	0.022 0
2019	6.84	6.57	96.07	2.88	0.06		0.011 0	0.006 0
2020	2.92*	2.81	96.14	2.76※	0.07	0.28	0.002 0	0.022 0
2021	4.89*	4.50	96.44	4.42※	0.27		0.012 0	0.002 0
2022	5.13	4.96	96.64	4.68	0.28		0.002 4	0.000 3

注：* 2020 年秸秆理论资源量为 4.08 万吨，可收集资源量 2.92 万吨；2021 年秸秆理论资源量为 6.67 万吨，可收集资源量为 4.89 万吨；2022 年秸秆理论资源量为 7.79 万吨，可收集资源量为 5.13 万吨。

※ 表示直接还田量与离田肥料之和。

一是促进秸秆肥料化，集成推广秸秆还田技术，改造提升秸秆机械化还田装备，系统性推进秸秆粉碎还田。黄岩区主要采用的秸秆肥料化方式是茭白、柑橘等农作物秸秆叶片堆肥还田和茭白、荸荠等农作物秸秆橘园覆盖（图 3-8）。茭白、柑橘等农作物秸秆叶片堆肥还田是指已经采收的茭白秸秆利用叶片堆肥技术制成有机肥料后还田。头陀镇双季茭白种植基地开展了茭白叶片堆肥还田试点示范，采用这一技术收获的茭白产量较高，口感及品质也更好，每 500 千克茭白秸秆堆成的肥料可减少施用化肥 25 千克。茭白、荸荠、甘蔗等农作物秸秆橘园覆盖既可减少秸秆废弃物的污染，又能增加土壤有机质含量，每亩覆盖茭白秸秆约 2 000 千克，可以减少施用化肥 20 千克。2019 年黄岩区实施茭白等农作物秸秆废弃物橘园覆盖 3 000 亩。此外，还有荸荠秸秆干枯后覆盖荸荠田等方式。为了降低劳动强度，提高生产效率，黄岩区还与科研院所合作，研究开发了出茭白删苗机、茭墩（根）清理机、秸秆收割机等一批省力化机械，以开展茭白秸秆整区域回收。

图 3-8　茭白秸秆废弃物橘园覆盖

二是促进秸秆基料化和原料化，发展食用菌生产等秸秆基料。黄岩区主要采用的秸秆原料化方式是将甘蔗渣酿制成甘蔗酒。据不完全统计，头陀镇的甘蔗种植量有 1 500 余亩，年甘蔗总产量约 5 500 吨，年产糖量约 500 吨。以往红糖制作后会残留大量甘蔗渣，这些废弃物因未能及时处理而影响了生态环境。2017 年，省级现代农业科技示范基地黄岩双楠红糖专业合作社经过三年研究，将甘蔗渣酿制成甘蔗酒取得成功，探索了一条秸秆生态利用新途径。

三是加大财政支持力度。2018 年把农作物秸秆综合利用列为黄岩区农业绿色发展示范项目工程。2018—2019 年，黄岩区共投入资金 111.88 万元用于头陀镇、北洋镇、新前街道的茭白秸秆田间清理回收及秸秆堆肥补助等。对整区域推进茭白秸秆收集工作的补贴 100 元 / 亩，对新建利用茭白秸秆堆腐还田的给予场地设备补贴 3 万元，秸秆堆腐后按数量补贴 200 元 / 米^3，激发农户投入茭白产业发展的动力。

3. 建立健全秸秆资源台账

黄岩区根据《浙江省农业农村厅关于做好农作物秸秆资源台账建设工作的通知》（浙农专发〔2019〕55 号）的有关要求，从 2019 年起开始全面建立农作物秸秆资源台账制度，以便准确掌握农作物秸秆的产生与利用信息，为制定扶持政策和规划、进行产业布局和管理等提供数据支撑。

黄岩区统一调查的作物为水稻（早稻、单季稻、双季晚稻）、小麦、玉米、薯类（马铃薯、甘薯）、木薯、花生、油菜、豆类（大豆）、棉花、甘蔗、其他谷物、茭白等 12 类，各乡镇（街道）也可根据需要将本区域种植面积较大的瓜果蔬菜纳入调查范围。台账内容包括农作物秸秆产生量台账、农作物秸秆利用量台账和农作物秸秆利用水平计算。农作物秸秆利用量是指通过"五化"等途径利用的农作物秸秆量，根据农作物秸秆产生量和利用量台账数据，可以计算得到农作物秸秆综合利用率。秸秆台账基础数据调查对象分企业和农户两类，其中企业调查需逐个开展，农户调查则采取抽样的方式，抽样时应兼顾普通小农户和种养大户，确保样本农户的代表性。

三、农业白色污染治理

黄岩区分别于 2015 年、2019 年和 2021 年开始部署实施农药废弃包装物回收处置、废旧农膜回收处理和肥料废弃包装物回收处置等工作，多措并举，加强农业白色污染治理，打造绿色安全的清洁田野和环境整洁优美的新农村。

（一）推进包装废弃物回收处置

1. 构建废弃包装物回收处置的组织体系

从 2015 年起，黄岩区就开始部署实施农药废弃包装物回收处置工作，制定下发了

《黄岩区农药废弃包装物回收处置工作实施方案》（黄政办发〔2015〕119号）、《黄岩区农药废弃包装物回收处置管理办法》（黄农林〔2015〕136号）等文件，成立了以分管副区长为组长，环保、财政、供销、农业农村部门等单位负责人为成员的农药包装物回收处置工作领导小组；区农业农村局成立了以分管副局长为组长，农技推广中心、执法、果树、蔬菜、质监等科室负责人为成员的农药废弃包装物回收处置实施小组，为农药废弃包装物回收处理工作提供强有力的组织保障。同时，还明确了农药废弃包装物的回收责任主体是各乡镇人民政府、街道办事处，要求其落实专人负责农药废弃包装物的回收归集、督促检查等具体实施工作；农药包装废弃物的回收实施主体是区内各农资经营单位，要求他们建立农药废弃包装物回收的台账；监督管理主体方面，由区农业农村局负责不定期检查农药废弃包装物回收处置工作的进展和各项措施的落实情况，并对各地的回收数量和质量进行抽查，对归集单位出库和处置环节进行现场确认，区环保局负责落实废弃农药包装物无害化处置单位和监督管理工作，区财政局负责落实废弃农药包装物回收处理经费。2021年，黄岩区农林局印发《黄岩区关于肥料废弃包装物回收处理工作实施方案的通知》（黄农〔2021〕49号），在农药废弃包装物回收处置的基础上，将肥料废弃包装物纳入回收处置范围。

2. 构建废弃包装物回收处置的运行体系

建立以"市场主体回收、专业机构处置、公共财政扶持"为主要模式的废弃包装物回收和集中处置体系，将全区所有具有农资经营资格的99家农资经营店设为回收点，负责回收其销售的农药废弃包装物和无再利用价值的小包装肥料废弃包装物；并通过政府采购方式委托1家以上农资批发经营单位负责废弃包装物的归集和运输，委托1家有资质的公司为无害化处置单位。同时，制定了严格的回收处置流程：在包装物回收环节，要求回收点首先确认是否是本店销售农药肥料的包装物，然后分别清点各类包装物数量、检查质量，详细记录回收台账，由交回者签字确认，再与交回者结算回收费；在归集交接环节，要求回收点将回收的包装物按标准分类装箱或捆扎装袋，归集单位定期到各回收点收集废弃包装物，并填写归集交接联单，经交接双方核实、签字；在归集暂存环节，要求归集单位按有关法律法规要求，做好废弃包装物的运输、集中贮存保管，入库时仓储部门查验归集交接联单并核对数量，详细填写入库交接表，包装物运送人和贮存部门经手人双方签字确认；在无害化处置环节，要求归集单位在每批次无害化处置前及时编制废弃包装物回收清册，归集单位和农林局监管人员双方签字确认，通知无害化处置单位及时运输包装物，填写转移联单，详细记录出库交接表，经处置单位、归集单位和农林局监管人员三方签字确认。此外，明确肥料编织袋、包装桶等有再利用价值的肥料废弃包装物由肥料使用主体自行回收，无再利用价值的普通有机肥料编织袋由肥料使用主体自行送到农村生活垃圾处理点进行处置，同时，全区各乡镇（街道）组织力量对田（沟、渠）边、河（池塘）边的遗留废弃包装物开展多次集中整治行动，确保全面清理不留死角。

3. 构建废弃包装物回收处置的保障体系

区政府安排专项资金用于废弃包装物统一回收和集中无害化处置工作，确保废弃包装物回收处理顺利开展。对于农药废弃包装物和无再利用价值的小包装肥料废弃包装物回收实行补贴政策，根据包装物的规格大小制定回收补贴标准：农药瓶、肥料袋（瓶）分 200 毫升以下、200 毫升（含）以上两个档次，分别按每只 0.3 元、0.5 元回收，回收的农药瓶需有原盖；农药、肥料包装袋按 50 克以下、50 克（含）以上两个档次，分别按每只 0.1 元、0.2 元回收。同时，对各农资经营店按回收金额的 20% 给予回收工时费和保管费补贴；对归集主体按回收金额的 20% 支付归集和运输主体运输、存放及保管费用；废弃包装物无害化处置费用按有关规定按实结算。支持实施肥料包装废弃物回收的有机肥生产企业，优先纳入省补商品有机肥招标采购范畴。建立工作督查制度，加强对各乡镇（街道）废弃包装物回收情况督查，将废弃包装物回收处置工作纳入农业绿色发展、美丽黄岩和"五水共治"等考核内容。同时，加强宣传教育，在每个农资经营门店、涉农行政村张贴肥料、农药废弃物回收宣传牌，运用宣传横幅、明白纸、培训和网络等多种形式宣传废弃物对生态环境造成的影响并介绍废弃包装物回收工作流程和回收标准，发放 8 万余份小册子。全区实现了 19 个乡镇、街道农药肥料废弃包装物回收全覆盖，2019—2022 年，全区废弃包装物回收 186.77 吨，回收率 100%，无害化处置 186.77 吨，处置率 100%。

（二）开展农膜回收利用

1. 构建废旧农膜回收处理的运行体系

黄岩区坚持政府引导、市场主导、属地管理、使用者责任原则，按照"减量化、资源化、无害化"思路，制定下发了《黄岩区加快推进废旧农膜回收处理工作实施方案》（黄农〔2019〕147 号），积极构建由政府、农户、企业、社会共同参与的废旧农膜回收利用体系和"使用者归集、分类处理、政府扶持与市场化运作相结合"的长效机制，推动农膜回收利用。根据黄岩区农业生产实际，将废旧棚膜、地膜、菌棒膜等纳入回收处理范围。实施分类回收方式，对具有二次利用价值的废旧棚膜、菌棒膜等，发挥市场机制，由使用者归集、市场主体回收后实现二次利用；对于无利用价值的废旧农膜（地膜），纳入农村生活垃圾处理体系。引导和鼓励农膜生产、销售企业和其他组织、个人开展废旧农膜回收处理，推动形成回收处理专业化体系。建立健全以农村生活垃圾收集点为主的废旧农膜回收网点，偏远地块或农膜集中使用区域由各乡镇、街道设置必要的废旧农膜回收站点（临时堆放点），配置必要的设施设备。

2. 构建废旧农膜回收处理的责任体系

按照"谁使用、谁回收"的原则，明确使用者是废旧农膜归集回收的责任主体，应将废弃农膜及时捡拾归集、清理（去杂去泥）和定点堆放，不得弃留在土壤、随意丢弃或焚烧。对于零星分散在田间的废旧农膜，由村民委员会或委托专业化服务组织统一清运至当地农村生活垃圾回收点。将无利用价值的废旧农膜纳入城乡环卫收运处理体系，由区农业农村、综合行政执法部门会同生态环境部门，落实末端处理设施，进行无害化处理。区农业农村部门负责指导废旧农膜回收利用工作和地膜的科学合理使用工作，区生态环境部门负责地膜回收利用过程的环境污染防治监督管理工作，区综合行政执法部门负责废旧农膜无害化处理监督管理工作，区市场监管部门负责地膜质量和流通领域的监督管理工作，依法打击非标地膜的生产和销售。区供销等部门根据各自的职能协同做好农膜回收处置的监督管理工作，推动回收处置工作常态化开展。各乡镇、街道、村民委员会负责组织、督促农业生产者捡拾、归集废旧农膜，并做好对回收站点的日常管护工作。

3. 构建废旧农膜回收处理的保障体系

区财政切实加大对废旧农膜回收处理的财政资金投入力度，重点支持废旧农膜回收站点、田间收集清运、专业化回收处理以及加厚地膜、可降解地膜的试验示范推广。区农业农村部门加强技术指导，积极引进试验、示范推广加厚地膜和全生物降解膜，推进农膜使用源头减量。区供销、市场监管部门严格执行国家农用地膜强制性标准，严禁生产、销售不符合国家标准的超薄地膜。充分利用广播、电视、报刊、互联网等媒体，结合科技入户等形式，大力宣传废旧农膜污染的危害性和回收再利用的意义要求，增强回收废旧农膜的自觉性和主动性。在重要农时季节组织开展现场观摩活动，宣传典型做法和工作成效，充分发挥示范辐射的带动作用。加强考核，把废旧农膜回收处理和制度体系建设情况纳入黄岩区乡村振兴战略实绩、美丽黄岩建设、生活垃圾分类处理的重要内容和目标责任制考核指标。对废旧农膜回收、处置不到位造成严重污染的规模生产经营主体，取消其年内部分或全部农业生产政策扶持。通过以上措施，2022年全区农膜回收率达到92.2%，其中应用面积为3.19万亩，使用量1 148.9吨，回收利用量1 059.2吨；基本实现废旧农膜回收利用或无害化处理。

四、农业生态系统养护与修复

黄岩区把生态保护与绿色农业发展相结合，统筹山水林田湖草系统治理，推动农业生态系统养护与修复，发挥农业生态系统涵养水源、防洪蓄洪、动植物栖息地等功能，实现农业生态系统更加稳定、农业生态服务能力进一步提高。

（一）建设田园生态系统

开展山水林田湖草生态保护修复，是筑牢生态屏障、建设生态文明的重要内容，是贯彻绿色发展理念的有力举措，也是破解生态环境难题的必然要求。2019年，浙江省开展省级山水林田湖草生态保护修复试点，黄岩被列为第一批试点地区。此后的几年内，黄岩区结合本地实际，按照"自然修复为主、人工修复为辅"的原则，系统推进辖区流域水生态环境质量提升、矿山生态环境修复、水土流失防治、森林质量改善和土地整治与土壤污染修复等五大类建设工程。2019—2022 年，实施长潭水库河湖缓冲带划分方法及示范工程建设、全域土地综合整治、生活垃圾分类处理、农业面源污染治理等多个重点项目，建立完善生态系统修复保护和管理长效制度，生态系统服务功能显著增强，区域生态安全更有保障，为全省生态保护修复工作提供"黄岩样板"经验。

1. 推进生物多样性保护

一是开展生物多样性调查。2022 年 5 月，黄岩生态环境分局全面启动了黄岩区生物多样性本地调查工作，进一步摸清黄岩区生物"家底"，为黄岩区生态环境保护和改善提供更可靠的依据。在推进生物多样性本地调查的过程中，工作人员在富山乡发现了国家一级重点保护动物金斑喙凤蝶，为台州市该物种的第一笔记录，同时也是浙江省目前纬度最北的发现记录。2023 年，黄岩区生物多样性保护调查与评估项目通过专家评审，已查明黄岩区生物物种 3 789 种。

二是加强对古树名木的保护。黄岩区现有古树 1 038 株，隶属 33 科 50 属 60 种，其中苦槠、柏木和香樟数量较多，分别为 170 株、140 株和 134 株。银杏、南方红豆杉、柳杉、马尾松、甜槠、朴树、枫香、木榉、青冈栎、枫杨、木荷、黄山松和少叶黄杞数量均在 10～100 株，有较广泛分布，百日青、红淡比、糙叶树、厚朴、重阳木、粗榧、黄檀、无患子、罗汉松、青钱柳等 44 种古树名木数量均在 10 株以下。这些古树分布在 19 个乡镇街道，其中富山乡数量最多；树龄主要集中在 300 年以下，共 950 株；树高平均为 17.8 米，胸径 198.2 厘米。对古树名木的保护措施包括：充分利用电视、广播等多种形式进行宣传，使古树保护深入人心，增强广大干部群众保护古树的自觉性，在社会上形成"关注古树名木、爱护古树名木"的良好氛围；对已确定的古树名木，区林业主管部门要按照实际情况及时建立管护责任制度，成立专门的古树保护工作技术指导组，对古树实行全程跟踪服务；采取科学的复壮措施对长势不良或有损坏的古树，采取措施复壮和救治。

三是长潭水库的退耕还林。在全面完成一级保护区 1 168 亩农田实施退耕还林的基础上，持续推进二级保护区 9 064 亩退耕还林，涉及 7 个乡镇约 3.7 万人。2020 年，水库沿线的湿地生态红线 36.5 米以下已全部实现退耕还林。

2. 注重湿地生态的修复与保护

黄岩地处椒江水系上游，境内溪流众多，湿地类型较多。根据第二次湿地资源调查成果，全区湿地类型有 3 类 7 型，8 公顷（含 8 公顷）以上湿地，以及宽度 10 米以上、长度 5 千米以上的河流湿地共 58 处，总面积 4 659.5 公顷（不含水稻田面积）。其中，天然湿地面积 1 267.8 公顷，占湿地总面积的 27.2%；人工湿地面积 3 391.7 公顷，占湿地总面积的 72.8%。湿地类型有近海与海岸湿地、河流湿地、人工湿地 3 类 7 型。

近年来，黄岩区始终把生态建设作为关键路径，坚持走生态优先、绿色发展之路，扎实推进湿地的生态保护和综合利用。通过优化乡村功能，合理布局种植、养殖、居住等，推进河湖水系连通和生态修复，增加湿地、堰塘等生态水量，增强田园生态系统的稳定性和可持续性。例如，黄岩区沙埠镇依托沙埠溪自身条件，因地制宜地进行建设、提升。先通过对河道及河岸的清理、清杂，来改善河道水生态，为工程建设打下了坚实的基础；后通过布置"廊桥清影""双溪竞流""青瓷探源""花海拾步"四大节点和"弓道漫步"景观带，在沿溪绿道景观绿化的基础上进行提升改造，打造了一座具有沙埠特色的生态湿地公园。又如为改善长潭水库的库区生态环境，黄岩区建设了湿地、环库缓冲带生态修复工程，结合地形特点，分区域种植水生植物，创造多层次水生植物自然景观，削减入库溪流水质中的氮、磷浓度，恢复和保障库区水源涵养能力，已建成上垟溪、日溪等入库溪流生态湿地工程。截至 2022 年底，全区湿地面积保持稳定，湿地保护率达 65.3%。2022 年黄岩区被列为浙江省湿地生态保护修复试点。

● 台州鉴洋湖省级湿地公园 ●

　　台州鉴洋湖省级湿地公园于 2012 年经省林业厅批准设立，2014 年浙江省人民政府批准其为首批省重要湿地（图 3-9）。该湿地公园位于黄岩区院桥镇东南处，为台州市两区一市交汇点，总面积为 85.10 公顷，其中湿地面积 59.87 公顷，湿地率 70.36%。湿地公园内共有脊椎动物 154 种，维管束植物 218 种，其中国家重点Ⅱ级保护动物 9 种，国家Ⅱ级重点保护野生植物 3 种。为科学提升湿地公园建设水平，黄岩区农业农村局根据实际情况编撰《台州鉴洋湖省级湿地公园总体规划（2020—2025 年）》。2021 年 8 月 2 日，该湿地公园获黄岩区政府批准，成为争创湿地生态修复示范工程，为全省其他湿地生态保护修复提供参考借鉴。2022 年，黄岩区列为浙江省湿地生态保护修复试点。目前，其最重要的子项目"台州鉴洋湖水禽栖息地工程"已完工并交付使用，该工程是浙江省首个湿地类林业重点项目。

图 3-9 台州鉴洋湖省级湿地公园

3. 建设氮磷生态拦截沟渠

氮磷生态拦截沟渠属于农业面源污染防治技术，主要是利用多种生态化技术对农田硬质化沟渠进行改造，通过动物及微生物分解、植物吸收、矿质材料吸附等原理，对农田排水进行净化处理，在确保农田排水的基础上，实现氮磷拦截、景观提升和生态修复。与简易土质排水沟渠和混凝土板型沟渠相比，生态沟渠表现出对农田径流水中氮磷元素明显的拦截作用。黄岩区农业农村局高度重视氮磷拦截生态沟渠建设工作，2018—2021 年陆续完成多条生态沟渠的建设，通过优化选址、科学设计、技术革新等方式，将生态修复与景观设计紧密结合，与乡村旅游文化相结合，以达到更好的水质净化和田园景观效果。

● 黄岩氮磷拦截生态沟渠项目 ●

头陀镇茭白田氮磷拦截生态沟渠项目。2018 年建设完成并成功投入使用。沟渠总长度 2 200 米，覆盖茭白田面积约 4 000 亩，项目建设内容包括硬质沟底生态化改造、农田排水口生态拦截、排水沟渠环保设施建设、承泄河道生态修复、在线监测平台建设等多个单项工程。项目建成后，经一年的监测评估显示，该沟渠达到了既定的水质净化目标，实现田园美丽、保持农田沟渠生态良好，为当地全面实施农田面源污染治理提供示范样板和经验。

宁溪镇氮磷拦截生态沟渠项目（图 3-10）。该项目位于宁溪镇白鹤岭下村，于 2019 年建设完成并投入使用。建设沟渠长度 2 030 米，覆盖农田面积约 1 300 亩，主要建设内容包括沟底生态化改造、挺水植物种植带、生态护坡、绿色防控建设、环保及监测设备建设。项目与当地乡村旅游文化结合，尊崇生态文明建设、美丽乡村建设的发展理念，运用多种生态沟渠新技术，在保证水质净化效果的同时，达到了较好的景观效果。

院桥镇梁湖桥村（水家洋粮食生产功能区）氮磷拦截生态沟渠项目。该项目位于黄岩区院桥镇梁湖桥村，于 2020 年建设完成。沟渠长度为 1 100 米，主要建设内容包括硬质沟渠生态修复、土质沟渠生态修复、小微水体生态化改造、绿色防控植物建设、配套环保设施建设等。项目取得的主要成果包括：保护了生物多样性；达到了美化环境效果；去污效果明显，对氮磷的吸收率达25%以上，减少农业面源污染和对水环境的保护。

院桥镇氮磷拦截生态沟渠科技示范项目（图3-11）。项目投资37万元，于2021年建设完工。沟渠建设长度1 142米，有效覆盖农田面积800余亩，主要建设内容包括生态浮岛建设、生态护坡、生态护岸、沟底生态化改造、生态沟坝、生态拦截坝、集泥沉淀池、反硝化除磷设备、视频监控宣传设施等内容。该项目运用多项农业面源污染治理新技术，通过生态填料吸附、植物吸收、微生物分解等作用降低农田排水中氮磷等污染物含量，恢复沟渠生态系统，增加农田生态系统的稳定性和生物的多样性。

图3-10　宁溪镇氮磷拦截生态沟渠项目

图3-11　院桥镇氮磷拦截生态沟渠科技示范项目

4. 全面推进"森林黄岩"建设

黄岩区以创建宜居城区为目标，坚持"生态立县"战略，全面推进"森林黄岩"的建设。2011年3月，黄岩"创森"（创建森林黄岩）工作全面启动。2013年，黄岩区被命名为省级森林城市。2016年获评国家森林城市。截至2022年，黄岩全区森林覆盖率达66.68%，蓄积量达392.34万米³。

先后启动实施百万亩国土绿化、珍贵彩色森林等重点生态工程，重点推进82省道延伸线、九澄大道、内环线两侧等国土绿化。2021年，黄岩区新增百万亩国土绿化验收面积5 132亩，完成省市计划任务4 560亩的112.54%。森林抚育验收合格面积4 965亩，完成省市计划任务2 000亩的248%。全年全区完成"一村万树示范村"4个（黄岩区北城街道王林施村、江口街道上研村、北洋镇瑞岩村、屿头乡金廊村），推进村10个。全区建设生态文化基地2个（黄岩区大寺基林场、黄岩区宁溪镇乌岩头村）。新发展林下经济以及林下旅游等用地面积1 059.65亩、新建106%，辐射2 979亩、巩固深化7 330.9亩。完成"千村万元"林下经济增收帮扶工程3个（上郑乡美丰村、上郑乡干坑村、北洋镇联丰村），基地面积 1 500 亩。

一是城市森林建设。抓好城区增绿和城镇绿化工作，关注城市主要出入口、交通枢纽、高速公路服务区等重要节点区域的森林建设，打造精品亮点。重点推进江滨景观带公园建设，建设一批特色公园，扩大城市建成区核心片林规模，提高公园广场、生态停车场等公共设施绿地中乔木林比重，城区形成以乡土树种和乔木为主，林荫型、景观型和休闲型并重的绿化格局。

二是乡村森林建设。持续推进"一村万树"行动和森林乡村建设，利用好村庄闲散土地、荒山荒滩等宜林地块，大力建设道路风景林、河道生态林、"四旁"果木林、农田防护林、公园休闲林，不断提升农村人居环境。结合高标准农田建设、全域土地综合整治与生态修复工程建设，推进农田林带林网、片林建设，增加森林面积。对村庄周边的荒芜山地，尽可能种上乔木树种，积极发展乡土树种和珍贵树种，提高景观水平，实现绿化成林。

三是坡地森林建设。加大对坡度 25° 以上、重要水源地 15° ～ 25° 坡耕地的生态修复力度。积极推进未利用土地等宜林区域的造林绿化。在保护永久基本农田基础上，引导和鼓励各类经营主体因地制宜调整坡耕地种植结构，拓展绿化空间，增加森林植被。对立地条件相对较差、分布零散的地块，选择耐旱耐瘠薄、适应性强的乡土树种开展造林绿化；立地条件相对较好、连片集中的地块，发展木本油料、茶叶、干（水）果等经济林，提高土地综合效益。对坡耕地在造林设计上可选择既有经济效益又能改善生态环境的生态经济树种——东魁杨梅和乡土阔叶树种混交造林。

四是山地森林建设。挖掘现有林地造林潜力，宜造则造、宜封则封、宜抚则抚，确保山地空间应绿尽绿。加快荒山荒地等规划造林地、困难造林地、造林失败地等地块的造林步伐，提高林地绿化程度。加大残次林、疏林、一般灌木林的补植改造力度，积极促进生态修复。加强未成林造林地的抚育管理，促进早日郁闭成林。

五是通道森林建设。着力建设以森林为主体，实现区域生态空间互联互通的生态廊道。结合"四边三化"，推进公路、铁路沿线森林建设，重点加大国省道、高速公路两侧森林新建、加宽和提升改造力度，构建生态保护网络。深入推进美丽河湖建设，采取新造补植、封育改造等综合措施，培育以阔叶林为主的水源涵养林和水土保持林。加快通道沿线可视范围内的废弃矿山、露天矿山的边坡复绿和景观修复。

六是沿库森林建设。结合长潭水库生态修复工程，大力推进生态湿地建设，加强沿库森林资源保护和培育。以库区沿线森林为重点区域，进行抚育改造，全面提升林分质量和防护功能，库区湿地可种植池杉、落羽杉等大苗。

（二）推进土壤污染治理

1. 开展土壤污染状况调查

为提高各类防控措施的针对性和实效性，减少管理和治理修复成本，黄岩区开展了土壤污染状况的详细调查，确定污染土壤的边界范围、污染程度、污染物类别等，并以此为依据，划分耕地土壤环境质量类别，建立完善优先保护类、安全利用类和严格管控类耕地管理清单，以制定针对性的管控措施。

一是全面开展土壤污染状况调查。2018 年浙江省进行了农用地土壤污染状况详查，在黄岩区农用地布设点位 144 个，通过布点精度加密、主导特色农产品产区自主详查区域布点和自主增设农用地土壤表层样品布点，黄岩区增设样点 123 个，共计布设点位 267 个，以此为依托全面了解黄岩区土壤污染及受污染耕地种植现状。根据《中华人民共和国土壤污染防治法》第四十九条规定，将黄岩区的农用地土壤环境质量类别分为优先保护类、安全利用类和严格管控类三种，深入分析了农产品安全风险。

二是编制耕地土壤环境类别管理清单。为做好黄岩区受污染耕地的安全利用，有效管控农田土壤环境风险，2020 年黄岩区农业农村局委托浙江大学环境与资源学院编制了《黄岩区受污染耕地安全利用实施方案》。根据黄岩区耕地类别划分结果，重点关注种植水稻的安全利用类耕地，结合前期协同调查结果，针对农用地土壤环境质量类别，因地制宜地制定修复与管控措施，实现受污染耕地安全利用的目标。

三是建立污染单元数据库。依据目前受污染耕地利用现状，划定受污染耕地单元，对每个耕地单元进行边界核实踏勘、进村入户调查，厘清污染区域内每个单元耕地承包关系，做到单元编号、面积、受污染程度、利用现状和承包户等信息一一对应，实现信息化管理，为后续受污染耕地安全利用动态调整提供依据。

2. 实施受污染耕地综合治理

黄岩区以农用地土壤环境质量类别划定的安全利用类耕地为重点区域，按照"分类施策、农用优先、预防为主、治用结合"的原则，推广实施受污染耕地安全利用技术，全面保障农产品质量安全。重点建设一批受污染耕地安全利用集中推进区，对轻中度污染耕地采取农艺措施治理修复，加大安全利用技术推广力度，打造综合治理示范样板，探索安全利用模式。

对划定为安全利用类的耕地，通过污染原因分析，结合当地主要作物品种和种植习惯，根据污染程度和土壤性状，依据《轻中度污染耕地安全利用与治理修复推荐技术名录（2019 年版）》（农办科〔2019〕14 号）、《浙江省受污染耕地安全利用和管制方案（试行）》（浙农专发〔2018〕96 号）等文件精神和标准规范，结合台州各地近年来试点示范经验，综合采取低积累品种、土壤酸化治理、土壤改良、水肥调控、叶面阻控等技术措施，实施受污染耕地安全利用技术方案，分类施策。对单季稻、连作晚稻等水稻类采取差别化的耕地土壤安全利用技术措施，对非水稻类可食农产品，除进行土壤—食用农产品的加密采样监测外，还采用中性化＋钝化相配合的技术措施，分类实施蔬菜、水果等农产品安全种植技术。通过土壤安全利用项目的实施，受污染耕地土壤环境风险得到有效控制，全区土壤环境质量总体保持稳定。2022 年全区受污染耕地安全利用率达到 93% 以上。

建立污染耕地安全利用实施过程台账。根据黄岩区农用地土壤状况详查成果点位信息及类别划分成果，组织开展安全利用入户调查行动，准确摸清地块经营现状、主栽作物品种、治理措施及治理效果等基本情况，选派专人负责建立完善工作台账，做到"一地一档"、分类归档管理，并及时更新信息。台账包括工作记录、文件、方案、合同、经费资料等所有与工作相关的书面材料，且可供专家现场查阅。

● 上郑乡镉、铅复合污染耕地治理 ●

黄岩区上郑乡有342亩耕地属于因镉、铅复合污染导致的安全利用类耕地。镉、铅复合污染耕地治理修复需同时兼顾降低土壤中镉、铅两种元素的活性，降低作物从土壤中吸收镉和铅的含量，从而保障农产品质量安全。上郑乡镉、铅复合污染耕地治理修复采取了以下四类技术。土壤中性化处理技术：通过调节土壤酸碱度使土壤pH保持在中性状态，降低土壤中镉和铅的有效性。种植镉、铅低积累作物：利用可食用部位镉、铅低积累的农作物品种，避免镉、铅进入食物链。施用钝化材料：施用黏土矿物（沸石、海泡石、膨润土、凹凸棒石）或硅肥、钙镁磷肥、粉煤灰、白云石与铁锰物质（水铁矿、纤铁矿、针铁矿、赤铁矿等）混合配制的钝化剂，降低土壤中镉和铅的有效性。生理阻隔：叶面喷施液体肥料，降低作物中镉和铅从根部向可食用部位转移。

---

3. 构建农产品产地环境监测网

为加强农业生产经营主体的农产品质量安全的监管，依据《台州市受污染耕地安全利用与风险管控项目实施评估验收办法（试行）》，对黄岩区安全利用类耕地及其上生产的水稻、水果和蔬菜等农产品质量安全开展土壤—食用农产品协同监测。协同监测中重点关注前期调查中具有风险和潜在风险的耕地，重点关注各乡镇水稻作物。以安全利用类耕地污染风险分区及种植现状划分监测单元。对安全利用区域沙埠镇、高桥街道、北城街道、茅畬乡、北洋镇、上垟乡、上郑乡2 564亩存在风险区域及5 745亩潜在风险耕地进行加密采样，以村为调查单元，采用100米×100米布点密度进行加密网格监测布点。同时，对安全利用区域中北城街道、高桥街道、北洋镇、沙埠镇、上郑乡、茅畬乡、上垟乡2 083亩无风险区及1 508亩暂无数据区域，以及宁溪镇3 778亩暂无数据区域，在维持原有种植状况下，以300米×300米布点密度进行长期监测布点。

◀ 第四章 ▶

绿色农业生产

一、推进优质农产品生产

黄岩立足自身优势，围绕优质农产品生产，推进品种培优、品质提升、品牌打造和标准化生产"三品一标"提升行动，突出示范引领，强化工作措施，从更高层次、更深领域推进农业绿色发展。

（一）推进品种培优

1. 积极开展良种选育

围绕柑橘、西瓜、茭白等农业主导产业，持续开展良种选育，重点培育有自主知识产权的优良品种。以"中国黄岩蜜橘种源研究中心"为平台，与浙江省柑橘研究所、华中农业大学、浙江大学等合作，大力实施黄岩蜜橘"本地早"品种改良，计划每年投入科研合作资金1 000万元，用于柑橘常规选育种、辐射育种、分子育种。2022年华中农业大学两个团队的"细胞工程技术改良黄岩蜜橘""利用分子设计育种改良黄岩蜜橘"等项目被列入该中心首批"揭榜挂帅"科研攻关项目，有望创制高糖、高抗、无核的优良黄岩"本地早"，为黄岩柑橘产业的优质绿色转型升级提供支撑。黄岩区积极开展西甜瓜新品种选育推广平台建设，加强整合技术攻关团队资源，加快推进西甜瓜品种创新，自主选育了西瓜新品种"辉煌"。此外，还与金华市农业科学院合作选育了茭白新品种"浙茭8号"和"浙茭10号"。

● 西瓜新品种"辉煌"的选育 ●

西瓜是黄岩区跨区农业经营的一大经济作物，历经40年的发展，从露地种植发展到大棚栽培，销售范围从上海市郊扩展到大半个中国。广东、海南、云南的西瓜秋播冬收，春节前后供应全国市场；长江流域的春播夏收，北方地区的夏播秋收，实现了黄岩瓜农的周年生产与全国供应，2018年全区外出种植西瓜的瓜农近4.5万人，面积2.6万公顷，创产值近38亿元，瓜农获得净收入达18亿元左右。瓜农选用的西瓜品种以"早佳"为主，但由于其果皮薄，不利于运输，同时果实质量中等，丰产性一般。随着西瓜种植面积的增长，销售范围的扩大，"早佳"品种的竞争优势减弱，满足不了市场的需求。"美都"是近几年推广的浙江省西瓜主导品种，丰产性、品质较好，果皮较"早佳"略硬，较耐贮运，受种植户的欢迎，但幼苗期及生长前期长势弱，遇低温抗性差，易发病死棵，低温期留果易导致果实空心厚皮，不抗枯萎病、蔓枯病、疫病等病害。为此，自2005年开始，黄岩区农业部门开展了西瓜育种工作，育种目标为单位面积产量高于"早佳"，瓜瓤中心可溶性固形物含量12%以上，主要经济指标与"早佳"相比较有显著提高，特别是在抗逆性上比"美都"有所改善的西瓜新品种。

2004—2013 年，经 9 代分离自交选育，确定母本"F-18"、父本"15E-11"，2014 年春季露地配制杂交组合 35 个，于当年冬季在海南进行 F1 代鉴定，以"F-18"为母本、"15E-11"为父本的杂交组合为中选组合，代号为"辉煌"（图 4-1）。2015 年在黄岩区进行品种比较试验，综合表现突出，单瓜质量 6 ～ 8 千克，中心可溶性固形物含量平均 13.1%；2016—2017 年进行区域试验，平均亩产分别为 3 343.2 千克和 3 502.2 千克，比对照分别增产 8.1% 和 12.0%；中心可溶性固形物含量分别为 13.1% 和 13.0%，比对照分别高 0.6% 和 0.8%。2018 年进行生产试验，平均亩产为 3 576.5 千克，比对照增产 14.4%。2019 年 9 月 2 日，经农业农村部非主要农作物品种登记，登记编号：GPD 西瓜（2019）330322。2018—2020 年西瓜新品种"辉煌"累计推广面积 38 105 亩，平均每亩新增产量 313.9 千克，累计新增产量 11 962 吨，新增经济效益 5 024 万元，取得了显著的社会、经济效益，2021 年获浙江省农业丰收奖二等奖。

图 4-1　西瓜新品种"辉煌"

2. 加快优质品种推广

积极开展水稻、瓜菜等各类农作物新品种试验、展示和示范，做好新品种的筛选评选工作，并通过多次组织开展现场观摩会等形式，加大绿色优质新品种推广力度。2021 年承担省水稻新品种展示示范工作 5 组，引进早稻新品种"中组 143"，并分别在院桥镇、上垟乡、澄江街道、头陀镇等地设立水稻新品种展示点；落实西甜瓜新品种展示点 2 个、试种点 5 个，建立示范方 1 个，引进瓜菜新品种 103 个，其中引进甜瓜新品种 39 个，西瓜新品种 64 个；积极承担省级水稻品种区试，接受浙江省农业农村厅授牌"浙江省农作物品种区域试验站"。此外，还积极承办省西甜瓜良种育繁推科技创新平台现场考察会、省农业职业技能大赛、种子质量检验项目决赛等活动。在柑橘等水果产业领域，大力引进红美人、葡萄柚等新品种，并出台《关于加快黄岩蜜橘等精品水果产业发展的政策意见》，对于新种植 30 亩以上本地早蜜橘等优良柑橘品种的橘农，给予每亩 4 000 元的补助，支持发展优质柑橘培育基地。通过各种推广活动和政策扶持，2019—2022 年黄岩区柑橘新增面积近万亩，品种以红美人、东江本地早、宫川、由良等优良新品种为主，其中，仅红美人新种植面积就达 5 000 亩，优良柑橘品种结构进一步优化。

（二）推动品质提升

1. 打造精品绿色农产品基地

2018 年，黄岩区入选浙江省首批精品绿色农产品基地建设试点单位。为加快农业绿色化、优质化、特色化和品牌化，打造一批高品质、有口碑的"金字招牌"，黄岩区以建设规模基地为抓手，围绕做大做强柑橘产业工作重点开展创建工作，到 2018 年底，全区符合建设条件的 40% 以上基地通过绿色食品认证或达到精品柑橘基地建设要求，到 2019 年底全区符合建设条件的基地均达到精品柑橘基地建设要求。

一是调查全区柑橘生产中常见病虫害及农药的使用情况，依托柑橘有机肥替代化肥示范县项目，集成最新绿色防控和生产技术措施，按照绿色食品技术标准制定统一的精品绿色柑橘生产操作规程，并开展宣传培训和推广应用。

二是完成 20 家农资经营单位改造，设立绿色农产品农药专柜，要求所有专柜内农药符合绿色食品生产要求，能满足柑橘绿色标准生产规范，店内张贴绿色柑橘种植操作规程、用药指南等；同时要求基地主体凭身份证购买专柜农药，做好台账记录。

三是推动与精品绿色农产品基地建设相关的农业企业、合作组织、家庭农场及其他生产者，全部按照农业农村部发布的绿色食品标准，组织生产优质产品，基地建立"统一生产操作规程、统一投入品供应和使用、统一田间管理"的"三统一"生产管理制度。凡符合绿色食品申请条件的，依法申请国家绿色食品标志许可确认，带标上市销售；尚不具备绿色食品申请条件的，限期整改，合格后申请国家绿色食品标志许可确认。

2. 集成推广绿色生产技术模式

围绕农产品品质提升，黄岩区集成创新和推广运用一批土壤改良培肥、精准施肥用药、绿色防控、农产品采后保鲜处理等绿色生产技术模式。

一是土壤改良培肥技术。大力推广有机肥应用，在果园冬季施用菜籽饼、种植绿肥等有机肥替代化肥，茄果和茭白类施用有机缓释专用肥，改善土壤的结构，提高土壤的肥力，改善农产品品质。

二是精准施肥用药技术。推广水肥一体化技术，全区推广面积 1.74 万亩，主要应用在番茄、红茄、西甜瓜等作物，实现高效、节约、均匀、精准施肥。创新用药技术，在杨梅生产中推广使用矿物源和生物源农药，冬季修剪后，全园采用松脂酸钠或石硫合剂清园，降低杨梅园病虫基数，有效降低来年果园用药次数，提升果品品质。

三是绿色防控技术。大力倡导太阳能杀虫灯等物理防治措施诱杀害虫，减少杀虫剂的使用；创新推广杨梅罗幔避雨栽培、枇杷套袋等技术，提高农产品品质，如未套袋枇杷售价 3 ～ 4 元 / 斤，采用枇杷套袋技术，售价升至 9 ～ 10 元 / 斤，而套袋的人工、材料费等仅需 1 元 / 斤。

四是采后保鲜处理技术。如杨梅保鲜时间极短，常温存放超过 24 小时后味道和口感就会大打折扣，保鲜物流成了保障杨梅品质至关重要的一环。针对杨梅不易保存的特性，创新采用保鲜降损的塑套包装、冰袋保鲜、移动冷库等新技术，加上优转优派的运输流程和产地直采式的运作模式，确保黄岩杨梅"才下枝头、便上舌头"的鲜美体验。

● 杨梅罗幔避雨栽培技术 ●

黄岩区在国内首创杨梅罗幔避雨栽培技术。该技术是在杨梅采收前 40～50 天，用防虫网对杨梅树进行全树覆盖，同时停止杨梅园使用一切农药、植物生长调节剂和叶面肥，使杨梅果蝇不能进入防虫网内，防虫效率达到 98% 以上。在杨梅采收前 10天，在树冠上再覆盖避雨膜。杨梅罗幔避雨栽培技术一举解决了虫害、风害和雨害的影响，为东魁杨梅的优质丰产提供了技术保障，使杨梅的果实更美味、更安全，是当前最安全的杨梅生产技术。相比露天栽培的杨梅，采用杨梅罗幔避雨栽培技术栽培的杨梅优质果明显增多，商品果率提高 20%，优质果率提高 30%，增产 30% 以上，保鲜期延长了 48 个小时以上。2022 年，全区罗幔杨梅共达 8 万多株（图 4-2）。

图 4-2　杨梅罗幔避雨栽培基地

3. 推动优质农产品认证

黄岩区以增加绿色优质农产品供给为主攻方向，加大对优质农产品认证工作的扶持力度，持续推进绿色优质农产品生产。根据《黄岩区现代农业（渔业）发展项目资金管理办法（试行）》，对新增"绿色食品"，每个获证产品奖励 2 万元，续展认证每个产品奖励 0.8 万元；对新增"有机食品"，每个获证产品奖励 2 万元，通过"有机食品"复评的每个产品奖励 1 万元（同一产品同一类别不重复享受）。截至 2022 年底，全区共有有机食品 27 个、绿色食品 77 个，认证主体 66 家，优质农产品认证总面积 14 万余亩，全区主要食用农产品认证比率 57.14%。

（三）推进农业品牌建设

1. 扶持农产品品牌创建

黄岩区高度重视农产品品牌创建工作。2016年黄岩区委、区政府出台文件《关于推进经济转型升级的若干政策意见》（黄区委发〔2016〕28号），明确了对新获得"中国名牌""中国出口名牌""中国驰名商标"（行政认定）、"证明商标""浙江名牌""浙江知名农业品牌""浙江名牌农产品""浙江出口名牌""浙江省知名商号""浙江农（林）业十佳、十大"等称号单位的奖励政策。2018年黄岩区专门制定出台了《关于进一步扶持农产品营销工作的若干政策意见》（黄政发〔2018〕23号），在原有的农产品品牌奖励政策基础上，增加对获得地理标志产品专用标志、国字号的各类特产之乡称号的申报单位以及获得区级（含）以上政府性组织的获奖农（林）产品的奖励。在强有力的政策支持下，近年来黄岩区每年均有多项农产品在各类活动中获奖（表4-1）；截至2022年底，"黄岩蜜橘""黄岩东魁杨梅""黄岩茭白""黄岩红糖"等获国家农产品地理标志，获地理标志证明商标7个（表4-2），获浙江名牌产品13个、省著名商标7个，3个产品列入"品字标"台州名录库。

表4-1　2017—2022年黄岩区农产品浙江农业博览会获奖情况汇总

农博会奖项	生产单位
2022浙江农博会金奖（北洋清水·茭白）	台州市黄岩官岙茭白专业合作社
2022浙江农博会金奖（雄湖·红美人）	台州市黄岩晨湖果蔬家庭农场
2022浙江农博会金奖（长潭湖小气候·蜜橘）	台州市黄岩后园果业专业合作社
2022浙江农博会金奖（灯山·铁皮石斛）	台州市黄岩神农铁皮石斛专业合作社
2022浙江农博会金奖（糖多令·红糖姜膏）	台州市黄岩双楠红糖专业合作社
2022浙江农博会金奖（金山陵·白酒）	浙江台州金山陵酒业有限公司
2022浙江农博会优质奖（蔡家洋本地早蜜橘）	台州市黄岩蔡家洋本地早专业合作社
2021浙江网上农博会金奖（秀岭·红薯粉条）	台州市黄岩石子溪粮食专业合作社
2021浙江网上农博会金奖（北洋清水·茭白）	台州市黄岩官岙茭白专业合作社
2021浙江网上农博会金奖（蔡家洋·本地早）	台州市黄岩蔡家洋本地早专业合作社
2021浙江网上农博会金奖（灯山·铁皮石斛）	台州市黄岩神农铁皮石斛专业合作社
2021浙江网上农博会金奖（白湖塘·红糖）	台州市黄岩双楠红糖专业合作社
2021浙江网上农博会优质奖（雄湖·红美人）	台州市黄岩晨湖果蔬家庭农场
2021浙江网上农博会优质奖（环湖·蜜橘）	台州市黄岩后园果业专业合作社

（续）

农博会奖项	生产单位
2021 浙江网上农博会优质奖（金山陵·糟烧）	浙江台州金山陵酒业有限公司
2020 浙江农业博览会百优农产品（灯山铁皮石斛）	台州市黄岩神农铁皮石斛专业合作社
2020 浙江农业博览会百优农产品（蔡家洋本地早蜜橘）	台州市黄岩蔡家洋本地早专业合作社
2020 浙江农业博览会百优农产品（雄湖红美人柑橘）	台州市黄岩晨湖果蔬家庭农场
2020 浙江农业博览会百优农产品（金山陵白酒）	浙江台州金山陵酒业有限公司
2020 浙江农业博览会百优农产品（环湖无核蜜橘）	台州市黄岩后园果业专业合作社
2019 浙江农博会金奖（黄岩蜜橘）	台州市黄岩蔡家洋本地早专业合作社
2019 浙江农博会金奖（红薯粉条）	台州市黄岩石子溪粮食专业合作社
2019 浙江农博会金奖（红糖）	台州市黄岩双楠红糖专业合作社
2019 浙江农博会金奖（白酒）	台州市宁溪糟烧酒业有限公司
2019 浙江农博会优质奖（铁皮石斛）	台州市黄岩神农铁皮石斛专业合作社
2019 浙江农博会优质奖（鳕鱼酥）	浙江黄罐食品股份有限公司
2018 浙江农博会金奖（红薯粉条）	台州市黄岩石子溪粮食专业合作社
2018 浙江农博会金奖（茭白）	台州市黄岩官岙茭白专业合作社
2018 浙江农博会金奖（柑橘）	台州市黄岩蔡家洋本地早专业合作社
2018 浙江农博会金奖（糟烧）	浙江台州金山陵酒业有限公司
2018 浙江农博会金奖（红糖）	台州市黄岩双楠红糖专业合作社
2018 浙江农博会金奖（铁皮石斛）	台州市黄岩神农铁皮石斛专业合作社
2018 浙江农博会新产品金奖（花叶生菜）	台州绿沃川农业有限公司
2018 浙江农博会优质奖（鳕鱼酥）	浙江黄罐食品股份有限公司
2017 年浙江农博会金奖（红薯粉条）	台州市黄岩石子溪粮食专业合作社
2017 年浙江农博会金奖花（叶生菜）	台州绿沃川农业有限公司
2017 年浙江农博会金奖（红糖）	台州市黄岩双楠红糖专业合作社
2017 年浙江农博会金奖（糟烧）	浙江台州金山陵酒业有限公司
2017 年浙江农博会金奖（白酒）	台州市宁溪糟烧酒业有限公司
2017 年浙江农博会金奖（铁皮石斛）	台州市黄岩神农铁皮石斛专业合作社
2017 年浙江农博会优质奖（茭白）	台州市黄岩官岙茭白专业合作社

表 4-2 黄岩区地理标志证明商标名录

序号	商标注册人	商标名称	商标标识	注册证号	类别	使用商品（服务）	注册时间	属地
1	台州市黄岩区果品产销协会	黄岩本地早		1388989	31	蜜橘	2000 年 4 月 21 日	黄岩
2	台州市黄岩区果品产销协会	黄岩慢橘		1388990	31	慢橘	2000 年 4 月 21 日	黄岩
3	台州市黄岩区果品产销协会	黄岩蜜橘		6112594	31	橘	2008 年 3 月 14 日	黄岩
4	台州市黄岩区果品产销协会	黄岩蜜橘	黄岩蜜橘	8382846	31	橘	2010 年 11 月 21 日	黄岩
5	台州市黄岩区果树技术推广总站	黄岩东魁杨梅	黄岩东魁杨梅	7530360	31	杨梅	2010 年 2 月 21 日	黄岩
6	台州市黄岩区果树技术推广总站	黄岩枇杷	黄岩枇杷	8195379	31	枇杷	2010 年 10 月 21 日	黄岩
7	台州市黄岩区农业技术推广中心	黄岩红糖	黄岩红糖	23024030	30	红糖	2019 年 8 月 21 日	黄岩

2. 提升农产品品牌影响力

一是实行严格的品牌授权使用制度。制定地理标志等区域农产品公共品牌使用许可条件，任何单位和个人要想使用区域公共品牌必须向管理部门提出申请，符合许可条件并签订使用协议才被授权使用。截至 2022 年底，黄岩区农产品地理标志授权使用主体有58 家，其中"黄岩蜜橘"42 家，"黄岩东魁杨梅"12 家，"黄岩茭白"3 家，"黄岩红糖"1家，"黄岩枇杷"1 家。此外，有 13 家主体获台州市农产品区域公共品牌"台九鲜"使用授权。

二是加强农产品品牌宣传推介。通过展会推介、超市推介、媒体推介、网络推介等

"线上＋线下"推广模式，在北京、杭州、上海、南京等地各类农业博览会上推广黄岩品牌农产品。近5年来，组织近300家企业参加农业博览会、知名品牌农产品巡礼、农商对接大会、香港美食博览会、松潘县古城花灯会、中国国际农产品交易会等40多个线下展会，这些企业曾多次获得浙江省农业展会工作先进集体称号。主动融入长三角，推动与各地结成长期稳定战略合作伙伴关系，举办黄岩区优质农产品上海推介会，定期开展新民直播间带货活动，开展"上海市民万人游橘乡"等活动，拉近与长三角市民距离，不断提高黄岩特色优质农产品品牌影响力。

● 黄岩蜜橘品牌建设 ●

一是做好顶层设计。利用黄岩蜜橘实施国家地理标志保护工程的契机，先后制定《黄岩蜜橘地理标志农产品保护工程建设实施方案》《黄岩蜜橘地理标志保护和运用行动方案》，围绕打造黄岩蜜橘农产品地理标志样板，打响"中华橘源"品牌，谋划了开展地理标志农产品示范基地建设、强化地理标志农产品科技创新、提升农产品地理标志产业发展水平等主要建设内容。

二是加强品牌管理。锚定"做中国乃至世界最好蜜橘"目标，制定发布黄岩蜜橘地理标志产品国家标准。委托知名品牌策划专业团队对黄岩蜜橘品牌定位、品牌运作、品牌推广、品牌营销、品牌保护以及视觉设计等方面进行系统策划。加强证明商标、地理标志保护标识管理，统一包装、统一质量标准，由区果品产销协会及农业农村局对授权经营业主进行全程监管（图4-3）。

图4-3　"黄岩蜜橘"品牌

三是讲好品牌故事。依托1 700多年灿烂的橘文化和黄岩蜜橘筑墩栽培系统重要农业文化遗产，建设全国首座黄岩蜜橘主题大型专题博物馆，打造中国柑橘博览园和贡橘园田园综合体两个主题地标旅游景点。每年定期举办柑橘节、橘花节等，延续"放橘灯""种橘福"等传统习俗，开设柑橘书画作品展、摄影展等艺术活动，2020年承办"浙江首届中国重要农业文化遗产大会黄岩峰会"，2023年在央视跨年晚会传播黄岩蜜橘富农故事，通过讲好品牌故事助力品牌宣传（图4-4）。

四是构建营销体系。通过媒体、广告、互联网等对"黄岩蜜橘"品牌进行宣传推广，积极组织参加各级农业博览会，组织举办"黄岩蜜橘"推介会等活动。在一些重要路段、高速公路出入口、火车站等显著位置设立黄岩蜜橘宣传广告牌，并专门设置蜜橘销售区块；开设"黄岩蜜橘号"动车，开辟上海—黄岩等旅游直通车线路，吸引各地游客前来采蜜橘、品美食、赏美景。

图4-4　品牌故事

（四）推进标准化建设

1. 建立健全农产品优质生产标准体系

以柑橘和茭白分获2019年、2021年浙江省农业标准化生产示范创建县（"一县一品一策"）项目支持为契机，围绕蜜橘、茭白等地方特色农产品，按照"一个品种、一个规划、一个方案、一套标准、一套技术服务体系"的原则，制定高于国家标准、行业标准的地方性生产标准，建立健全农产品优质生产标准体系。通过梳理现行国家、行业、地方标准，提炼出适合黄岩生产的标准或条款，加快制修订缺少和不适用的标准或条款，把提炼的管控技术制定（补充）为标准，形成"一套标准""一张模式图""一本管控手册"的标准体系，覆盖产地环境、肥料管理、病虫害防治、栽培技术、收储运等全产业链的各个环节。截至2022年底，已制定《茭白生产标准综合体》等省级团体标准和地方标准17项、农作物绿色高效施肥等模式17套。

● 茭白生产标准综合体 ●

2022年农业农村部启动了现代农业全产业链标准化试点工作，首批确定了11个品种全产业链标准化试点。中国农业科学院农业质量标准与检测技术研究所、浙江省农业科学院等单位以提升茭白质量、提高经济效益为总目标，通过开展茭白全产业链生产现状调研，系统梳理分析了茭白全产业链生产标准体系和关键要素，研制成《茭白生产标准综合体》（T/ZNZ 087—2021）。《茭白生产标准综合体》针对茭白产业存在的种苗变异率高、用药施肥繁杂混乱、采后贮运技术欠缺、包装简陋无标识等问题，构建涵盖茭白产前、产中、产后的全产业链标准体系，实现茭白从产地环境要求、育苗、种植、采收、贮运到包装标识等的全程质量控制，实现茭白全产业链的标准化，促进茭白产业高质量发展。黄岩区根据《茭白生产标准综合体》实施标准化栽培与采收，茭白优品率提高了5%以上，农药残留合格率达99%以上（图4-5～图4-7）。

图4-5　产品包装

图4-6　产品加工

图4-7　种植示范基地

2. 建设标准化生产示范基地

构建农产品标准化协调会议制度，强化市场监管、农业、林业、科技等部门相互交流与协调，实现信息资源共享，形成农业标准化的整体合力。制定完善《黄岩区农业标准化示范项目资金管理办法》《黄岩区农业标准化推广示范项目验收管理办法》等，大力推进农业标准化示范基地建设。截至2022年底，黄岩区已成功创建国家级黄岩蜜橘栽培标准化示范区，建设省级农业标准化示范项目9项，市级农业标准化示范项目10项，区级农业标准化示范项目16项，台州市黄岩良军茭白专业合作社被列入首批国家现代农业全产业链标准化试点基地，充分发挥了示范基地的带动作用和辐射效应，带动了周边农户增收致富。

3. 开展标准化生产技术培训推广

组织实施标准化生产技术培训和推广，以全产业链的标准化推进主体生产技术水平的提升，推进黄岩农业特色主导产业质量安全水平的提升。开设"一品一标"专题培训，推广绿色化生产技术模式、质量安全风险管理技术等专业技术模式，发放田间生产档案、农产品质量安全告知书、标准化生产模式图等资料。同时，充分利用微信、抖音、网站、App、报纸、电视等各种途径，结合各地农事活动，做好标准化生产技术成果的宣传推广，音舞快板《质量兴农走在前》科普作品，荣获2019—2020年度全国农产品质量安全与营养健康科普一等奖。

二、打造绿色农业产业体系

黄岩区把保护生态环境放在优先位置，加快发展生态循环农业、绿色农产品加工业，建立健全农产品物流体系，延伸产业链、提升价值链、畅通供应链、完善利益链，加速农村一二三产业融合发展。

（一）大力发展生态循环农业

1. 大力推进农牧对接资源化利用

为加快现代生态循环农业发展，大力推进农牧结合，全面构建种养循环体系，2017年黄岩区制定了《农牧对接资源化利用及"一场一策"改造提升方案》，明确就地消纳、异地消纳和就地消纳加异地消纳等3种农牧对接方式，要求区内养殖场根据自身的生产实际和周边的环境确定选择方式，并根据畜禽存栏量测算出养殖场废弃物产生量和需要配套的消纳地面积，以土地流转、与种养业主体签订对接消纳协议等形式，自主落实生态消纳地；如需异地消纳的则需与沼液运输服务队签订服务协议，按照养殖废弃物的配送量落实配套的消纳地。区财政对沼液运输服务队购买专用车辆、车载GPS、记录仪等配送设备予以一次性5万元补助和沼液运费予以35元/吨补助，对消纳地建设贮液池（100立方米以上）及配套泵、管网给予每个点5万元补助，建设田头标准堆粪棚（25米^{2}以上）给予每个点6 000元补助。同时，对全区散养畜禽进行全面整治，符合条件的通过采用"干清粪＋三格式户用化粪池＋土地消纳利用""人工垫栏＋贮液桶＋土地消纳利用"等方式解决农牧对接"最后一公里"问题。全区共建成堆粪棚37个、贮液池2 250米^3、配套输送管道2 800米，共落实8家养殖场的15个、5.5万亩生态消纳地，其中就地消纳5.1万亩，协议对接消纳4 210亩，成功创建了4个农牧对接的绿色循环体（表4-3）。

表 4-3　浙江省农牧对接的绿色循环体建设标准

建设内容	建设要求	评分方法
基本条件	1.采用"畜禽—肥料—作物，畜禽—沼液—作物"农牧结合生态消纳模式的畜禽养殖场、养殖小区或生态农业园区	必备项
	2.生态消纳地（含耕地、园地、林地）种植面积与畜禽养殖规模相匹配，每亩地配套养殖量不大于8头猪当量（全粪污消纳的，不大于3头）	必备项
设施装备（26分）	3.畜禽生产使用节水、节料、节能、省工的装备，实现源头控量（8分）	每缺一项，扣2分
	4.畜舍配备通风、防暑降温及冬季保温等设施设备（6分）	每缺一项，扣2分
	5.养殖场建有与生产规模相配套、符合防渗漏等要求的粪便、沼气和污水处理、贮存、输送设施（6分）	每缺一项，扣2分
	6.有畜禽粪污处理和资源化利用在线监控设施，设备正常运行，异地消纳配置沼液运输车（6分）	1.无监控设施，扣2分；2.设备运行不正常，扣2分；3.无沼液运输车，扣2分
绿色生产（14分）	7.生产环节体现清洁生产要求，设有更衣消毒室、卫生间、垃圾箱（3分）	每缺一项，扣1分
	8.推广使用微生物制剂、酶制剂等环保型饲料添加剂和低氮低磷低矿物质环保型饲料（5分）	1.无使用环保型添加剂的，扣1~2分；2.无使用环保型饲料的，扣1~3分
	9.规范使用兽药等投入品，使用档案齐全（2分）	不符合要求，扣1~2分
	10.畜禽粪污收集采用"干湿分离、雨污分流"（6分）	不符合要求，每一项扣1~3分
资源利用（60分）	11.农牧对接消纳地，流转或协议消纳的农田、园地、林地等有效期在3年以上（6分）	不符合要求，扣1~3分
	12.养殖场和消纳地配有贮液池（罐），总容量不低于2个月的沼液产生量，并进行防渗设计（10分）	1.容量不符合要求，扣2~5分；2.防渗不符合要求，扣2~5分
	13.消纳地配套建设沼液输送、灌溉管网等设施，方便施用（14分）	不符合要求，扣2~8分
	14.养殖场粪污处理资源化利用去向明确、台账清晰，沼液使用符合《沼液综合利用技术导则》，粪污资源化利用率达100%（30分）	1.台账不符合要求，扣2分；2.沼液不规范使用，扣2~8分；3.资源化利用率未达到100%，扣10分

注：各项建设内容进行量化打分时视质量差异酌情扣分，单项内容最低分为0分，评分在80分以上为合格。家禽、草食动物（羊、兔）等农牧对接的绿色循环体，可根据养殖粪污处理利用的实际情况评分。如羊场生态消纳地不需要配备贮液池、灌溉管网等粪污处理设施，评分时该指标可视作达标。

2. 积极发展多种生态循环农业模式

围绕优化种养结构布局、协调农业生产生态，黄岩区积极发展稻（茭）渔综合种养产业，根据《黄岩区现代农业（渔业）发展项目资金管理办法（试行）》，对区内稻鱼共生轮作面积 30 亩以上，每亩补助资金最高可达 0.5 万元。稻（茭）渔综合种养是根据生态经济学原理和产业化发展的要求，对稻（茭）田浅水生态系统进行工程改造，通过水稻（茭白）种植与水产养殖、农机和农艺技术的融合，实现"一地两用"甚至"一地多用"，能在水稻（茭白）稳产的前提下，大幅度提高稻（茭）田经济效益，提升产品质量安全水平，改善稻（茭）田的生态环境，是一种具有"稳粮、促渔、增效、提质、生态"等多种功能的生态循环农业模式。目前，黄岩区已经摸索总结出稻（茭）鱼、稻（茭）虾、稻蛙、茭鳖、茭蟹等多种稻（茭）渔综合种养模式，在此基础上，还延伸出"养殖场废弃物＋稻（茭）田＋田鱼""茭田＋鱼（蟹、鳖）＋丝瓜"等更加复杂的模式。截至 2022 年底，黄岩共发展稻渔共养面积 1 245 亩。

除稻（茭）渔综合种养以外，黄岩区还发展其他生态循环农业模式，如中德家庭农场将畜牧业与种植业相结合，利用农作物秸秆喂牛，所产牛粪经过堆肥处理后全部用作种植肥料，实现了农业的生态循环；金国果蔬专业合作社探索了果园套养蛋鸭生态模式，形成了鸭粪肥地、李树遮阴、青草喂鸭、肥水浇地的良性循环系统。

● 茭白田套养甲鱼模式 ●

茭白田套养甲鱼模式实施地址为头陀镇下岙村三昇家庭农场，该家庭农场成立于 2018 年，占地面积 50 亩，实施试验示范面积 9 亩。茭白田套养甲鱼模式主要通过在茭白田中合理地开挖沟渠、设置进排水系统、安装防逃设施等方式，在种茭白的同时养殖甲鱼，使茭白和甲鱼在同一区域中互利共生、减肥减药，种养出品质优良的茭白和甲鱼。该模式具有良好的经济效益，亩利润达 9 557 元，其中，甲鱼和茭白亩利润分别为 7 407 元和 2 150 元，比单种茭白亩利润增加 3 000 多元，综合效益提高 47%。同时，模式采用绿色防控技术，通过在田间安装杀虫灯和生态调控系统，做到在种养期间不使用农药、鱼药，减少肥料使用，从源头上控制了农业污染，实现了绿色发展。模式技术要点如下。

1. 茭白田选择

茭白田应选择水源充足，水质良好，排灌方便，弱碱性、黏性土质，保水性好，水深能保持 20 厘米以上，田埂完整、牢固不塌，交通方便，地势较平坦的田块。

2. 田间工程建设

（1）田块修整。田块修整包括环沟和田埂的整修，在田块四周开挖宽 2 米、深 0.6 米的环沟，挖出土块覆在田埂上，夯实田埂，在每边沟中段设一投饲台（晒背台），投饲台用木板制作，共 4 个，每个面积 2 米^2，与水面平齐，一边略向上倾斜，投饲台四边要光滑，以便甲鱼上下活动而不划伤。

（2）防逃围栏建设。防逃围栏的设置一是预防甲鱼翻埂、打洞逃逸；二是防止蛇、鼠等敌害生物入侵，在田埂四周架设防逃网，防逃网采用网目约 5 厘米的铁丝网，网高 1.6 米，其中埋入地下 0.4 米。进排水口要用网扎紧以防逃。

3. 田间种养管理

（1）茭白种植管理。

①茭白种植：茭白种植时间为春季 3 月 20—25 日，夏季 7 月 10—15 日，行、株平均距为 0.9 米 ×0.5 米，平均亩种植茭白 1 480 株。

②整田施肥：3 月 15 日对田块进行翻耕，耕深 20 厘米，翻耕前每亩施茭白专用肥 85 千克，灌水后进行翻耕，整平田块。茭白田忌用碳酸氢铵、氯化铵等化肥，为减少化肥对甲鱼的影响和伤害，施化肥时，先排浅茭白田水，使甲鱼进入鱼沟、鱼坑内，然后全田普施，施肥后再逐渐加水。

（2）甲鱼养殖管理。

①放养时间、规格及密度：幼甲鱼放养时间选择在追施的化肥全部沉淀后（在茭白移植后 8～10 天）。甲鱼苗种均来源于温岭甲鱼繁殖场，分 2 个年度放养，第 1 次放苗时间是 2020 年 5 月 17—20 日，总计放养鳖种 1 820 只，重量 452 千克，平均规格 248.4 克 / 只，放养密度 202 只 / 亩；第 2 次补放鳖种时间为 2021 年 4 月 18 日，总计补放鳖种 351 只，重量 165 千克，平均规格 470 克 / 只。甲鱼放养前用聚维酮碘溶液浸泡 3 分钟消毒，消毒后直接投放入水沟中。

②投饲：茭白田中甲鱼的天然饲料不是很丰富，除了食用茭白田中的福寿螺等饵料外，在养殖过程中还需投喂配合饲料。甲鱼苗种放养后第 2 天便可进行投喂，将饲料投放在投饲台上，开始少量，吸引甲鱼前来摄食，每天投喂 2 次，分别在上午 8—9 时和下午 5—6 时，其间观察甲鱼的摄食情况，结合每天饲料投喂量以 2 小时内吃光为原则，做到合理投喂，保证投喂的饲料既让甲鱼吃饱，又不浪费。

③日常管理：主要是田间巡查。每天检查田埂和进排水闸周围是否有漏洞，防逃网是否有损坏，观察甲鱼活动、茭白田水位、环沟等情况。平均每周加换水一次，茭白田面水深维持在 30～40 厘米，保持水质清新。若发现水色变浓，要及时加换水，并做好生产记录。

④病敌害防治：遵循"以防为主，防治结合"原则，茭白田养甲鱼的主要敌害生物有鸟类、水蛇、水老鼠及家禽等，对于这些敌害生物，主要采用在进水口及茭白田周围设置围网，并在平时巡查时做好捕捉消灭工作；为做好甲鱼疾病预防工作，每月使用生石灰，用量为每立方水体 20～25 克，将生石灰化成石灰浆水后泼洒环沟，以杀灭水中的各种致病菌。平时不在田间使用鱼药。

⑤越冬期管理：当年未销售的甲鱼或小规格的甲鱼，需要越冬，根据销售情况，估算存塘甲鱼的数量，当水温降到 15℃以下时（11 月底），加深茭田水位至 50 厘米，让

甲鱼原塘安全越冬（图 4-8）。

图 4-8　茭白田套养甲鱼模式

（二）加快发展农产品加工业

1. 扶持水果加工技术改造

黄岩拥有悠久的柑橘种植历史，把柑橘等水果加工成罐头，是黄岩拉长柑橘产业链、提高柑橘附加值的一个传统做法。黄岩的罐头食品产业起源于 20 世纪 50 年代，黄岩区曾被列为全国重点出口罐头生产基地，产品远销全球 185 个国家（地区），2021 年出口约占全球 1/5。近年来，黄岩区立足产业优势，推进水果罐头产业集聚，建成占地 1 800 余亩的黄岩食品罐头园区，集聚了 48 家农产品加工、经营企业，形成了以糖水橘子、黄桃、葡萄、枇杷、果肉果冻、果汁等罐头或饮料为主的水果精深加工产品体系，园区年产值 15 亿元，被评为国家农业产业化示范基地。同时，通过扶持农业龙头企业技术研发和改造，提高产品质量，促进产品升级换代。2019—2021 年，黄岩区对水果罐头深加工技术改造项目扶持的资金达 1 200 多万元，带动企业对原有柑橘水果罐头生产线进行改造，使柑橘去皮人工减少 80%，去皮率达 95% 以上，每吨罐头废水排放减少 25%，产能增加近 1/3。此外，近年来黄岩区还尝试立足柑橘产业优势开发陈皮产品，打造道地特色品牌"黄岩陈皮"，"'黄岩陈皮'开发利用技术基础研究（一期）"获 2023 年度黄岩乡村振兴（精品水果产业提升）项目立项，主要研究内容是"黄岩陈皮"基地品种遴选研究，样品采收、加工方法研究，药材质量研究，质量安全研究等。

● 浙江台州一罐食品有限公司以技术改造实现涅槃重生 ●

浙江台州一罐食品有限公司是省骨干农业产业化龙头企业，是一家集水果原料种植辅导、水果罐藏食品研发、加工生产、工艺品质管控及销售于一体的农产品深加工企业，产品 90% 以上出口日本、美国和欧盟等国家和地区，每年橘子、枇杷、黄白桃罐头出口均居全国行业前列，是农业农村部第一批农业国际贸易高质量发展基地，连续十多年被评为中国罐头十强（出口）企业，是行业内加工出口橘子罐头的标杆企业。2022年，一罐及同厂区的全资子公司益美合计生产各类水果罐头超5万吨（其中橘子罐头超3万吨），实现产值超5亿元，自营出口创汇近6 000万美元，辐射带动农户超1.1万户。企业坚持"做好每一罐"的经营宗旨，不断完善从原料种植、采收、贮运、加工直至消费者餐桌的全产业链食品安全追溯系统，高度重视创新研发和技术提升。近年来，企业加强与浙江省农业科学院、浙江理工大学、浙江工业大学等高校、科研院所的产学研合作，将视觉、听觉、机械臂、人工智能等技术应用于果品加工，投入资金超5 000万元，首家引进适合中国柑橘的自动剥皮机、柑橘自动分瓣机，引进国际先进、国内一流的X光机、铁罐卸垛机、贴标机、原料分级机等配套设备，建设柑橘净选、分级、去皮、分瓣、精加工、封罐、贴标、装箱、储藏等全套生产链条，打造黄岩柑橘罐头深加工产业中心。企业自主研发的低温连续杀菌技术和连续化去囊衣技术，在全国橘子罐头加工企业得到广泛应用；自主研发的高阻隔软包装水果罐头、果泥、果冻，在国内外市场广受好评；自主研发的冻橘生产技术，打破柑橘新鲜产季加工的限制，实现错峰加工。企业配合研发的柑橘自动剥皮机、柑橘自动分瓣机，单台每小时可实现去皮1吨、分瓣6 000个橘球，人工耗减少70%以上，一经企业成功示范，迅速在全国橘子罐头行业推广使用，有力地提升了中国橘子罐头加工产业的自动化水平。通过技术改造和提升，企业加工橘子罐头正品率从原来的70%提升到90%甚至95%以上，日生产能力从原先不足100吨跨越到现在的450吨，吨罐头废水排放减少25%。企业在实现提质增产的同时，不忘注重知识产权和标准化工作建设，获十多项发明、实用新型专利授权，主导制定和修订国家标准《柑橘罐头》、行业标准《枇杷罐头》、浙江制造团体标准《橘子罐头》等多项标准。浙江台州一罐食品有限公司坚持科研创新，进行机械化、智能化、数字化技术改造，强化科技赋能，以创新驱动发展，努力打造中国乃至世界最大的智能化果品加工企业。其通过技改实现涅槃重生的经历入选为浙江省农业产业化龙头企业典型案例（图4-9）。

图4-9　浙江台州一罐食品有限公司

2. 推动米面产业迭代升级

位于高桥镇的下浦郑村是台州远近闻名的米面之乡，至今有100多年制作米面的历史，生产的米面占台州米面总产量的60%。由于下浦郑村米面加工全部为家庭作坊模式，制作米面产生的废水未经处理直接排入河中，造成严重的环境污染。在区财政的支持下，2017年下浦郑村筹集资金600万元建成了占地3 000多米^{2}的米面生产园区，10余个家庭联产作坊在此入驻，实行统一工艺流程集中加工，生产污水集中处理，环境质量得到显著改善，形成米面产业1.0版本。近几年来，针对手工生产效率低、缺乏生产标准、品牌形象模糊、产品结构单一等问题，当地同浙江工业大学达成校地合作，借智引智助推产业转型升级，建成省内第一条现代化的米面生产流水线，米面产业实现了从手工制作到半机械化加工的转型升级，年产量1 200多万斤，年产值达5 000多万元，同时推出新产品"七彩米面"，制定省内第一个米面生产行业生产标准，推动打造全国第一个"米面小镇"，形成米面产业2.0版本。目前，下浦郑村正在谋划建设米面产业3.0版本，将引进一系列的机械设备，从而实现米面加工厂流水线及配套工程的自动化，届时，米面制作将采用全自动化生产模式，预计年产值可达到1亿元。

3. 加快中药材加工发展

近年来，为充分发挥黄岩西部生态环境优良、山地资源丰富的优势，黄岩区明确了加快发展中药材产业的发展思路，并连续出台了中药材产业发展规划和《黄岩区中药材产业发展的若干意见（试行）》（黄政办发〔2018〕31号）、《关于加快推进中药材产业发展的若干意见》（黄政办发〔2023〕27号）等政策文件。随着中药材种植规模不断扩大，为提高中药材附加值，进一步提升农民收入，黄岩区以道地特色自产中药材品种为重点，有序发展产地初加工，增加生产基地配套的设施设备，提升加工技术、产品质量和管理水平，保障优质原料供应。同时，对中药材加工进行扶持，根据最新出台的《关于加快推进中药材产业发展的若干意见》（黄政办发〔2023〕27号），在符合国家法律法规的前提下，对于初加工点（中心）的相关扶持政策采取"项目制"方式研究确定；对较大规模的经营主体或相关村镇（面积20亩以上）建设的中药材初加工点（中心）购置用于中药材净化、烘干、切片等初加工机械进行补助，补助最高不超过50%。目前，黄岩区正积极推进陈皮、玫瑰花等中药产品生产加工中心建设，位于头陀镇的台州地产中药材加工中心也正在按计划推进建设中。

（三）建立健全绿色流通体系

1. 大力扶持培育农产品流通主体

一直以来，黄岩区高度重视农产品流通工作。2018年以来，黄岩区政府连续出台文件，提出要加快绿色流通体系建设。大力扶持培育农产品流通主体，支持其开展农超对接、网络销售农产品、收购本地农产品以及收购、销售与区政府结对的扶贫对口地区农产品。对主体销售黄岩本地优质农产品进大型超市，销售在一年以上的，给予一次性奖励进场费的30%，最高限额10万元；对当年通过各种网络平台，以B2C、C2C形式销售黄岩本地优质农产品，销售额达20万元以上的奖励1万元，销售额达50万元以上的奖励4万元，销售额达100万元以上的奖励10万元，销售额每增加100万元，再奖励10万元，最高限额为30万元；对当年收购本地农产品200吨以上的营销主体，给予2万元奖励；对当年本地农产品经营业主收购、销售扶贫对口地区农产品，收购并销售的金额达50万元以上的奖励3万元，最高限额为3万元。

2. 扶持农产品冷链流通设施建设

对用于农产品冷藏的新建气调库、冷冻库等冷链设施，给予70%的补助，并根据气调库、冷冻库容量，最高限额补助3万～15万元；对已建气调库的主体，新购置真空包装机用于杨梅保鲜的，给予70%补助，最高限额1万元，每个农业主体限补2个，一年限补1个；对经营主体新购买的标准厢式冷链运输车用于农产品运输的，2吨以下（含2吨）的，每辆按购车价的40%予以补贴，最高限额4万元；2吨以上的，每辆按购车价的30%予以补贴，最高限额8万元，每个经营主体限补2辆。在政策支持下，围绕东魁杨梅等农产品的保鲜冷链仓储需求，加快北洋现代农业冷链物流中心、富山高山果蔬冷链集散转运中心、平田杨梅驿站冷链基地等项目建设，初步建成"区-镇（乡、街道）-村"三级冷链物流体系。

● 黄岩区北洋现代农业冷链物流中心建设项目 ●

黄岩区北洋现代农业冷链物流中心建设项目于2022年1月经台州市黄岩区发展和改革局批复同意建设。该项目由台州市黄岩城投资产经营管理有限公司投资建设，选址在北洋镇汇头区块，总用地面积约154亩，净用地面积34.82亩，包括"瓜农天下"建设工程、折角桥农产品仓储加工园区物业购置及装修工程、物流连通工程等3个子项目。其中，"瓜农天下"建设工程总建筑面积约49 040米^2，包含农特产品交易市场、冷链仓储用房、物流加工及电商配送用房、特色农产品育苗研发用房、瓜农产业交流用房等。农产品仓储加工园区物业购置及装修工程涉及购置总建筑面积80 256.2米^2，包括物流加工仓储区53 065.78米^2、农产品冷库12 000米^{2}和办公、宿舍等配套用房。该项目建设总投资约11.42亿元，将重点打造与外出农业相配套、布局发展合理、功能定位清晰、产业特色鲜明、农资和农产品双向配送的集散中心和展贸平台，形成集冷链、捆扎、包装、销售、运输、售后及技术信息维护功能于一体的全产业链综合体（图4-10）。

图 4-10　北洋现代农业冷链物流中心鸟瞰图（在建中）

3. 加快发展农产品电商销售模式

一是加强与大型电商物流企业的合作，积极引入顺丰速运、邮政 EMS 等企业开展战略合作，共同构建黄岩柑橘、东魁杨梅销售市场流通体系和特色销售基地，加快特色水果产业与"互联网＋"的深度融合，使黄岩柑橘、东魁杨梅线上销售取得了快速增长。二是推进"网上农博"平台建设，组织引导区内新型农业经营主体和优质农产品入驻"网上农博"平台，同时利用各类平台开展黄岩区优质农产品线上展示展销活动以及直播销售，如通过新民晚报旗下"新民亲选"定期开展东魁杨梅、茭白、枇杷等农产品的直播活动，牵手东方甄选直播间等拓宽西（甜）瓜的销售渠道。三是围绕西（甜）瓜"地瓜经济"发展，帮助瓜农开展网上销售、抖音直播。截至 2022 年底，已在 17 个省份建立电商产业中心、农产品冷链仓配中心等平台 100 多个，在 23 个省份建立农资物流配送点 250 多个，同时在各大平台开设"瓜果天下"官方旗舰店，打造自营"瓜果天下"小程序，将西（甜）瓜等黄岩特色农产品销往全国各地。四是培育发展经验丰富的农产品电商服务商，做好线上质量监测、产品打造、包装物流、页面设计、品牌推广、活动策划、售后维权等服务工作，同时开设"一村一主播"电商直播培训班，培育农产品直播电商主体。

三、农业安全生产能力建设

农业安全生产工作与农业经济发展、农村社会稳定及乡村振兴息息相关，更关系到广大人民群众的根本利益。黄岩区多途径、多方面探索加强农业安全生产能力建设。

（一）增强防灾减灾能力

1.开展山塘综合整治

全区共有各类山塘水库190多座，大多建于20世纪60、70年代，其中有70多座需要进行除险整治。黄岩区高度重视山塘整治工作，"十三五"以来投资2 300万元完成山塘整治37座，改善灌溉面积5 000多亩，有效保障了下游农田的灌溉需求。2021年，黄岩区又印发了《黄岩区小型病险水库（山塘）除险整治三年行动方案（2021—2023）》（黄政办发〔2021〕22号）文件，计划分三年对7座水库进行除险加固、对63座山塘开展综合整治，总投资5 500万元。为有效解决工程项目所处位置偏远分散、建设管理难、投资小、入库难、资金保障难、政策处理难等问题，区水利部门创新水库山塘除险整治路径，采用"以大带小、小小联合、分片统管"的模式，采取了集中建设管理、项目打包入库、拓宽资金筹措渠道、构建督查机制等举措，明确黄岩交旅集团（国有公司）作为项目法人，对分散在各乡镇（街道）的山塘实行统一集中建设管理，并通过整合部分小型水库优质资产注入国资公司，加快水利融资平台建设，确保按期高质完成病险水库山塘除险整治行动。

> ### ● 佛岭水库除险加固工程 ●
>
> 位于沙埠镇西南的佛岭水库于20世纪80年代建成，总库容1 728万米^3，是黄岩区仅次于长潭水库的中型水库，承担着保护下游沙埠镇和高桥街道16个村、60多家工矿企业的防洪任务以及0.8万亩农田的灌溉任务，同时还是黄岩区最大的饮用水备用水源。由于建造时间较长，水库大坝、泄洪洞、溢洪道均已无法满足当前防汛抗旱要求，为此，黄岩区水利局于2020年10月1日启动除险加固工程，投资8 036.86万元，主要建设内容包括对大坝采取防渗处理，改造泄洪洞、溢洪道及上部人行桥，增设大坝自动化监测设备，以及建设院桥片防汛抢险物资储备中心、自动化监控中心等。佛岭水库除险加固工程把数字化建设纳入工程范围，按照设计方案，佛岭水库大坝将建设长456米、深55米、厚80厘米的防渗墙，如同一块巨型长方形挡水板，其内部的沉降仪、应变器等设备可以实时监测坝体的沉降、位移、应力应变等情况，并通过数据的形式，传送到自动化监控中心；此外，库区还安装了视频监控系统、棱镜监测系统，可以实现库区水质、大坝、环境的数字化远程管理。佛岭水库除险加固工程实施完成后，可有效确保水库和下游广大人民群众生命财产安全、保障工农业生产正常开展、充分发挥水库综合效益，预计可实现防洪效益620万元，土地受益灌溉面积8 000亩，每亩增收粮食200千克，每亩增收300元，每年灌溉效益达240万元（图4-11）。

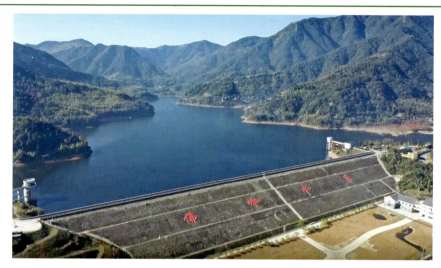

图 4-11　佛岭水库

2. 开展乡村气象防灾减灾建设

黄岩区以省级气象灾害监测预警全覆盖县建设、省级气象防灾减灾标准化村（社区）建设等工作为抓手，积极开展乡村气象防灾减灾建设，实现乡村气象灾害监测、气象灾害预报预警、气象信息传播接收、气象防灾减灾工作体系等全覆盖，并围绕柑橘产业开展特色气象服务。

一是气象灾害监测全覆盖。全区共建立区域自动站 30 个、雪深站 6 个、农田小气候监测站 1 个、土壤水分自动观测站 2 个、总辐射监测站 1 个、灰霾监测站 1 个、能见度自动观测仪 4 个、大气电场仪 5 个、负氧离子监测站 2 个、雨量站点 75 个、称重雨量设备 3 套、便携式自动气象站 1 个、便携式负氧离子监测仪 1 台、高清视频监控 60 个，基本形成多灾种、全方位的综合气象监测网，气象灾害监测覆盖所有乡镇（街道）。

二是气象灾害预报预警全覆盖。基于上级指导产品，开发形成适合本地的精细化预报产品序列和加工体系，实现灾害预警信息的分级、分类、分区制作。完成区域中小河流域和山洪沟暴雨洪涝灾害风险普查，初步建立适合本地的分区域、分流域和分类别的气象致灾指标预警体系，突发气象灾害预警提前时间平均达到 30 分钟以上。气象与应急办、国土、环保、水利、农林、旅游等部门开展了信息互通和联合预警合作，气象灾害影响评估业务得到明显增强。

三是气象信息传播接收全覆盖。出台《关于印发黄岩区重大（突发）气象灾害预警信息全网发布实施细则的通知》等多个文件，明确气象灾害预警信息全网发布管理办法和工作流程。成立突发事件预警信息发布中心，建成突发事件预警信息发布平台，实现各类预警信息"一键式"发布。在预警信息发布系统中设立"新型农业直通式"板块，有 3 860 个新型农业主体登记加入，随时了解农业气象信息情况。通过气象显示屏、村邮站农村综合信息发布屏、广电农村应急喇叭等信息发布设施以及数字电视、广播电台、微博微信等信息发布平台，实现气象信息传播接收的全覆盖。

四是气象防灾减灾工作体系全覆盖。建立由分管区长任组长、相关职能部门为成员的气象灾害防御和现代化工作领导小组、气象灾害应急领导小组、人工影响天气工作领导小组，明确部门、乡镇（街道）气象分管领导和工作职责，建立部门、乡镇（街道）联席会议制度。将气象防灾减灾工作列入乡镇（街道）的责任清单，全面纳入区政府对乡镇（街道）综合目标责任制考核内容。组建广泛覆盖基层的气象服务"四员"队伍，明确"四员"队伍工作职责，建立考核、培训、保障、补助、奖励等长效工作机制。全面完成乡镇（街道）气象防灾减灾标准化建设，建成省级气象防灾减灾标准村（社区）108个。

五是开展特色产业气象服务。联合浙江省柑橘研究所出台《柑橘生产气象服务规范》地方标准［DJG331003/T　32—2020（2021）］，开展特色产业气象服务。建成农业小气候站和柑橘长势实景监控系统，实现对柑橘生长全方位的气象监测，同时在专题服务板块发布《柑橘生产气象服务周报》，为农户提供科学准确的气象服务。组建柑橘气象服务专家联盟，建立作物关键生育期气象指标，为柑橘服务对象提供关键期、灾害性天气的直通式气象服务。创建"橘农天气"微信小程序，搭建气象为农服务平台，实现农户自主订阅实况气象要素以及阈值实时告警服务。

（二）提升农产品质量安全水平

近年来，黄岩区以"抓两头、强中间、控全程"为主线，以实施"一网三关五体系"工程为主抓手，严把源头治理预控、生产过程管控、末端质量监控三道关口，健全责任、监管、诚信、社会共治、应急管理五大体系，全力提升全区农产品质量安全水平，全区农产品生产实现"操作有标准、过程有记录、产品有标识、市场有监管、质量可追溯"。多年来，全区各类农产品抽检合格率一直保持在98%以上，未发生重大农产品质量安全事故；2019年黄岩区被正式命名为国家农产品质量安全县。

1. 加强农产品质量安全监管

坚持农产品质量安全"管出来"与"产出来"两手抓、两手硬，加强农产品质量安全监管，农产品质量安全监管相关部门监管职责分工明确，形成"顶层设计、分兵把口、协调配合"的农产品质量安全监管机制。建立权责一致的农产品质量安全监管业绩考核评价机制，凡监管工作出现严重问题的实行一票否决，并追究相关人员的行政责任。

一是加强专业队伍建设，提高监管能力。全区19个乡镇（街道）设立农产品质量安全监管站，落实乡级农产品监管员（检测员）54名，配备村级农产品质量安全协管员238名，形成"区、乡、村、基地"四级网格化监管模式，实现行政村区全覆盖。同时，成立农副食品安全协会、食品行业协会等21家农产品生产专业协会，入会企业2 000家，加强协会联合治理。

二是全域布局快速检测体系，提升生产流通领域管理效能。充分发挥区级农产品快速检测中心、辖区内19个乡镇（街道）农产品快速检测室和流动检测车的作用，对辖区内的农业生产环境和农产品生产过程进行监控，把农产品质量安全检测服务延伸到基地，弥补公众主动送检不足的缺陷。同时针对重点时段、重点区域、重点产品和薄弱环节，加大对草莓、茭白、杨梅、葡萄、禽蛋、初级水产品等食用农产品监督抽查。2022年完成定性检测34 000余批次、定量检测1 235批次。

三是监管执法并举，深入开展农产品质量安全整治。形成"三安"联动机制和司法协作机制，以日常巡查、重点监管与明察暗访相结合的方式，对风险高、隐患大的农产品和农业投入品持续开展各类检查，形成对农产品质量安全犯罪活动严厉打击的高压态势。2019—2022年，相关部门联合出动1 406人次，累计巡查生产经营主体1 398家次，共立案22起农产品质量安全案件。

四是打造智慧监管平台"农安黄岩"手机App，同时无缝对接"浙江省农产品质量安全追溯平台"。将238家规模以上生产经营主体全部纳入智慧监管平台，实现智慧监管、数字农业、信用农安等多平台数据共通互联，打造融合生产、追溯、监管、检测、执法、信用于一体的农产品质量安全数字化监管平台，形成农产品质量安全监管、农业主体信息管理、农产品质量安全信息公开和数据交换多功能综合的现代农产品质量智慧监管平台。

2. 构建农产品质量安全追溯体系

2015年，黄岩区成为浙江首批农产品质量安全追溯系统建设单位，按照"源头可追溯、信息可查询、责任可追究"的要求，开始全面开展农产品质量安全追溯体系建设。

一是加强组织领导，开展顶层设计。专门成立了由分管农业的副区长担任组长，区政府办公室副主任和区农林局主要负责人任副组长，区级有关单位分管领导和19个乡镇（街道）分管农业的领导为成员的工作领导小组。根据省农业厅《关于开展农产品质量安全追溯体系建设的实施意见（试行）》（浙农质发〔2014〕31号）要求，制定下发了《黄岩区农产品质量安全追溯体系建设实施方案》《黄岩区农产品质量安全追溯体系建设项目验收办法》等文件，明确了建设主体要求、验收办法和奖励政策等，并将追溯体系建设的各项工作纳入对乡镇（街道）年终综合目标考核。

二是开展农业生产经营主体信息库建设和动态管理。将区级以上农业龙头企业、示范性农民专业合作社、家庭农场、"三品一标"生产基地、自愿建设的生产经营主体以及规模生产经营主体全部纳入区级追溯平台主体信息库管理，登记了包括主体名称、营业执照编号、法人、联系人、联系方式、详细地址、生产规模、主要产品等信息，涵盖了蔬菜、水果、茶叶、粮油、中药材、食用菌、畜禽、水产、笋竹等九大主导农产品。在主体信息库建设基础上，将辖区符合建设条件（成立三年以上；至少有一种食用农产品已上市；近两年以来没有因违规使用投入品等原因被查处；在各级农产品质量安全抽检中合格率达到100%；自我承诺在项目通过验收并获取财政奖补资金后，三年内保证该追溯系统正常运转）的生产经营主体纳入农产品质量安全追溯体系建设范畴。

三是开展培训指导，推进农产品质量安全追溯管理。对纳入追溯体系建设的生产主体开展电脑操作技术、农产品质量安全追溯平台操作技术和农残快速检测技术的集中培训，同时组织安排相关人员到追溯主体的办公地点、生产基地或居住地进行现场指导培训，并要求各乡镇（街道）监管员（检测员）及时做好指导服务。为规模生产经营主体安装农产品追溯管理软件，配备"二维码"打印机和农残快速检测仪器，督促开展生产档案电子化记录、农药检测等信息上传和"二维码"追溯技术应用，实现生产经营主体、农产品质量安全可追溯。截至 2022 年底，全区有 238 家规模以上生产经营主体实现标识率 100%、追溯率 100%。

3. 推进食用农产品合格证管理

2016 年底，黄岩区被列入省级食用农产品合格证试点县（市、区）名单，开始以草莓为试点品种，试点推进食用农产品（林产品、初级水产品）合格证管理；2020 年，根据《浙江省农业农村厅关于做好 2020 年食用农产品合格证实施工作的通知》（浙农质发〔2020〕6 号），黄岩区全面推进食用农产品合格证实施工作。

一是专门成立了黄岩区食用农产品（林产品、初级水产品）合格证管理工作领导小组，印发了《黄岩区食用农产品（林产品、初级水产品）合格证管理工作实施方案（试行）》《黄岩区食用农产品（林产品、初级水产品）合格证管理办法（试行）》和《黄岩区食用农产品（林产品、初级水产品）合格证产品编号（试行）》等文件。

二是组织乡镇（街道）监管员（检测员）、规模主体（合作社、公司、家庭农场）、生产大户（散户）和经销主体（收、贮运）开展一次集中培训。与生产经营主体签订食用农产品（林产品、初级水产品）质量安全责任书，夯实农产品生产经营主体责任，完善生产经营主体自我质量控制、自我开具合格证和自我质量安全承诺制度，质量合格保障包括自检合格、委托检测合格、质量控制合格、自我承诺合格等 4 种类型。

三是按照"属地管理""一岗双责"的原则，由乡镇（街道）监管员（检测员）督促规模生产经营主体对上市农产品提供或加贴产品合格证，鼓励使用"证码合一"合格证，同时农林部门抓好日常监督巡查和指导工作。截至 2022 年底，合格证管理已覆盖全区所有食用农产品种类，238 家规模以上生产经营主体全面落实食用农产品合格证管理制度，应用覆盖率达到 100%，累计发放各类合格证 162 万余张。2019 年 4 月，全国食用农产品合格证制度试点工作现场会在黄岩召开，试点工作得到高度肯定。

4. 创新农产品质量安全工作机制

一是创新开展农产品质量安全责任保险工作。2019 年开始对黄岩区内除渔业（水产）以外的所有食用农业生产经营主体，进行农产品质量安全责任保险。充分发挥保险的保障功能，实施"事前有风险防范、事中有风险控制、事后有保险赔偿"的全流程服务，形成"企业承诺质量、政府监管履职、社会保险防范"的良好格局，助力打造安全农产品生产基地、提升"农安黄岩"公共品牌形象，树立广大人民群众农产品消费信心。

二是创新开展农产品质量安全诚信基地创建。制定出台《黄岩区农产品质量安全诚信基地建设实施方案》，规定获评基地可以在行政许可、项目申报、资金补助、农博会参展等工作中享受行政便利措施，同时挂"农产品质量安全诚信基地"标牌，并接受社会监督和每年一次的复检，把农产品质量安全政府意愿转化成生产经营主体的自觉行动，截至 2022 年底，已完成三批、共 25 家农产品质量安全诚信基地建设。

三是建立农产品质量安全"黑名单"管理制度。在全省首创农产品质量安全"五色"监管法，综合生产记录、农业投入品使用、检测合格率等情况，将生产主体归类为绿、白、黄、红、黑五个信用等级。对列入黑色榜单的主体，取消当年农业政策性补贴、2 年内各类评优资格和 3 年内农业项目立项资格，并撤销国家、省、市、区授予的相关称号，同时报送人民银行金融征信系统，实施联合惩戒，并通过媒体向社会公告。截至 2022 年底，已将 25 家主体列入中国人民银行金融征信系统黑色榜单。

5. 强化农产品质量安全舆情管控

一是建立监测预警机制。开展危害因素摸底调查，摸清影响全区农产品质量安全的问题隐患和工作底数；针对例行监测、监督抽查、专项抽检、群众举报和媒体披露所发现的问题，及时发出预警信息。

二是完善应急处置机制。响应农产品质量安全事故处理必须贯彻国家制定的"分级管理、分级响应、明确职责、落实责任、科学决策、依法应急、加强监测、群防群控、及时反应、快速行动"的工作方针，特制定了《黄岩区农产品质量安全事故应急预案》，按照"全区统一领导、地方政府负责、部门配合协调、各方联合行动"的工作机制，落实各自职责。形成区、乡、村、基地四级联动、信息通畅、反应快捷、运转高效的应急工作体系，提高应急处置能力；发生农产品质量安全突发事件，立即报告、迅速介入、科学研判、妥善处置。

三是加强舆情监控。全面把握农产品质量安全信息动态。对可疑信息，在第一时间上报并开展核查工作。属不实信息的，及时向社会澄清事实；属实信息要依据线索，迅速排查，依法处置，并及时公布处置结果。

● 黄岩区畜禽养殖质量安全措施 ●

为确保畜禽养殖流通屠宰环节质量安全，针对不同环节提出针对性措施。

养殖环节：一是对出栏活畜实行主体承诺制度，养殖场申报检疫时要向畜牧兽医管理部门提供承诺书及活畜流向情况。二是加强对出栏活畜养殖档案、畜禽标识的查验，了解诊疗、消毒以及兽药、饲料等投入品来源、用药时间等内容。三是加强日常及出栏检测，重点是出县境活畜出栏"瘦肉精"检测工作，活畜出栏时要抽取一定数量的尿液进行快速检测，检测合格后方可出栏。四是加强对养殖场（户）畜产品安全法律法规等知识的宣传教育，提高其质量安全意识。

收购贩运环节：一是指导屠宰厂（场）、牲畜交易市场等单位建立从事活畜调运

主体档案，并要求其签署不收购、贩运、使用"瘦肉精"活畜承诺书。二是督促从事省外活畜调运活动的经营者切实履行调运管理制度，对采购的活畜进行"瘦肉精"快速检测。三是指导牲畜交易市场落实入场交易活畜查验制度和信息登记制度（主要标明畜主、畜禽标识、检疫证号、数量等信息），并对"瘦肉精"进行快速抽检。四是配合市场监管部门加强对牛羊等活畜交易场所的日常监管，杜绝并依法查处无检疫证明、无畜禽标识的活畜进入交易场所。

屠宰环节：一是督促屠宰厂（场）严格执行入场活畜查验登记制度，确保牲畜来源、数量、检疫证明、货主、承运人、运输车辆等信息完整。二是督促屠宰厂（场）全面落实"瘦肉精"自检制度，特别是对外省调入肉牛要严格落实宰前"瘦肉精"头头检测制度。三是畜牧兽医部门要根据风险情况制定实施"瘦肉精"监督抽检计划，落实常态抽检措施，对省外调入肉牛要实行批批抽检。

（三）强化动植物疫病防控

为有效预防重大动植物疫病危害，确保农业生产和生态安全，黄岩区结合本区实际，建立"政府主导、属地管理、联防联控"的动植物疫病防控机制，实行"分类指导、分区治理、标本兼治"防控策略。

1. 强化动物疫病防控

围绕畜牧业高质量发展，近年来黄岩区在实施动物疫病防控网格化管理基础上，重点推动动物防疫政府购买服务、动物疫病强制免疫"先打后补"等改革，2022年全区免疫猪瘟 4.4 万头次、口蹄疫 4.4 万头次、高致病性猪蓝耳病 3.4 万头次、牛羊口蹄疫 0.36 万头次、小反刍兽 0.25 万头次、免疫家禽禽流感鸡 24.7 万羽次、鸭 4.4 万羽次、鹅及其他禽类 1 216 羽次，犬类集中免疫和电子芯片注射 1.43 万只，抗体合格率均达到省定要求的 70% 以上。

一是实施动物疫病防控网格化管理。全区畜禽养殖实施网格化管理，按照"属地管理、全面覆盖、分级负责、责任到人、把握重点、动态监管"的原则，在辖区范围内以乡镇街道为单位，划分为 19 个大网格，全面落实网格内包括动物疫病防控在内的各项畜禽养殖监管工作。明确并公布各乡镇（街道）、村两级畜禽养殖网格化监管责任人，包括村级监管员、乡监管责任人、乡党政领导包片责任人，确定其主要工作职责：①对辖区内的养殖场（户）养殖情况调查摸底，并登记存档，定期进行核查工作；②负责开展日常巡查，认真落实辖区生猪、牛等畜禽发病和餐厨废弃物饲喂、私屠滥宰等情况的排查，以及病死动物无害化处理监管、相关场所消毒措施落实等有关防控工作，对存在的问题，要及时督促落实到位；③积极配合农业、环保、行政综合执法部门开展相关工作。

二是深化动物防疫政府购买服务改革。贯彻落实《中华人民共和国动物防疫法》《浙江省动物防疫条例》等法律法规，按照省政府关于政府购买服务的决策部署，制定出台《黄岩区动物防疫政府购买服务改革试点实施方案》，实施深化动物防疫政府购买服务改革，探索动物防疫政府购买服务供给机制和方式，形成政府组织、部门监督指导、社会力量具体承接落实动物防疫公共服务的工作模式，进一步健全基层动物防疫工作长效机制。以各乡镇人民政府、街道办事处作为动物防疫公共服务的购买主体，培育院桥畜牧兽医中心站、澄江畜牧兽医中心站、宁溪畜牧兽医中心站、北洋畜牧兽医中心站和城区畜牧兽医中心站等一批技术过硬、服务优质且具有良好发展潜力的服务承接主体，促进基层动物防疫力量的稳定，确保重大动物疫病强制免疫等防控措施落实到位、免疫密度和免疫质量达到国家要求。

三是推进动物疫病强制免疫"先打后补"改革。围绕提高重大动物疫病防控能力，2020 年以来出台了《黄岩区重大动物疫病强制免疫"先打后补"实施方案（试行）》等文件，创新完善免疫方式，开展重大动物疫病强制免疫"先打后补"政策，即符合相关条件的规模养殖场先自主采购强制免疫疫苗、自行开展强制免疫和免疫抗体检测，经有关部门审核确认后给予其同期政府招标采购疫苗等值的经费补贴政策。通过实施"先打后补"政策，放开强制免疫疫苗经营，满足规模养殖场对强制免疫疫苗和免疫服务主体的多样化需求，进一步发挥财政补贴政策对动物防疫工作的促进作用，促进规模养殖场依法落实动物防疫主体责任，同时推广应用数字畜牧应用系统，推行强制免疫疫苗补助"自主申报、在线审核"，实现免疫管理数字化。自 2023 年起，高致病性禽流感、口蹄疫、猪蓝耳病、猪瘟、小反刍兽疫等强制免疫病种全部纳入"先打后补"范围。

2. 强化植物疫情防控

黄岩区每年出台重大农业植物疫情防控工作方案，采取有力的防控措施，有针对性地开展植物疫情防控工作。连续 15 年在全省农业植物疫情防控工作考核中被评为优秀。

一是突出政府责任，强化组织领导。黄岩区把植物疫情防控作为政府法定职责，将重大农业植物疫情防控工作纳入当地政府的重要议事日程和年度工作考核内容。农业部门会同财政部门制定实施方案，因地制宜细化工作任务和资金安排，明确具体实施区域、操作程序、补助对象、补助方式。

二是强化植物疫情调查监测。根据本地疫情发生动态和作物布局，科学设置疫情监测点，在区内设立 10 个疫情监测点，主要监测柑橘黄龙病（木虱）、红火蚁和扶桑绵粉蚧等外来有害生物，落实专人负责，并建立疫情监测档案，做到早发现、早防控、早扑灭。2021 年，有效处置了首次在黄岩区发现的红火蚁疫情。

三是坚持绿色防控与应急防治相结合。建立多个植物疫情防控示范区，2022 年面积达 3 100 亩。针对柑橘黄龙病、亚洲梨火疫病、甘薯茎腐病等疫病采取针对性措施，进行综合防控。

四是采用多种形式开展宣传培训。充分利用电视、广播、报纸、新媒体等平台，结合科技下乡、送"知识入户"等活动以及印发资料、悬挂宣传挂图等方式加大宣传力度，使广大干部群众增强检疫意识，努力营造全民防疫的良好社会氛围。同时，开展技术培训，培养一批识疫情、懂技术的普查与防控指导队伍，为疫情防控提供技术力量保障。2022年，全区开展植物检疫宣传月活动，在全区范围内发送植物检疫法规知识20万条次；在黄岩电视台连续播放《植物检疫是农业生产安全的保护伞》等系列检疫动画宣传短片9次，发放相关资料1 000多份。

● 黄岩区防控柑橘黄龙病 ●

柑橘黄龙病是当前柑橘生产上发病波及面最广、流行速度最快、危害性最重、防治最艰难的毁灭性病害，被认为是柑橘生产上的"癌症"。自2002年首次发现柑橘黄龙病疫情后，黄岩区采取"挖治管并重，综合防控"的策略，积极开展疫情防控工作，防控工作取得显著效果，病株数从2005年最高峰时的35.64万株下降到2021年的0.44万株，连续15年在全省农业植物疫情防控工作考核中被评为优秀。

一是落实防控责任。成立由分管农业副区长任指挥长、区政府办副主任和农业局局长任副指挥长、区政府相关单位和各乡镇（街道）分管农业副乡镇长（主任）为成员的区重大农业植物疫情防控指挥部。各乡镇（街道）也相应成立了重大农业植物疫情防控指挥机构，落实专人负责柑橘黄龙病的监测与防控工作。各乡镇（街道）每年签订"重大农业植物疫情防控工作责任书"，明确疫情普查率和病树处理合格率达到100%、柑橘黄龙病防治4次以上的工作任务。防控指挥部每年适时组织相关专业技术人员开展督查，确保各项防治措施落到实处。同时，将重大农业植物疫情防控工作列入对乡镇一级政府的综合目标考核内容。

二是加大资金投入。从2003年开始，区政府每年都在预算中安排柑橘黄龙病防控经费，并做到防控经费投入与疫情发生情况同步，疫情发生面积大、发病株数多的年份，防控经费投入也相应增多。据统计，2003—2021年，区财政共安排柑橘黄龙病监测和防控专项经费1 183万元，各乡镇（街道）也在年度预算中安排柑橘黄龙病防控专项经费，有效地保障了植物疫情防控工作的顺利开展。

三是普及防控知识。通过播放"柑橘黄龙病科教片"、张贴防控措施集成模式图、印发防控宣传资料、组织科技咨询活动、利用街头电子显示屏和电子视频宣传车等形式，宣传普及柑橘黄龙病防控知识。多次邀请省市专家讲授防控知识，培训乡镇一级防控技术骨干。2017—2021年共印发宣传资料11 500余份，发放张贴防控模式图200余张；组织各级各类科技咨询10余次，接受咨询人数800余人次；开展培训96期，受训人数5 000余人次。

四是提高防控实效。每年的10月至次年2月，按照"乡（镇、街道）不漏村、村不漏片、片不漏园、园不漏块、块不漏株"的要求实施全面普查。根据普查数据建立疫情档案，并以村为单位张榜公布，依靠群众相互监督，减少漏查率，提高普查数据的真实性。在疫情普查、确认病树的基础上，对所发现的病树同步进行砍挖并清理。

> 2017—2021 年，共组织普查队伍 1 630 人次，累计调查柑橘树 1 950 万株，到 2021 年底全区已查明 15 个乡镇（街道）、105 个行政村发现了柑橘黄龙病，累计砍挖病株 210 万株，使柑橘黄龙病疫情发生范围逐年缩小、发病株数不断减少，防控工作取得了实效。

（四）开展政策性农业保险

政策性农业保险是以保险公司市场化经营为依托，政府通过保费补贴等政策扶持，对种植业、养殖业因遭受自然灾害和意外事故造成的经济损失提供的直接物化成本保险。黄岩区坚持政府引导、市场运作、自主自愿、协同推进原则，遵循市场经济规律，充分发挥财政资金效益，提升服务"三农"保障能力，防范和化解农业生产风险。

1. 推动政策性农业保险增品扩面

黄岩区自 2008 年就开始推行政策性农业保险，在积极推进国务院和省政府设立的各类政策性农业保险品种以外，大力推进地方特色险种开发，积极探索气象指数、价格指数、收入保险等创新型保险，在防范农业生产风险、促进现代农业发展、化解农种灾害损失、保障农民切身利益方面发挥了积极作用。截至 2022 年底，已开展水稻、小麦、能繁母猪、生猪等 6 个中央保险险种，设施农业大棚、柑橘树种植、大棚西瓜、水稻完全成本等 7 个省定险种和甘蔗种植、高山蔬菜保险、杨梅采摘期降雨气象指数保险、枇杷低温指数保险等 6 个地方特色险种，共 19 个政策性农业保险险种。2022 年黄岩区水稻参保 4.68 万亩，参保率 79.72%；生猪参保 11.85 万头，能繁母猪参保 4 974 头，两项均100% 参保。其他各项险种参保较 2020 年均有不同程度的增长，比如小麦种植保险参保1.07 万亩，比 2020 年增长 196%，枇杷低温指数保险参保 1.55 万亩，比 2020 增长 288%。2022 年全区保费收入 2 047.55 万元。

● 黄岩区地方特色险种 ●

■ 枇杷低温指数保险

黄岩拥有"中国枇杷之乡"的美誉，枇杷种植面积达 1.98 万亩，年产值近亿元。由于黄岩枇杷开花挂果期易与寒潮相撞，为提高农户抵御自然风险能力，自 2018 年起，黄岩推出地方特色险种——枇杷低温气象指数保险。该险种保费由财政补贴 85%，农户自负 15%，保险标的要求：枇杷种植符合本地区农业技术部门要求和技术规范，生长正常；保险枇杷种植海拔高度在 250 米（不含）以下；相对连片种植面积在 5 亩（含）以上，且种植 5 年（含）以上，种植面积未达 5 亩的可以通过专业合作社、村集体统一组织投保；种植户信誉良好，无违法违纪记录。在保险期间，由于保险枇杷遭遇低温天气，保险合同约定气象观测站实测日最低气温达到 −2℃（含）以下且产生对应赔偿全额大于零时，视为保险事故发生，按照保险合同的约定承担赔偿责任。2022 年底到 2023 年初，因受寒潮冻害影响，黄岩白沙枇杷减产五成，全区承保面积达15 477 亩，涉及 1 169 户枇杷种植户，触发赔款总额高达 1 090 万元，已全部赔款到户，在一定程度上减轻了枇杷种植户的压力（图 4-12）。

图 4-12　枇杷冻害保险理赔

■ 杨梅采摘期降水气象指数保险

黄岩区是全国杨梅的重要产区之一，东魁杨梅的始祖地，有"中国优质杨梅之乡"之称，全区有杨梅栽培面积 5.73 万亩。由于杨梅成熟期和采摘期恰逢梅雨季，影响杨梅成熟和采摘，2016 年，黄岩区被省农险办列入杨梅气象指数保险试点扩面单位之一，开展杨梅采摘期降水气象指数保险工作。该险种保险标的要求：种植杨梅树符合本地区农业林业技术部门要求和技术规范，生长正常；相对连片种植面积在 5 亩（含）以上，且投产一年以上；种植面积未达 5 亩的种植户，可以通过专业合作社或以村、乡为单位的统保方式参保；种植户信誉良好，无违法违纪记录。单位保额 2 000 元／亩，保险费率分两档：平原地区（海拔 300 米以下）是 7%，中高山地区（海拔 300 米及以上）是 3%；保费由财政补贴 80%，农户自负 20%。保险期也分两档：平原地区为 6 月15 日至 6 月 30 日，中高山地区为 6 月 25 日至 7 月 13 日。在保险期间，由于保险杨梅在采摘期遭遇连续降雨天气，保险合同约定气象观测站实测每日 5—12 时降水量达到 3毫米（含）连续 2 天及以上视为保险事故发生，保险人按照本保险合同的约定承担赔偿责任（图 4-13）。

图4-13 杨梅采摘期降水气象指数保险验标标准样

■"红美人"柑橘价格指数保险

"红美人"柑橘价格指数保险是应对市场风险的保险产品，有助于稳定"红美人"柑橘市场价格，保障种植户利益。自2019年开始，黄岩区开展"红美人"柑橘价格指数保险试点工作。该险种保险标的要求：符合农业主管部门种植规范标准和技术管理要求，通过设施大棚栽培，并且生长正常的结果树生产的优质商品果，优质果标准为单果克重200克（含）至275克（含）之间且可溶性固形物含量（糖度）在12.5Brix（含）以上；种植面积达到5亩（含）以上，符合投保条件的专业合作社、家庭农场和种植大户；符合控产提质要求，使用国家地理标志授权精品盒包装，且有完整销售记录。单位面积保额约定每年保险产量（千克/亩）目标零售价格（元/千克），其中，约定每亩保险产量投产第1年不高于500千克/亩，投产第2年不高于700千克/亩，投产第3年及以上不高于1 000千克/亩；目标零售价格根据近几年当地红美人优质商品果的零售价走势结合当年投产产量增幅以及市场预测综合评定，2020年的目标零售价格为36元/千克。保险费率为7%，保费由财政补贴60%，农户自负40%（图4-14）。

图4-14 "红美人"寒潮防灾设施

■中药材种植保险和收入保险

近年来，随着产业政策的有力支持，黄岩区中药材种植规模持续扩大，2020年中药材种植面积达1万亩以上，产值达1亿元以上。由于中药材种植易受暴雨、暴风、洪水、泥石流、山体滑坡等自然灾害影响，且近年来中药材的销售价格受市场影响波动也比较大，为进一步巩固中药材种植，稳定特色中药材产业发展，2020年黄岩区开办中药材种植保险和收入保险。保险主要针对连片种植面积20亩（含）以上的农业企业、专业合作社以及种植大户等，对于低收入农户不设种植面积条件；参保中药材应为具备相应种植规范标准和技术管理要求的合格品种，生长管理正常，且在当地有1年（含）以上成功种植经验，其中，收入保险目前只针对浙贝母和白及（4年及以上）等两个主推中药材品种。按照品种和种植年限，种植保险每亩保险金额分为4 000元/亩、7 000元/亩、10 000元/亩、15 000元/亩、20 000元/亩等五档；收入保险白及（4年及以上）每亩保险金额20 000元，浙贝母每亩保险金额7 000元。种植保险基准费率为5%，财政补贴80%、农户自负20%；收入保险基准费率为8%，财政补贴70%、农户自负30%。在保险期间，中药材种植保险对约定的自然灾害和意外事故承担保险责任，中药材收入保险在种植保险的责任基础上增加市场风险引起的跌价责任，即约定期间保险中药材的市场平均价格低于约定保险价格，视为保险事故发生，保险人按照保险合同约定负责赔偿（图4-15）。

图4-15 中药材台风防灾设施

2. 探索开展区外政策性农业保险

黄岩区户籍在外种瓜农户4.3万人，分布在全国各地24个省（市、区），大棚西瓜种植面积达57万余亩。由于国内大部分地区未将西瓜产业纳入当地政策性农业保险体系，当自然灾害来临时瓜农们只能"看天吃饭"。为使外出创业的农民尽可能享受政策性保险，黄岩区积极探索区外农业保险新机制，2022年黄岩区选定云南省勐海县作为首个区外政策性大棚西瓜种植保险财政补贴地开展跨省补贴异地共保，成为全国破解跨省西瓜政策性保险难题的首创之举。黄岩、勐海两地人保财险公司签订了合作协议，由人保财险公司勐海支公司作为主联保，占保险份额的 40%，负责承保、理赔等落地服务，人保财险公司台州市黄岩支公司作为从联保，占保险份额的 60%，负责浙江省台州市黄岩区财政申报工作。每亩保费 240 元，50% 由黄岩区财政补贴，补贴对象为自愿参保政策性大棚西瓜种植保险的黄岩区户籍瓜农。保险金额 4 000 元 / 亩，保险责任包括暴风、龙卷风、暴雨、洪水（政府行蓄洪除外）、雹灾、泥石流、山体滑坡、火灾、雷击、空中运行物体坠落。

3. 优化政策性农业保险工作机制

一是积极筹措资金，加大支持力度。区财政做好政策性农业保险财政补贴资金测算，足额纳入年度预算，并根据经济社会发展状况，适当追加有关险种的保费补贴。2022 年，黄岩区财政年初预算安排保费补贴资金 920 万元，此外，省级政策性农业保费补助 72.24 万元，年末区财政追加经费 143.41 万元。2023 年，区财政年初预算安排 1 000 万元，生猪期货价格保险市财政安排 60 万元，年末区财政追加经费 227.9 万元。

二是改变购买方式，促进公平竞争。为充分促进公开公平竞争，通过邀请招标等形式确定农业政策性保险主承保单位。如在耕地地力指数保险项目开发时，通过公开发布邀请函，邀请在台州市财政局 2021—2023 年度政策性农业保险特色险种承办机构遴选项目中中标的单位参加。同时，邀请台州银保监分局黄岩监督组、区财政局、区农业农村局相关领导及业务人员组成专家组，对三家单位提交的保险实施方案进行评审。现场确定系数，对各方案进行测算，最后确定中标单位及方案。

三是加大宣传推广，健全保险服务体系。不断加大宣传力度，进一步引导农民增强风险意识，树立合理预期，激发参保热情，享受保险利益，做到愿保尽保、应保尽保。同时，加强农业保险服务体系建设，在每个乡镇（街道）的便民服务中心或农业综合服务站开设农业保险服务窗口，落实 1～2 名专兼职农业保险指导员，负责农业保险的政策咨询、承保受理、理赔受理等工作；加强基层农业保险协保员队伍建设，确保每个行政村都明确有 1 名农业保险协保员负责和联系，并积极开展培训，提高基层队伍的服务能力和水平。

（五）保障农业安全生产

1. 保障全区供种安全

一是做好种子销售与储备。及时掌握市场供求情况和价格信息，做好种子调剂工作。规范落实风险（救灾）种子储备工作。2018 年委托宁波市种子有限公司龙游分公司和勿忘农种业股份有限公司两家单位代储杂交稻甬优 9 号 1 500 千克，中浙优 8 号 2 000 千克，中早 39 种子 20 000 千克，常规晚稻秀水 134 种子 12 500 千克。2021 年委托浙江龙游县五谷香种业有限公司和浙江勿忘农种业股份有限公司两家单位代储杂交稻。全年储备甬优 9 号 2 000 千克。

二是为种子生产经营主体发展提供良好环境。简化非农作物品种登记流程。全区各种子生产经营主体依法登记售卖品种，严格遵守农业农村部规定，在非农作物品种登记系统平台进行登记申请工作。邀请专家集中给种子生产经营主体进行登记操作培训，发放操作手册。针对操作登记过程中遇到的困难，农业相关科室人员进行全程指导服务，不定期在微信备案群对接登记实况。

三是加强种子市场监管。区农业执法大队联合区种子发展中心专技人员在春夏种子销售旺季，不定期开展种子市场专项检查。以种子经营单位为重点对象，以种子标签、经营档案、零售主体备案等为重点内容，确保市场主体经销行为、种子标签标识符合法律法规。加强种子市场检疫监管，打击违法调运、销售未经检疫的农作物种子等违法行为，加大对经营假冒伪劣种子、未审先推新品种侵权行为的打击力度。

四是加强宣传培训，确保新《种子法》及配套法规落实。区种子发展中心每年邀请省、市、区专家为区各乡镇街道办事处农业服务中心负责种子的工作人员及 30 多家种子生产经营主体就新《种子法》相关内容做专题培训。通过培训、知识答疑、发放宣传手册等多种方式普及新《种子法》及配套法规。

2. 加强安全生产管理

一是创建省级"平安农机"示范乡镇。近年来，黄岩区积极创建"平安农机"示范乡镇，通过典型示范强化农机安全生产工作，构建"政府负责、农机主抓、部门协作、群众参与"农机安全生产长效机制，保障农民群众生命财产安全。在创建活动中，黄岩区开展农机"安全生产月""安全生产宣传咨询日"、农机安全生产大检查和省级农机事故应急演练等活动，提升了驾驶操作人员的安全生产意识和技能素质；进一步完善乡镇、村、合作社农机安全监管网络和管理制度。2022 年，沙埠镇和北洋镇荣膺省级"平安农机"示范乡镇。

二是全面落实"变拖"整治清理。深入田间地头开展农机牌证检查、农机安全隐患排查，严肃查处逾期未检验、驾驶人无证驾驶等违法违规行为，及时清理巡查发现的无牌证报废车辆的切割处置，保障农机作业安全。通过警农联合执法、安全宣传教育、限行政策、提前报废补偿等一系列措施，以高起点、高标准、高要求严格落实变型拖拉机报废政策，全区在册 650 台变型拖拉机在 2020 年 7 月提前完成报废淘汰工作。

三是完善农机安全网络体系。一方面，推进农业领域"机器换人"。黄岩区成立了区农业"机器换人"示范工程创建工作领导小组和专家组，在 2019 年底提前一年完成创建工作，共创建了一个农业"机器换人"示范乡镇，五个农业"机器换人"示范基地以及两家省级农机专业合作社。另一方面，依托政府购买公共服务等方式，推进危及人身安全的农机免费实地检验，同时组织人员通过上门实地检验的方式，开展年度检验工作，2022 年全区年检率达到 94%。

第 五 章

绿色科技创新与推广

黄岩区以创新强省农业科技（循环有机农业）示范试点区、全国农业科技现代化先行县共建、农业绿色发展先行先试支撑体系试点县建设等工作为重点，大力实施科技强农，推动绿色农业科技创新与推广，加速推进黄岩农业现代化高质量发展。

一、绿色农业科技创新

通过瞄准地方特色农业产业，黄岩区聚焦精准农业、重金属及面源污染治理、绿色种植技术、现代生物种业等领域，开发高新技术产品，突破关键核心技术，全力推动良种选育、品质提升、产品加工等全产业链科技提升，从而提升绿色农业的质量、效益和竞争力。

（一）开展绿色农业关键技术攻关

1. 联合攻关核心技术

黄岩区围绕农业精准施肥用药、土壤污染治理、退化耕地修复、绿色种植技术等方面的需求，重点关注粮油、蔬菜、水果、畜牧、林业、渔业及中药材等本地特色主导产业，组织科研和技术推广单位开展联合攻关，攻克关键核心技术。

一是化肥定额减量技术攻关。化肥定额减量技术涵盖"三大行动"。其一是通过制定标准实现限量施用。在掌握土壤肥力组成结构的基础上，遵循粮油作物"减氮、控磷、稳钾"、经济作物"减氮、减磷、控钾"总体施肥要求，结合省化肥定额制施用技术指导意见，提出全区主要作物化肥投入的定额标准。其二是通过养分替代实现化肥减量。从养分替代的角度出发，推广茭白等主要农作物秸秆粉碎还田、堆腐还田、果园覆盖等综合利用方式，鼓励种植业主体兴建田间堆粪（肥）场、田间沼液储肥池直接利用养殖场有机肥源，通过补贴政策引导商品有机肥的应用和冬绿肥种植。在粮油作物上优先推广有机无机配方肥，蔬菜瓜果上优先推广有机无机配方肥、缓（控）释配方肥，水果上优先推广配方水溶肥等新型肥料。其三是通过技术升级实现高效利用。开发全区规模主体智慧施肥 App，通过 App 管理实现精准施肥；大力推广菜－稻轮作、果（茶）－绿肥、稻－鱼（虾、蟹）等种养模式，统筹农田土壤周年养分管理；引进侧深施肥机、有机肥深施机等新型机械，推广机械深施、种肥同播、侧深施肥、水肥一体等高效施肥技术。

二是推广农药减量技术攻关。一方面，强化绿色防控措施。遵循病虫害综合治理基本原则，综合运用农业防治（稻渔共生、轮作套作等）、生态调控（种花留草、诱虫植物）、生物防治（生物天敌、生物农药）、物理防治（翻耕灌晒、灯诱色诱食诱性诱、隔离设施）和科学用药等 5 大绿色防控措施。另一方面，科学研判主要农作物重大病虫害发生趋势，开展分区分片发布并提供病虫情报信息的试点，提高病虫防控指导的精准性。

三是土壤安全利用技术攻关。2018 年，浙江省农用地土壤污染状况详查的结果表明，黄岩区五项重金属（镉、铅、铬、汞和砷）综合农用地环境质量类别属于安全利用类农用地的土壤面积约为 12 689 亩，分布在北城街道、高桥街道、宁溪镇、北洋镇、沙埠镇、上郑乡、茅畬乡、上垟乡八个镇（街道、乡），污染元素为镉和铅。依据《轻中度污染耕地安全利用与治理修复推荐技术名录（2019 年版）》（农办科〔2019〕14 号）、《浙江省受污染耕地安全利用和管制方案（试行）》（浙农专发〔2018〕96 号）等文件精神和标准规范，结合台州各地近年来试点示范经验尤其是周边温岭县市的技术经验，综合采取低积累品种、土壤酸化治理、土壤改良、水肥调控、叶面阻控等技术措施，实施受污染耕地安全利用技术方案。通过土壤安全利用项目的实施，有效控制受污染耕地的土壤环境风险。

四是绿色种植技术攻关。其一是黄岩蜜橘品质提升技术。黄岩区开展杂交育种选育优良柑橘品种，引进推广水肥一体、智能选果等技术，进行杂柑浅加温技术研究和数字化技术研发，攻克了根域限制栽培体系、智慧水肥一体化系统、智慧物联网、红美人堆肥技术等柑橘前沿种植技术难题，并建立了可推广的柑橘种植标准化技术体系。其二是东魁杨梅绿色生态栽培技术。黄岩区自主研发了罗幔杨梅网室栽培等技术，并在园地选择、生产技术、储存运输等方面形成了若干区级地方标准。其三是茭白绿色标准化种植技术。黄岩区首创棚膜覆盖栽培技术，位居全国前列，并且发布了《茭白全产业链标准化综合体》省级团体标准，通过全产业链绿色标准化技术集成与推广，已成为全省最大的双季茭白生产基地和全国最大的设施茭白生产基地之一。其四是中药材良种繁育和效益提升。针对黄岩区中药材生产基础薄弱的短板，围绕中药材繁育、良种扩繁、效益提升等重点难点开展技术攻关，推动黄岩中药材产业实现跨越式发展。

2. 推进技术集成创新

通过推进技术集成创新，熟化核心技术，推动农业生产数字化、智能化与绿色化改造，黄岩区组装集成了一批不同品种、不同区域的绿色技术，确立了农业绿色发展技术体系。这里以黄岩区的"茭白全产业链标准综合体"来说明绿色技术集成的成效。1978年，黄岩就大力发展茭白商品化规模生产，1990 年棚栽茭白迅速发展，2010 年黄岩被命名为"中国茭白之乡"，并成为全省最大的双季茭白生产基地和全国最大的设施茭白生产基地之一。近年来，黄岩以茭白全产业链标准综合体建设为抓手，构建起涵盖茭白产前、产中、产后的全产业链标准体系，实现了茭白从产地环境要求、育苗、种植、采收、贮运和包装标识等的全程质量控制，推动农产品"三品一标"高质量发展。目前，黄岩区茭白栽培模式 90% 以上为设施栽培，标准化生产规模达到 2 万亩，已成为当地农业农村增产增收的支柱产业之一。

一是绿色生产技术集成。黄岩区与中国农业科学院、浙江省农业科学院、金华市农业科学研究院等科研单位合作。第一，持续推广"三改两优化"技术措施。选育认定浙茭 8 号、浙茭 10 号等茭白新品种，优选品质优、抗性强、丰产性好的双季茭白品种，并形成早中晚熟梯度，提高种植效益。第二，加大茭白"带茭苗"二次扩繁育苗技术推广力度。在主产区创建百亩育苗示范基地，稳定种苗纯度，提高繁育系数，确保茭白产业增产增效。第三，开展有害生物综合防治。实行农业防治、理化诱控、生态调控、生物防治和科学用药的综合防治技术，推广应用杀虫灯、昆虫性信息素诱捕器、种植香根草、蜜源植物，释放害虫天敌，通过病虫害绿色防控，实现每季农药减施2次以上。同时，加强茭田种养间套技术研究，形成茭白甲鱼、茭白河蟹等共育技术，提高了茭田综合产出能力。第四，加快省力化机械研发应用，实现产业提质增效。研究开发了茭白删苗机、茭墩（根）清理机、秸秆收割机等一批省力化机械，降低劳动强度，提高生产效率。第五，开展茭白秸秆整区域回收。通过果园浮面覆盖、堆腐还田、青叶饲料化等措施，既减少了污染，又增加了有机肥源，2022年秸秆综合利用率达96%以上。

二是数字化技术集成。全面推广农产品质量追溯二维码和食用农产品产地合格证制度，实现茭白身份标识化，提升茭白终端产品的品质和质量安全。监督生产主体建立完整档案记录制度，建立追溯体系，实现生产销售全过程可追溯，提倡主体加入农产品质量安全信用体系管理。在茭白采收期进行农药残留等质量安全指标检测，检测合格方可上市。另外，通过开展黄岩茭白节、直播购等线上线下营销活动，提升品牌知名度和美誉度，促进产业发展。

三是冷链技术集成。发展冷链，稳定产品供给。通过建立规范化的远途运输冷链体系，扶持发展现代冷链物流体系，加强茭白冷库建设等措施，延长产品供应期，稳定市场供给平衡，提高茭白产业增产增效能力。

（二）建设农业绿色技术创新载体

1. 推进绿色技术创新平台建设

聚焦农业数字化、科技化、绿色化，黄岩区与浙江省农业科学院、浙江大学、中国柑橘研究所、华中农业大学、台州市农业科学院等涉农院（校）联合，创建了中国黄岩蜜橘种源研究中心、中国杨梅科创中心、宁溪精品柑橘科创中心等三大技术研发创新平台。

一是建设中国黄岩蜜橘种源研究中心。2022年11月，中国黄岩蜜橘种源研究中心挂牌成立，将建设成为国内一流、国际知名的蜜橘种源收集、保护、培育与利用中心以及蜜橘及近缘优新品种培育中心。黄岩区与华中农业大学、西南大学柑橘研究所、浙江省柑橘研究所、浙江大学等4家高校院所达成合作意向，计划引进7个团队共100多名专家学者入驻种源研究中心，同时计划每年投入科研合作资金1 000万元，用于柑橘常规选育种、辐射育种、分子育种。黄岩还建设了占地500亩的黄岩蜜橘种源研究中心基地以及浙柑所种质创新基地，保障种源研究中心研究试验高效开展。

二是建设中国杨梅科创中心。2021年6月，黄岩区人民政府与浙江省农业科学院、台州市农业科学院联合成立中国杨梅科创中心，聚焦关键技术研发、成果转化、示范推广、人才培养等，合作研究杨梅产业数字化、智能化提升以及杨梅品牌文化创建等内容，全力为黄岩杨梅产业发展提供全方位技术和人才支持，协作促进黄岩东魁杨梅产业提升和可持续发展，进一步发掘东魁杨梅产业的潜力，为推动共同富裕贡献力量。

三是建设宁溪精品柑橘科创中心。该中心位于宁溪镇岭根村，由宁溪镇人民政府与浙江大学环境与资源学院联合建立。该中心投入5 000万元，依托200亩柑橘种植基地，围绕柑橘的绿色化、高效化、高质化开展实地研究，打造200亩"水肥一体"示范基地，配备数字柑橘农业物联网系统、"农抬头"数字农业云平台、自动控温控湿装置、自动补光系统、智能水肥一体化系统等环境调控设备，积极打造农田里的科研阵地，形成集种植、科研、展示、教学、销售于一体的农业科技示范区，先后创建国家级科技小院、省级博士后工作站、浙江省数字农业首批先行先试单位。

2. 推进产学研企联合技术攻关

黄岩区集聚科研院校、涉农企业、社会团体等各类创新主体力量，开展产学研企联合攻关，加快突破农业绿色发展技术瓶颈。2019年以来，浙江省农科院先后参与黄岩区首批全国农业绿色发展先行先试支撑体系建设和全国农业科技现代化先行县共建工作，共同制定省级团体标准、地方标准、技术模式，共同打造绿色技术核心试验区，联合实施一批"揭榜挂帅"重大科技攻关项目，形成"一链一团队"的科技服务模式，为黄岩地方特色主导产业提质增效和农民增收提供科技支撑。

一是围绕黄岩蜜橘的产学研企联合攻关。近年来，黄岩区高度重视蜜橘产业与高校、科研院所等部门合作，加速推动产学研协同，实现了黄岩蜜橘品种、品质、品牌三大提升。在专家的指导下，柑橘生产基地都安装了喷灌、滴管、传感器，使得柑橘在生长过程中能保持均衡的水分供应。同时，果园里水肥一体、绿色防控、覆膜增糖等技术也一应俱全。专家们不仅将技术倾囊相授，及时而高效的服务态度也令农户十分满意。此外，专家们还注重柑橘种植前沿理论技术的提炼与推广。2022年，浙江省农科院、浙江省柑橘研究所在黄岩区推出了六项柑橘种植新技术，包括设施柑橘轻简高效栽培技术、柑橘绿色精准用肥技术、柑橘绿色防草技术、柑橘病虫害全程绿色防控技术、柑橘外观品质提升技术和透湿性地膜覆盖增糖技术，并率先在黄岩区的农业种植主体里实现技术成果转化落地，实现了发现问题、解决问题和理论实践的无缝对接。

二是围绕东魁杨梅的产学研企联合攻关。2021年6月，浙江省农科院通过基因测序证明，国内东魁杨梅均出自江口街道东魁村的母树。2023年6月，浙江省农业科学院东魁杨梅创新试验站在黄岩成立。浙江省农科院和黄岩联合搭建技术平台和专家团队，依托于东魁杨梅母树种源优势，开展杨梅优良品种繁育、病虫害综合防控、杨梅保鲜等方面研究，解决东魁杨梅科技成果产业化转化问题，进一步提升东魁杨梅产业支撑能力和影响力，以科技促进杨梅产业发展。在加强栽培技术推广的同时，黄岩依托全域发展规划，关注广大果农切身利益、农民增收问题，通过加快农产品冷藏保鲜储存设施设备，打造"一站式"现代化农产品服务平台，推动当地杨梅产业可持续稳步发展。鉴于杨梅具有生态、文化、旅游、康养等多重价值，黄岩正加快建设东魁杨梅母树文化园、东魁杨梅博览馆，探索"文化+""旅游+"的产业融合之路。

三是围绕双季茭白的产学研企联合攻关。新前街道作为黄岩双季棚茭白的种植基地之一，凭借着悠久的种植历史被列为黄岩农业示范区，产品畅销全国各地。在农业部门和新前街道的牵线搭桥下，黄岩利民茭白专业合作社负责人沈定军积极采用"校地合作"的方式，邀请各大高校专业人士共同探索黄岩茭白产销新模式、新理念、新方法。在中国计量大学专业科研团队和区农业农村局的倾心帮助下，合作社成功培育出了更为优质的茭白新品种浙茭 7 号及浙茭 8 号。沈定军还与中国计量大学"茭"心助农小分队开展合作，大力推广茭白新品种和双膜覆盖等技术的应用，2020—2022 年，推广新品种 123 亩、新技术 221 亩，增加茭白收益 44 万多元。后续利民茭白专业合作社还将和台州职业技术学院、台州市农业科学研究院在茭白深加工、田间基础设施、栽培技术等方面展开合作，进一步提高茭白生产能力。

四是围绕中药材的产学研企联合攻关。为实现黄岩区水源保护和农民增收"双突破"，2018 年，南京中医药大学教授谈献和在黄岩因地制宜大力发展中药材种植，利用低效用地、坡耕地和林地资源，打造以"一区、二园、三中心、七特色"为重点的环长潭湖"黄岩地产特色中药材产业带"。为加强校地联合，推动中医药产业发展，南京中医药大学"大学生社会实践基地""大学生劳动教育基地"在黄岩区授牌成立。2023 年 7 月，南京中医药大学药学院"炎黄橘井"实践团师生重点调研了黄岩区中药材生产基地，针对中药材的不同栽培模式，与基地工作人员开展交流探讨，通过实地考察加强对中药材种植理论的学习。

● 浙江省农业科学院与黄岩共建农业绿色发展示范区 ●

黄岩区与浙江省农业科学院已在农业绿色发展、名特优品种选育及推广、创意农业、示范基地建设、基层科技培训等方面开展了广泛的合作，具有扎实的合作基础。近年来，浙江省农业科学院承担了省财政厅、农业农村厅下达的特色农产品安全风险管控（"一品一策"）等重大农业专项任务，已在黄岩区开展了柑橘、杨梅、茭白等农作物安全风险管控研究，建立全产业链安全风险管控技术示范推广基地 25 个，明确相关的安全风险管控的关键控制点及其控制技术，及时解决了黄岩农产品质量安全水平提升的科技需求，为黄岩主导产业实现高质量发展转型提供了切实有效的支撑。

2020 年，黄岩区与浙江省农业科学院就黄岩开展国家农业绿色发展先行先试支撑体系试点县建设签订了战略合作协议，在此框架下省农科院围绕黄岩区绿色发展先行先试支撑体系项目建设要求，按照农业农村部要求建设农业绿色发展长期固定观测试验站（图 5-1）；通过数字果园等绿色安全生产、管理、服务农业数字化系统集成，构建黄岩农业绿色智慧大脑；围绕茭白、水稻、柑橘、杨梅等黄岩主导产业，开展农作物高效施肥、综合减药等四大技术应用试验，形成"东南山区 - 平原过渡带"特色作物生态种植模式。黄岩区与浙江省农业科学院充分发挥双方政策、资金、人才、科技等优势，着力探索"产业＋科技团队＋项目＋基地"的推广应用新模式，在共建合作平台、共商产业发展、共解技术难题、共绘绿色名片、共育发展人才等方面开展全面战略合作，共同促进黄岩农业科技现代化、农业绿色发展和乡村振兴。

图 5-1　国家农业绿色发展长期固定观测黄岩试验站茭白监测点

二、绿色适用技术推广应用

黄岩区以党中央国务院、省委省政府关于改革创新的系列方针政策为遵循，以现代农业技术需求和农民服务需求为出发点，紧紧围绕黄岩区十大主导产业，以体制机制创新为途径，破除制约农技推广服务质量和效率的主要障碍，强化农技推广机构公益性职责，激发农技人员、农业科研教学单位和社会化服务组织为农服务活力，着力构建体系全、机制活、功能强、服务优的"一主多元"农技推广服务体系，有效支撑黄岩绿色农业发展，2022 年围绕主导产业，加强主导品种和主推技术的筛选与推广，通过项目实施，全区主导品种和主推技术入户率和到位率达到 95% 以上。

（一）推进绿色技术先行先试

1. 打造农业绿色科技成果转化平台

为激励农业绿色科技成果转化，黄岩区打造农业科技成果转化平台，探索建立政府推动、市场引导、企业化运作的农业科技成果转化新模式，支持农业科研院校建立技术转移中心、成果孵化平台、创新创业基地等，鼓励专业人才到田间地头开展科技服务，打通转化应用"最后一公里",将科技成果真正落地生根,转化为现实生产力。2023 年 3 月,在黄岩蜜橘种源研究中心广场,浙江省农科院技术转移中心黄岩分中心正式揭牌成立,进一步深化了院地合作,为黄岩区的农业企业、合作社和农户提供更加精准、更高质量的科技服务,推动更多科技成果在生产当中得到应用,打造良种、良法、良田、良机、良规、良制等多良集成的示范应用场景。

2. 开展绿色技术应用试验

黄岩区以"绿色、循环、可持续发展"的理念为标准,针对黄岩区域特点和生态环境突出短板,积极探索不同生态类型、不同产业类型的农业绿色发展典型模式。一方面,围绕水稻、水果、蔬菜等主导产业,全面推广应用"有机替代、测土配方、科学用肥、水肥一体"综合减肥技术体系和"理化诱控、生态调控、生物防治、农业防控、科学用药"综合减药技术体系;另一方面,围绕畜禽养殖废弃物资源化利用等关键技术,选择若干个典型畜禽养殖场,开展畜禽养殖场臭气治理、干清粪式厌氧发酵、一体化高效堆肥、沼液高效综合利用等技术应用。

一是农作物绿色高效减肥技术应用。针对水稻、茭白、柑橘等黄岩区主要作物,围绕浙江省"化肥定额制"定量要求,集成新品种筛选、有机替代、肥料品种优化、特色作物专用肥、施肥技术升级等关键技术,开展主要作物肥料限量标准和专用肥研发应用、作物施肥关键技术研究和集成试验,提出黄岩主要作物绿色高效施肥技术模式,并建立核心示范区。示范区内化肥施用量符合"定额制"限量要求,氮肥利用率提高 10%,作物平均增产 3% ～ 5%,面源污染贡献率降低 30%,平均节本增效 5% ～ 10%。水稻、茭白和柑橘的绿色高效减肥技术应用试验实施地点分别位于院桥镇、头陀镇和宁溪镇,示范区面积分别为 1 000 亩、2 000 亩和 500 亩。

二是绿色防控与综合减药技术应用。筛选引进南方优质茭白、水稻新品种,开展绿色安全稻田周年轮作与栽培、天敌培育工厂、罗幔杨梅绿色栽培、生态工程绿色防控等技术试验,提升茭白、水稻、柑橘和杨梅农产品品质。绿色安全稻田周年轮作与栽培技术试验实施地点安排在台州市曦禾生态农业发展有限公司种植基地内,水稻种植面积约500 亩;生态工程绿色防控试验示范实施地点位于黄岩头陀镇溪头片 2 000 亩连片茭白基地和院桥镇水家洋 1 000 亩水稻基地;柑橘(黄岩蜜橘)实施地点为澄江街道山头舟村柑橘博览园教育实践基地,品种以本地早为主,面积 100 亩;柑橘天敌培育工厂实施地点为台州市黄岩区头陀镇,占地面积约 2 亩;罗幔杨梅绿色栽培技术试验实施地点在黄岩区院桥镇苏楼村和屿头乡联一村,杨梅核心区种植面积共 100 亩,罗幔杨梅 2 000 株以上。

三是废弃物处理与资源化利用技术应用试验。通过遴选符合畜禽、水产养殖废弃物和农作物秸秆废弃物快速发酵腐熟的堆肥装置,开展高效快速堆肥试验,实现畜禽粪便、秸秆废弃物等的快速发酵与无害化处置。针对养殖场臭气、畜牧水产养殖污(尾)水开展源头和过程减排、末端处理的养殖场臭气综合治理与风险因子阻控、深度处理技术应用，开展畜禽养殖场臭气综合治理、养殖污水深度处理与提标改造、山塘水库养殖尾水原位处理等技术试验，实现场界恶臭明显下降和污水出水稳定达标且回用。畜禽养殖场臭气综合治理、养殖污水深度处理与提标改造技术应用试验在台州富发生猪养殖有限公司（富山乡英盟村）和台州市黄岩能信生猪养殖场（南城下洋山村）2个养殖场内集中开展。高效快速堆肥技术应用试验在以头陀镇新下岙村（头陀镇溪头片）为中心的2 000亩茭白连片种植基地开展。山塘水库养殖尾水原位处理技术应用试验在下水龟水库（库容108万方、面积159亩）开展。

　　四是绿色生产数字化技术提升应用试验。以茭白、柑橘、水稻和畜禽、水产养殖为绿色生产数字化技术应用试验产业载体，依托土壤－植物信息与种养设施环境特征感知技术与装备，动态实时采集农产品（畜禽、水产）生产环境、气象条件、绿色生产管理过程中的各类多源信息，通过数据清洗、处理与分析，建立黄岩绿色生产土壤耕地本底数据中心。通过构建服务于茭白、柑橘、水稻和畜禽、水产养殖等农作物生产管理的区域化肥绿色（减量）数字化推荐系统、病虫害绿色防控监测信息系统、蜜橘全程绿色生产标准化与品质监测预警评价系统及畜禽、水产和果园绿色养殖/种植精准数字化系统等，实现农产品绿色安全生产数字化应用的深度推广与提升，促进农产品提质增效。绿色生产数字化提升技术试验面向黄岩全域17.7万亩耕地，进行土壤本地环境数据采集、处理和建库，实现区域化肥减量潜力估算和秸秆资源回收利用；对于重点区域则陆续开展病虫害信息监测、全程绿色标准化生产数字化应用以及水产养殖污水智慧监管数字物联网应用示范等。

3. 开展农业绿色发展长期固定观测

　　黄岩区围绕化肥、农药应用对农业生态环境的影响研究，对土壤、水质、农作物产量变化等开展长期监测。2022年，依据"全国农业绿色发展先行先试支撑体系试点县"创建标准，按照有机构、有人员、有仪器设备、有试验用地、有运行经费的"五有"标准，建成"4+5+1+1"模式（4个分站、5个监测点、1个检测中心、1个数据中心）的农业绿色发展黄岩观测试验站（国家级）。截至2022年底，观测试验站已开展了水稻、茭白、柑橘等不同施肥管理试验20余个，获得水、土、气以及畜牧、病虫害等观测数据约181.41万条，数据实时上传国家平台，为绿色技术集成创新提供依据和"阈值"。

　　一是土壤－植物营养监测。针对水稻、茭白、柑橘等黄岩区主要作物，以土壤学、植物营养学等学科为核心，根据农业绿色发展需求，针对区域农业生产存在的关键性问题，以耕地物质循环过程、土壤退化机制与阻控、地力提升、土壤质量演变与监测等为重点方向，建立长期连续稳定的监测站点，开展长期、系统的定点观测，通过获取农业生产原始资料和基础数据。水稻、茭白和柑橘监测点分别位于院桥镇梁湖桥村临湖农业机械化专业合作社、头陀镇新下岙村良军茭白专业合作社和澄江街道山头舟村柑橘博览园教育实践基地。观测、监测指标主要包括气象、水分、土壤和生物等基础指标和绿色发展动态指标。土壤样品在作物收获后采集1次；农产品在作物收获时采集1次，并且避免在施用农药、化肥后立即采样。

二是畜禽养殖监测。以黄岩区内典型、养殖规模较大的生猪和蛋鸡为观监测对象，按照三级分类指标，开展生猪和蛋鸡品种、养殖、粪污和有害气体等方面的数据观监测，包括畜禽种质和生产指标、饲料营养成分与转化指标、养殖数据指标、畜禽粪便成分变化监测指标、畜禽污水和臭气成分变化监测指标等。2个长期观测站点分别设置在南城街道下洋山村的能信生猪养殖场和头陀镇分水村的丰水畜禽养殖有限公司（鸡场）。

三是土壤污染重点监管单位土壤环境监测。将重点工业园区和重点单位土壤环境监测要求纳入环境监测年度工作，由生态环境部门按要求制订所有重点单位土壤（地下水）监测方案（明确点位布设、监测频次、检测指标、数据分析等要求），并及时上传"全国排污许可证核发系统"。坚持"防控治管"四位一体和多污染要素协同防治，推动涉土源头精准防治。截至2022年底，辖区内受污染耕地安全利用率达93%以上、污染地块安全利用率达95%以上、土壤污染重点监管单位规范化管理覆盖率达80%以上；重点工业园区和地下水污染严重在产企业管控和治理全面启动；全区畜禽养殖资源化利用率91%，农村生活污水处理设施行政村覆盖率92%以上，农村黑臭水体治理率100%。

4. 探索多种农业绿色发展模式

在推进绿色农业发展中，黄岩因地制宜探索出多种类型农业绿色发展模式。主要有"肥药双控"模式、农业废弃物资源化综合利用模式、生态循环发展模式、全产业链标准化发展模式、一二三产业融合发展模式和生产、生活、生态"三生"融合模式等。"肥药双控"不仅能提高精确施肥与用药技术，促进化肥、农药合理使用，还能进一步确保农产品质量，是黄岩从源头控肥控药、发展绿色农业的一大抓手。"肥药双控"模式包括"自然生草 + 绿肥""果 - 沼 - 畜"、测土配方施肥、水肥一体化等几种类型。农业废弃物资源化综合利用模式包括畜禽养殖废弃物再利用模式、秸秆综合利用模式和农业包装废弃物综合利用模式。生态循环发展模式主要有种养结合型模式，如"稻田 + 鱼""茭白 + 鱼、鸭、蟹、甲鱼 + 丝瓜""桃 + 鸡、鸭、鹅"等，生态循环复合型模式，如"养殖场废弃物 + 水田 + 田鱼"等。全产业链标准化发展模式涉及柑橘、东魁杨梅、双季茭白、高山蔬菜和番茄果蔗等五类农产品。三产融合发展模式推动了柑橘、杨梅等产业与第二三产业的深度融合，有效提升了农民的收入水平。"三生"融合模式让有数百年历史的屿头乡沙滩村凭借乡村旅游重焕生机。

（二）引导农业主体绿色技术应用

近年来，黄岩区紧紧围绕"质量兴农、绿色兴农、品牌强农"的宗旨，以国家农产品质量安全县创建为抓手，从健全完善农产品质量安全监管网络、深入开展农产品质量安全整治、大力推进生态循环发展绿色农业、强化检测水平、提升监管能力、健全社会化服务体系等举措入手，保障提升农产品质量，守护群众"舌尖上的安全"，取得了一系列突出成效。

1. 引导新型农业经营主体率先运用绿色生产技术

一是制定农产品绿色生产的地方标准。通过集成绿色生产技术，形成规范性文件，指导绿色种养。截至 2022 年底，黄岩区已制定《茭白生产标准综合体》等省级团体标准和地方标准 17 项。此外黄岩还制定了不少区级标准，例如针对东魁杨梅制定的《黄岩东魁杨梅　第 1 部分：产地环境要求》[DJG331003/T 15.1—2018（2021）]、《黄岩东魁杨梅　第 2 部分：生产技术规程》[DJG331003/T 15.2—2018（2021）]、《黄岩东魁杨梅　第 4 部分：贮藏和运输》[DJG331003/T 15.4—2018（2021）]、《罗幔杨梅生产技术规程》[DB3310/T 21—2018（2020）]等区级地方标准，以此为基础构建东魁杨梅全区制绿色生产模式。

二是注重示范基地的建设。该区围绕水稻、柑橘、茭白、杨梅等主导产业，结合全国农业绿色发展先行先试支撑体系建设，推出农作物绿色高效施肥等模式 17 套，打造绿色技术核心试验区 9 个，应用试验示范面积累计达 3 万亩，建成省级低碳生态农场 3 家，省级化肥减量增效（化肥定额制）示范方 4 个，省级农作物病虫害绿色防控（农药定额制）示范区 2 个，草莓、杨梅、茭白"一品一策"示范基地 19 个，农业标准化生产实施面积达 15.6 万亩。其中黄岩茭白生产模式入选农业农村部 2021 年全国 51 个农业绿色发展典型案例之一。通过示范引领和辐射带动，稳步扩大生产规模，着力提升产业效益。

三是扶持培育规模生产主体。黄岩区积极鼓励引导规模生产经营主体开展"三品一标"、良好农业规范、生态原产地等认证，积极推进省级农业标准化示范县建设，发挥"三品"认证和地理标志农产品的品牌效应，打造出一批"安全、优质、营养、健康"的农产品。以黄岩蜜橘生产为例，黄岩区扶持培育了 50 家柑橘规模生产主体，授权使用"黄岩蜜橘"地理标志，形成主体数据库。通过推广"地理标志农产品 + 农业经营主体 + 农户"的新型农业产业化模式，开展全域农产品质量安全责任保险，扶持做强做优一批黄岩蜜橘农产品地理标志生产主体，全面提高主体的组织化程度、市场开拓能力。

四是实施智慧化监管。食用农产品合格证是指食用农产品生产经营者对所生产、经营食用农产品自行开具的质量安全合格标识，本着"谁出具、谁担责"的原则，要求生产主体对自己生产的农产品质量安全负责。2016 年底，黄岩区被列为浙江省食用农产品合格证工作试点县，率先建成了全省首个农产品质量安全追溯系统，实现区级农产品质量安全追溯平台与省平台的无缝对接。消费者通过扫描农产品合格证上的二维码，可即时查询该款农产品的生产基地基本信息、产品信息、用药（显示农药安全间隔期和最近一次使用情况）、检测及配送信息等，实现食用农产品产销可追溯。截至 2022 年底，黄岩区累计发放各类合格证 162 万余张，全区 238 家规模以上生产经营主体实现农产品产销可记录、流向可跟踪、信息可查询、责任可追究，标识率 100%，追溯率 100%。

2. 鼓励中小农户逐渐采纳绿色农业技术

一是政策端驱动，实现财政精准式滴灌。为鼓励有长期稳定务农意愿的小农户稳步扩大规模，采用绿色农业技术，开展标准化生产，黄岩区出台农资购买实名补贴等"肥药双控"奖补政策，对冬绿肥种子、杀虫灯、性诱剂等实行全额补贴；对菜籽饼、有机肥、配方肥、矿物油乳剂等绿色农资实行差额补贴。另外还出台了粮食、水果等产业发展扶持政策意见，针对新品种的研发、新技术的推广进行奖补。为引导黄岩全区农户进行病虫害绿色防控，保障果品质量安全，仅2017年黄岩区就投入了300多万元购置了2 200多盏太阳能杀虫灯。2021年，黄岩区出台"县级示范性植保服务组织"认定办法，从组织建设、服务能力、工作成效等方面对开展农作物病虫害专业化统防统治等植保社会化服务组织进行打分，对服务散户比例高或为整村整乡服务的组织增设加分项。

二是开展省市级高品质绿色科技示范基地建设。黄岩区着力推进省、市级高品质绿色科技示范基地建设，区财政对新认定的省级现代农业科技示范基地给予20万元补助。截至2022年底，黄岩区累计创建了19家省市级高品质绿色科技示范基地，其中，临湖农业机械化专业合作社获浙江省最美农业绿色防控示范区，后园果业专业合作社获浙江省绿色食品认定主体；台州绿沃川农业有限公司列入全国食用农产品合格证试点工作会议的参观现场，台州田苑农业科技有限公司列入全省首批数字农业工厂试点单位。

三是全面落实责任农技制度，每年开展农技人员"三服务""五联五送"等科技入户活动，区级产业技术团队专家指导不少于5次。截至2022年底，全区累计建成省级农业科技示范基地25处，每处基地开展技术展示示范、农民教育培训不少于4次，培育科技示范主体658个，以典型示范带动全区农业绿色发展。

四是实施品牌化战略推广绿色农业技术。黄岩区打破行政区划界限和产业界别，由属地党组织牵头，串联机关、村居、企业和农户等，高效对接企业生产需求与乡村资源要素，推动项目投放从"散装放养"变为"精准统筹"。积极推行品牌化战略，通过"企业+合作社+农户"形式，按照一定的标准规范，组织农民从事绿色农业生产，进行统一加工、包装、销售，打造"乡（土）字号"农渔品牌，以品牌化提升农产品附加值。

3. 建立健全农业科技社会化服务体系

黄岩区支持小农户运用优良品种、绿色技术、节能农机等发展智慧农业、循环农业等现代农业，为小农户开展统耕统收、统配统施、统防统治等社会化服务，不断拓宽社会化服务体系，降低农业生产经营成本。

一是提升基层农业综合服务质量。对基层农业公共服务中心公益性职能事项进行全面梳理，突出综合性服务，因地制宜制定一套适合本地农技推广现状的公益性职能清单。全面履行基层农业公共服务中心"3+X"职能，重点做好普惠性的农技推广、动植物疫病防控、农业政策宣传、农业信息服务和农业保险等公共服务。在农业大镇，开展农技推广联盟派驻农业服务中心活动，推动联盟服务与基层农业公共服务互促共进、融合发展，提高农技推广服务的针对性和实效性。全面落实责任农技制度，开展农技人员"联项目、联村、联社、联基地、联大户"科技入户活动，发挥基层农业公共中心服务效能。

二是制定完善政府购买服务具体清单和相关政策，加大政府购买动物强制免疫服务、病虫害防治等农林水公共服务力度。开展政府购买农业公益性服务，积极推广合作式、托管式、订单式等服务形式。开展对社会化服务组织的认定工作，并对达标者予以补贴奖励。2021年，黄岩区出台"县级示范性植保服务组织"认定办法，从组织建设、服务能力、工作成效等方面对开展农作物病虫害专业化统防统治等植保社会化服务组织进行打分，截至2022年底，已有5家县级示范性植保服务组织通过认定，分别给予奖励补贴。

三是推进农合联承接农民技能培训、气象信息服务等涉农公共服务事项，开展农业社会化服务，加快形成集生产、供销、信用"三位一体"服务功能于一体的综合性、规模化、便利化、可持续的新型农业服务体系。采取财政扶持、信贷支持等措施，加快培育农业经营性服务组织，提升其服务能力和市场竞争力。

四是重点打造装备设施先进、服务链条完整、要素保障有力、运行管理规范、规模效益良好、示范引领明显的农事服务中心，充分发挥保障农业生产、农机抗灾救灾、区域农机余缺调剂等重要作用。2021年建成1家集水稻集中育秧、稻谷烘干、病虫防治、机械化作业于一体的高标准农事服务中心和1家集成环境调控技术、施肥灌溉技术、信息管理技术贯穿种苗培育过程的工厂化育苗服务中心。

五是推进"互联网＋农技服务"，夯实信息服务平台。一方面，积极开展农技推广信息化平台应用，2022年发展农民信箱用户5.14万户，203名农技人员全部安装农技推广App、使用率达100%，建立水果、粮油、蔬菜、畜牧、中药材等技术服务微信群，综合发布农业科技服务信息620多万条次，开展农业咨询服务2 100多人次。对农技推广补助项目实行信息化管理，技术推广、基地示范等实施情况即时在线填报，对外展示项目成果。另一方面，依托产业技术团队，发挥首席专家的引领带动作用，利用农民信箱、12316平台、团队微信群、手机App等现代信息技术与装备，创建集专家教授、农技人员、农民技术员、生产主体于一体的线上"农技云"平台。为现有团队专家、农技人员配备移动终端，将农技云平台向上延伸至省市团队，向下延伸至区级示范性农业经营主体，强化农技专家信息服务制度，及时高效开展信息化服务。此外，黄岩区还陆续推进区农业农村局信息进村入户试点工作，整合部、省及本区农业科技信息服务平台，延伸乡村信息服务网络，建成300个益农信息社，开展益农信息综合服务。

三、绿色人才队伍建设

（一）健全基层农技推广服务体系

黄岩区以省部共建乡村振兴示范县和全国农业绿色发展先行先试支撑体系试点县建设为契机，深化基层农技推广体系改革创新，按照"筑平台、强队伍、创机制、优服务、出成效"的建设思路，全力推进农技推广体系改革创新。

1.加强基层农技推广机构建设

黄岩区深入开展基层农技推广体系改革与创新，着力构建体系全、机制活、功能强、服务优的"一主多元"农技推广服务体系，保障必需的试验示范条件和技术服务设备设施，加强绿色增产、生态环保、质量安全等领域重大关键技术示范推广。

一是引才、育才、管才并举，进一步优化人才队伍。采取"定向培养 + 定向招聘 + 单招单考"模式，吸引具有较高素质和专业水平的青年人才进入基层农技推广队伍。要求将中西部六乡农技人员全部实行定向培养，累计培养农技人员 18 名，面向优秀大学生村官定向招聘 21 名，单招单考农业研究生 13 名。坚持"精品项目、精准对象、精新内容、精致平台、精细管理"原则，深化"精准培训"，量化目标要求，培育"一专多能"复合型农技人员。2022 年，全区有首席专家 7 名、农技指导员 37 名和责任农技员 102 名。19 个乡镇街道农业综合服务中心的在编农技人员共 128 名，占核定编制总数 136 人的 94%，实施定向培养基层农技人员 1 名，累计培养 16 名，优化了基层农技队伍。结合基层农技推广机构条件建设，19 个乡镇街道农业综合服务中心已全部配备必要业务用房和仪器设备，使用"中国农技推广"标识，每年还及时对乡镇的检测设备进行更新，以提高农产品检测能力。

二是激励社会化农技人员参与农技服务。一方面，组建粮油、蔬菜、水果、畜牧、林业、渔业、中药材等七个产业技术团队，围绕黄岩蜜橘化肥定额制技术、稻渔综合种养技术、生猪良种繁育技术开展研究，实施双季茭白同单季茭白品种轮作模式和甘平柑橘裂果预防与优质栽培技术的实验与示范。这些团队主要由浙江大学教授博导、浙江省农技推广中心研究员、浙江省农业科学院研究员、浙江省农业厅经作站研究员以及黄岩区果树推广总站的专家担任顾问，同时吸纳了乡农业综合服务中心和台州农资公司的技术人员作为专家成员，还有部分果树专业合作社的乡土专家也参与其中。此外，还筛选了 26 个农业经营主体的骨干技术人员加入团队。另一方面，培育农民大学生、农创客、经营主体带头人等高素质农民 300 人，认定农业优秀科技示范户 100 人，组织 496 位农民技术员加入村级动物防疫员、植保员和农产品质量监管员队伍。形成了以国家公益性农技推广机构为主导，以社会化农技推广组织为重要力量，农业科研教育等单位和涉农企业广泛参与，分工协作、服务到位且充满活力的多元化新型农技推广体系。

三是示范推广农业优质绿色高效技术。在春耕备耕等关键农时季节，组织农技人员开展"三联三送三落实"科技下乡和青年农技人员助力春耕"三服务"活动，共发放技术和宣传资料 8 000 多份，指导农户 1 800 多人次。推介发布黄岩区 2022 年主导品种 75 个和主推技术 45 项。农业优质绿色高效技术年应用面积逐年增加，其中：①水稻"两壮两高"栽培技术，年应用面积 3.5 万亩；②粮食机械化技术，年应用面积 6.6 万亩；③水稻精确定量栽培技术，年应用面积 5.0 万亩；④早稻早播早栽促早熟增产技术，年应用面积 0.6 万亩；⑤测土配方施肥和农药安全合理使用技术，年应用面积 35.0 万亩次；⑥蔬菜微灌及水肥一体化技术，年应用面积 0.82 万亩；⑦蔬菜肥药减量增效技术，年应用面积 3.0 万亩；⑧山地蔬菜绿色高效栽培技术，年应用面积 0.27 万亩；⑨茭白秸秆堆肥与还田技术，年应用面积 0.1 万亩；⑩设施蔬菜连作障碍防控技术，年应用面积 0.6 万亩；

⑪ 杨梅网室避雨栽培技术，年应用 6.2 万株；⑫ 水果增施有机肥、绿色防控、大棚设施栽培技术，年应用面积 5.8 万亩；⑬ 高效笋竹两用林培育技术，年应用面积 1.0 万亩；⑭ 畜禽排泄物综合治理技术，年应用 23 万头（只）；⑮ 规模养殖场疫病综合防控技术，年应用 18 万头（只）；⑯ 中药材绿色生态化生产技术，年应用面积 0.5 万亩；⑰ 稻渔综合种养技术，年应用面积 0.1 万亩。

2. 创新农技推广机构管理机制

黄岩区农技推广队伍由区、乡两级组成，包括农业技术推广中心、果树技术推广总站等 9 个区级推广机构和 19 个乡镇街道农业综合服务中心。2013 年，黄岩区就上线运行了基层农技推广体系管理信息系统，对全区的农技推广机构和农技人员实行规范化、动态化、信息化管理，确保区委、区政府和农业部门及时掌握农技推广体系运行动态，客观评价各项工作，为完善政策和健全制度提供精准的参考和依据。近年来，黄岩区积极创新农技推广机构管理机制，将绿色技术、数字技术推广服务成效纳入责任绩效考评指标体系。

一是强化组织领导。为此，黄岩区建立了"基层农技推广体系改革与建设补助项目"领导小组，设立项目实施组负责项目建设的全过程以及建设资金的落实使用和监督管理。农业农村局业务科室、农业技术推广站、乡镇（或街道）农业办公室和示范基地三级联动，分工负责，做好相关工作。

二是做好项目管理。做好示范基地、示范主体等申报工作。同时，建立项目实施档案，如实填写《技术指导员手册》和《科技示范主体手册》，树立农业科技示范基地（高品质绿色科技示范基地）标牌，统一制作示范主体标识牌。将示范基地、科技示范主体等资金补助信息在一定范围内进行公示，加强项目资金使用管理，确保专款专用。

三是强化团队指导。加强与省农科院等科研院校的合作，继续抓好团队建设，强化目标管理和资金支持，积极发挥团队省市农业专家、区乡农技骨干和乡土人才等成员优势和在项目实施过程的核心作用，建立产业技术团队联系指导农业"两区"、科技示范基地和科技示范主体制度，帮助解决项目建设中的各类问题，促进项目顺利实施。

四是强化绩效考评。制定项目实施意见，明确项目实施的目标、内容、责任以及资金使用要求，保证项目实施工作的有序开展。对产业技术团队、技术指导员、高品质绿色科技示范基地、科技示范主体进行综合评价，将考核结果与下一年度项目实施相挂钩，充分调动农技人员、科技示范基地和科技示范主体的工作积极性。

（二）培育和壮大新型农业经营主体

黄岩区充分发挥新型农业经营主体对市场反应灵敏、对绿色新品种新技术新装备采用能力强的优势，立足于区实际情况，积极培育和壮大新型农业经营主体，并且从中遴选示范主体，开展多种形式的农业科技服务。规模经营和多元化的新型农业经营主体逐渐成为推动农业绿色发展和实现乡村振兴的中坚力量。

1. 支持发展家庭农场和农民专业合作社

一是推进家庭农场整体提升区的创建工程。自 2013 年中央 1 号文件正式提出培育和发展家庭农场以来，这一新型农业经营主体在黄岩区快速成长。截至 2022 年底，全区共有家庭农场 491 家，区级及以上示范性家庭农场 56 家，其中市级 55 家，省级 14 家。黄岩区致力于创建家庭农场整体提升区，大力培育规模适度、生产集约、绿色生态、管理先进、效益明显的现代家庭农场，对家庭农场在品牌创建、市场营销、标准生产、质量安全、产业发展等方面给予支持。加强家庭农场农产品质量安全，推广食用农产品合格证制度，推进主体绿色化生产，鼓励有条件的家庭农场开展品牌建设。鼓励家庭农场采用"三品一标"认证，开展标准化生产，实行农产品标准化生产绩效评价，提升生产经营水平。

二是发挥农民专业合作社在农业绿色发展中的示范引领作用。台州是我国农民专业合作社的发祥地，历年来政府部门对农民专业合作社的发展都非常关注。在地方政府部门的支持下，黄岩区的农民专业合作社呈现蓬勃发展的势头，其中多数合作社积极推行产供销一体化，全力做大做强地方特色农业品牌，带动不少农户走向了脱贫致富路。截至 2022 年底，全区共有农民专业合作社 597 家，市级及以上示范性农民专业合作社 39 家，其中省级 8 家、国家级 2 家。台州市黄岩官岙茭白专业合作社位于黄岩区北洋镇官岙村，现有成员 103 人，农民占比 100%。合作社带动非成员农户 156 户，建成核心示范基地种植面积 400 多亩，辐射周边村庄面积近 800 多亩，2021 年被评为国家级示范社。合作社出产的"清水牌"双季茭白荣获浙江省农博会金奖，探索出了一条"内联外引"的"茭白种植连销"之道。

三是出台扶持家庭农场和农民专业合作社的政策。对于完成创建的省级示范性家庭农场，每家给予以奖代补资金 1.5 万元；完成创建的市级示范性家庭农场，每家给予以奖代补资金 1 万元。对于完成创建的省级示范性农民专业合作社，每家给予以奖代补资金 2 万元；完成创建的市级示范性农民专业合作社，以市农业局文件为准，每家给予以奖代补资金 1 万元。

2. 发挥农业产业化龙头企业的引领作用

一是注重农业龙头企业梯队式培育发展。截至 2022 年底，黄岩区共有区级以上农业龙头企业 17 家，其中国家级 1 家（浙江黄罐食品股份有限公司），省级 4 家，市级 11 家，区级 1 家。浙江台州一罐食品有限公司是浙江省省级骨干农业龙头企业，是集水果原料种植、罐藏食品研发、加工生产、工艺品质管控及销售于一体的农产品深加工企业，拥有自营进出口权。近年来，黄岩区依托台州一罐食品有限公司这一农业龙头企业，培育省级产业化联合体，建立"龙头企业+家庭农场+专业合作社"的利益连接机制，实现了柑橘、杨梅、枇杷等优势农产品的全产业链建设。《涅槃重生，助力黄岩"中华橘源"更辉煌——浙江台州一罐食品有限公司发展纪实》入选为浙江省农业产业化龙头企业典型案例。2021 年，为切实做好区级农业龙头企业的认定、运行监测和指导服务工作，进一步提高龙头企业的辐射带动能力，黄岩区农业农村局、黄岩区供销合作社联合社共同研究制定了《黄岩区农业龙头企业认定和运行监测管理办法》。

二是完善农技人员对口精准指导服务机制。结合省市两级高品质绿色科技示范基地建设和"肥药两制"改革试点主体建设，培育粮油、蔬菜、水果、畜牧、渔业等产业100个绿色农业科技示范主体，按照2∶1左右的比例选聘50名农业技术指导员，采取集中培训、分户指导、实地考察、观摩交流等方式，指导农业科技示范主体应用、推广新品种、新技术，提高其学习接受能力、自我发展能力和辐射带动能力。通过"一对一"或"一对多"联系指导，示范带动普通农户开展绿色新品种、新技术、新农机和新模式应用。

三是将部分生产经营型高素质农民培育对象纳入科技示范主体。依托基层农技推广体系建设项目，通过科技入户，推广区主导品种与主推技术，面对面、手把手地进行技术指导，提高示范主体的自我发展能力、辐射带动能力。如台州市黄岩良军茭白专业合作社社长杨良军，自2016年以来，率先实施秸秆堆肥试验等技术，建立了"肥药双控"示范基地，同时带动当地群众开展绿肥还田，年处理鲜茭白秸秆580吨，生产有机肥90吨，折合减少化肥使用量9余吨，有效提高了茭白质量和附近水质。此外，杨良军还创新发展"茭鱼共生"新型生态种养模式，在区农业农村部门的指导下开展茭白套养甲鱼技术研究与示范，有效提高了村民收入。

3. 鼓励社会化服务主体带动普通农户

黄岩区积极创新农业生产社会化服务模式，加快健全农业社会化服务体系，引导小农户广泛接受低成本、便利化、全方位的农业生产社会化服务，带动普通农户发展绿色种养，提供专业化全程化绿色技术服务，集中连片推进专业化、标准化、集约化的绿色高效现代农业生产方式，着力推进服务带动型的适度规模经营，促进小农户与现代农业发展有机衔接。黄岩区的社会化技术服务体系主要包括植保和农技社会化服务组织两大类。此外，黄岩区还通过创新组织设置、发挥党员作用，组建社会化服务组织，帮助农户"创业他乡、服务老乡、回报家乡"。

2021年，黄岩区共有水稻统防统治专业植保服务组织34个，拥有植保无人机、喷杆喷雾机、风送喷雾机、担架式喷雾机等植保机械213台（套），全区主要农作物统防统治面积4.3万亩，统防统治覆盖率达46%。2021年，黄岩区出台"县级示范性植保服务组织"认定办法，截至2022年底，已有5家县级示范性植保服务组织通过认定。

2022年，黄岩区开展社会化服务的组织共有13家农机（粮食）合作社、2家家庭农场、3家农机作业服务公司，入社成员数为93人，其中外地机手12人，拥有驾驶证操作证35人；拥有大中型农机装备315台（套），大中型拖拉机26台，拖拉机配套机具58台，种植机械40台，联合收割机15台，植保机械66台，农用无人机12台，烘干机112台，初加工机械7台，拥有农业机械原值2 350万元；入社经营面积9 455亩，年作业服务面积33 170亩，自身服务面积27 920亩，对外服务面积86 550亩；年经营总收入 2 260 万元，年服务总收入 265 万元，其中田间作业收入 55 万元，烘干收入 134 万元，植保作业服务收入 76 万元。全区共有农机大户 15 户，拥有各类大中型农机具 48 台（套），农业机械原值 452 万元，年服务农户 756 户，年服务面积 23 600 亩，年服务收入 189 万元。

4. 大力发展"地瓜经济"

台州市黄岩区立足农业用地少的区情和中西部省份农业技术薄弱的互补难题，以"跳出浙江发展浙江"为理念，自 1983 年起不断探索打磨外出瓜果产业发展机制，以瓜农抱团作战、"地瓜经济"辐射、数字改革赋能等模式为牵引，创新打造"瓜果天下"场景应用，实现西甜瓜产业生产服务、供销服务、信用服务三方面机制重塑和流程再造，形成了一套瓜农向外输出资本、技术和经验，助力省内外农民共富的新路子。据不完全统计，截至 2022 年底，黄岩区共有 4.3 万名外出农民在各地种植各类瓜果 57 万亩，产值从 2003 年的不足 10 亿元，发展到 2022 年的 100 亿元，回乡投资累计超 30 亿元，有力推动家乡发展。同时带动全国近 10 万群众就业增收。

一是多跨协同，实现生产服务高效集成。建立全链式服务体系。成立"瓜果天下"工作专班，构建政府部门、金融机构、行业协会、第三方服务机构互联互通业务协同模式。出台《扶持黄岩西瓜产业在全国高质量发展的政策意见》，与云南省勐海县共同打造政策性保险"共保体"。探索工业化生产模式。制定规范化的种植生产技术标准，从土地选址、种苗培育、种植操作等方面探索"工业式"标准化生产。通过该模式，预计亩均可增产 5% ～ 10%，成本降低 5% 以上。打造一体化服务机制。随着数字化改革的推进，黄岩区以外出农业为切口，整合对接省市两级公共数据平台、农业农村原有系统、瓜农协会"帮农宝"等数据平台，打造"瓜果天下"场景应用，形成瓜农基础信息、种植技术、土壤、市场行情、技术培训、病虫害信息等大数据库，为瓜农提供从智能选址、农资对接、种植服务到供销对接、信用服务的全链式闭环服务。"瓜果天下"场景应用现有注册用户 10.3 万人，登记种植面积 47.8 万余亩，累计访问量 31.4 万人次；通过平台降低农资采购成本 5% ～ 10%、物流成本 20%、选址精准度提升 70% 以上，贷款利率从 6% ～ 7% 下降至 4% ～ 5%。建设瓜农大楼和现代农业服务中心，汇聚种子、化肥、钢架、薄膜等各类农资经营服务商，实现线上线下"一站式"采购、配送服务。

二是建立市场化运营模式和数字化销售体系。建立"政府 + 运营公司"的市场化运行机制，政府部门重点提供政策支持、专家咨询、法律维权等公益性服务，"国资 + 私企"合资组建"瓜果天下"运营公司开展市场化服务，国有企业以"一票否决权"确保经营方向和数据安全。形成"直销 + 精准化"销售模式。探索以销定产、计划种植的生产销售模式。集采商通过大数据分析，明确西瓜采购需求，指导瓜农按标准生产，并提前锁定销售价格，减少中间环节，实现双赢。同时在 17 个省份的规模以上农业基地建立电商产业中心、农产品冷链仓配中心等平台 100 多个，在 24 个省份建立农资物流配送点

250 多个。构建"数据 + 可视化"溯源体系。建成"一农一码"模块，实现对象和生产过程的可视化、可溯源，确保西瓜品质符合采购商和消费者要求。构建评价反馈机制，采购商和消费者扫码后即可对产品进行评价，并将评价结果纳入瓜农的信用体系中，实现全程可追溯、可评价、有奖罚的闭环服务。

三是加强外出瓜农组织建设。践行"地瓜经济"理念，坚持大本营统筹、小兵团作战原则，把外出瓜农组织起来。台州市黄岩区瓜农协会成立于 2007 年，是由 4 万多外出瓜农自愿组成的非营利社会组织。在此基础上，组建新型瓜农合作经济组织联合会，在全国 23 个省建立联络处，吸纳会员近 4 000 人。2010 年成立瓜农协会党支部，辐射管理着 20 多个省、市、自治区的 500 多名瓜农流动党员。2023 年 8 月，成立区"地瓜经济"农业行业党委，并同步组建综合协调、销售对接、金融保障、农技推广、政策帮扶、司法援助、数字赋能等七大服务组，为全区以西甜瓜种植为核心产业的外出农业产业提供更加规范化、精细化、个性化的服务，有效增强在外瓜农的凝聚力和影响力。

四是提升信用服务数字化水平。逐步建成全国范围的瓜农数据库，将信贷、担保、保险等信用服务数字化，不断积累信用服务的数据资产，并在银行授信方面开发更多产品。收集种植面积、农资采购、诚信供销、还款记录等多维度数据，精准描绘瓜农和市场主体的信用画像。相关数据使用经瓜农授权，大幅降低银行外出尽调成本，贷款利率从 6% ～ 7% 降至 4% ～ 5%。

（三）培养绿色技术推广人才

黄岩区围绕省、市提出的实施"千万农民素质提升工程"的总体目标和要求，根据美丽乡村建设、农业主导产业发展、农民创业创新、农民学历提升等方面需求，分类精准实施劳动力素质培训工程和绿色人才培养。

1. 创新绿色技术推广人才培养模式

黄岩区采取"课堂培训 + 生产实践 + 参观学习 + 跟踪服务""走出去 + 请进来"等高素质农民培育模式，通过以会代训和专题培训相结合、线上和线下相结合的方式，有计划、有步骤地对农技人员进行农业新技术、农产品质量安全、业务能力等方面的培训，不断创新绿色技术推广人才的培养模式，加快培养农业绿色生产高素质应用型人才。

一是异地组织更新培训。2022 年采取"1+N"办班模式，即异地组织举办 1 个农业科技现代化暨科技创新人才培训班，同时选派人员参加省培训基地为期 5 天的专业知识更新培训，共 69 名基层农技人员参加，其中培育副高级（含）以上专业技术职称、具有较高知名度和专业技术权威的在职基层农技推人员 5 人以上，参加人员均已建立培训档案。参加培训人员总数占在编农技人员三分之一以上。同济·黄岩乡村振兴学院和浙江农艺师学院携手，培育省市级新农匠 14 名、市区级农技标兵 31 名，朱利宾入选省高素质农民培育优秀学员案例，张胜荣获省乡村振兴共富带头人"金牛奖"。

二是远程知识更新培训与送教上门相结合。鼓励农技人员利用中国农村远程教育网"农科讲堂"加强学习，提高业务水平。2021年共组织培训12期2 120人次。针对黄岩区西部山区出行不便导致部分群众培训意愿不高的实际情况，在农业特色产业集中村采取"送教上门、整村培训"的新模式，开展农家乐从业人员、农业领军人才等农村实用人才培训，有效激发了群众的参训热情。

三是加快建设高素质农民培训实训基地和农民田间学校。截至2022年底，黄岩区有全国高素质农民培育示范基地1处（台州绿沃川农业有限公司）；省级农民田间学校3家（台州绿沃川农业有限公司、台州市蓝之美农业科技有限公司、台州市中德农场有限公司）；市级高素质农民培训实训基地和农民田间学校4家（台州绿沃川农业有限公司、台州市蓝之美农业科技有限公司、台州市中德农场有限公司、黄岩澄江中国柑橘标准果园）。依托临湖农业机械化专业合作社、黄岩区中小学素质教育学校、后园果业专业合作社等5处省市级高品质绿色科技示范基地，开展观摩培训29次，合计3 183人次。高桥街道"米面小镇共富工坊"引入浙工大团队为农户开设米面制品现代化生产课程。分批组织农民到这些实训基地和农民田间培训学校及绿色科技示范基地学习好的经验和做法，有助于农民转变观念，提高生产、管理技能。

四是推进农技推广在线服务，充分利用移动互联网工具，组建集专家教授、农技人员、农民技术员、生产主体于一体的线上"朋友圈"，引导推动广大农技人员、专家教授等，通过中国农技推广App、微信群、QQ群、短视频、直播平台等，在线开展业务培训、问题解答、咨询指导、互动交流、技术普及等农技在线服务。

2. 培养新型农业经营主体带头人

黄岩区依托基层农技推广体系建设项目，将部分生产经营型高素质农民培育对象纳入科技示范主体，通过科技入户，推广区主导品种与主推技术，增加农业绿色生产技能培训课程，强化绿色发展理论教学和实践操作，面对面、手把手地进行技术指导，示范主体的自我发展能力、辐射带动能力得到大幅度提高，他们带头广泛应用新品种、新技术，辐射带动周边农户科学规范化生产。在开展农民培训过程中，一批科技示范主体脱颖而出，在当地主导产业发展中发挥了积极的辐射带动作用。

一是高标准选育"头雁"。培养项目重点招收以村党组织书记为主的村干部、新型农业经营主体带头人为主的产业人才，采取累计一个月集中授课、一学期线上学习、一系列考察互访、一名导师帮扶指导的"四个一"培育模式，持续开展帮扶指导。对培养对象开展定制化、体验式、孵化型培育，重点围绕政治理论、政策法规、专业技能、调研实践开展培训，并通过结对帮扶、技术指导、政策咨询等形式辅以成果转化、技术推广、经营服务、创业支持等长期跟踪服务。

二是组建百名专家智库下沉合作。黄岩区农业农村局不断深化与同济大学、浙江大学、省农科院等高校院所的校地合作，组建乡村振兴专家智库，构建"1个省农科院专家

团队 +1 个黄岩区产业技术团队 + 若干个农业基地科技示范主体"的"一链一团队"服务模式，通过科技特派、专家蹲点等形式，浙江省农科院 20 多个研究团队共 80 余名专家下沉黄岩，与 7 支区级产业技术团队的 98 名本土专家联动，携手推进农业绿色生产关键技术攻关，加快农业绿色科技成果转化。

3. 打造农村劳动力素质提升体系

围绕农业农村部"高素质农民培养计划"和浙江省、台州市提出的实施"千万农民素质提升工程"的总体目标和要求，黄岩区根据新农村建设、农业主导产业发展、农民创业创新、农民转移就业、农民学历提升等方面需求，依托高素质农民培育计划，组织实施劳动力素质培训工程，加大绿色技术培训力度，提高绿色生产技术水平。

一是构建全方位的农村劳动力素质培训体系。黄岩区的农民素质提升培训内容包括高素质农民培训、农村实用人才培训、农民中专生培训和普及性培训，以此建立贯通到乡村末端的素质提升体系，形成增大增强高素质农民群体的整体合力。高素质农民培训旨在通过开展系统化的培训课程、技术指导和实地考察，提高农民的综合素质，培养一支具备专业技能和创新意识的农民队伍，为推动农业现代化和乡村振兴提供人才保障。农村实用人才培训是为了推动农村经济的发展，提高农村居民的生活水平，促进农村社会的进步。农民中专生培训旨在统筹推进农民学历和专业能力提升，提高乡村人才培养的针对性和精准性。普及性培训是指智能手机大培训，针对老年人等不熟悉智能手机使用的群体，帮助他们更好地融入数字化生活，为智慧农业的推进奠定基础。通过构建完整的农村劳动力素质培训体系，全面推进乡村振兴领军人才（头雁）、高素质农民和农村实用人才等乡村人才的队伍建设，为黄岩区建立结构合理、素质优良的乡村人才队伍和机制完善、充满活力、富有效率的人才支撑体系提供充分的保障。

二是因需办班，满足产业发展需求。各相关部门各司其职，打通并汇聚涉农产业数据，共同推进高素质农民群体提升工作。聚焦"宜工则工""宜农则农""宜旅则旅"，围绕当地产业用工需求、特色农业产业、乡村文旅、农村电子商务、抖音直播等，分专业、分领域、分环节培育一批以农村实用人才、能工巧匠、乡村事业和产业带头人为主体的高素质农民群体。以高素质农民培训为例，2021—2022 年围绕柑橘红美人、杨梅、葡萄三个特色农产品开办了 2 期培训班，完成培训 88 人。针对劳动力市场的结构特征与需求不符的问题，黄岩区及时贴近市场需求开展对口培训，2020 年的农村实用人才培训开设了以水稻、葡萄、茭白、西（甜）瓜、水果、乡村振兴、农家乐、网络直播专项技能、旅游服务、农业经济管理、休闲农业等方面为主题的培训班共 16 班次，培训学员 829人。黄岩区的农民中专生培训同样也围绕主导产业而展开，2018 年黄岩区农广校开设了 2017 级果蔬花卉生产技术（食用菌）和 2018 级计算机网络技术二个中专班，在校生共128 名学员（表 5-1）。

三是多方合作，提高培训教学质量。黄岩区以"整合资源、创新机制、提高效益、构建平台"为原则，依托省内高等院校、科研院所、职业技术学校、产研学教点等多种教育资源，构建高素质农民群体的规范化培养平台。一方面，依托台州电大、黄岩电大、浙江省农业广播电视学校黄岩分校等教育平台，按照省、市下达的全年培训目标任务，认真办好大学本科、专科、中专三个层次的学历教育。另一方面，依托台州科技职业学院培训教学设施，邀请浙江大学、省农业农村厅、省农科院、台州科技职业学院、市农业农村局、市农科院、本区和兄弟县（市、区）师资和技术专家团队，讲解主要农作物栽培技术、主要病虫害绿色防控技术、农产品市场营销、农产品质量安全管控、农业法律法规等方面的知识，着力提高农民培训的教育质量。在组织技术培训的同时，建立授课教师随时为农民提供指导服务的机制，积极为学员提供从如何种养到最终受益的一条龙服务。做到短期培训与长期指导服务相结合，实现培训、指导、服务"三位一体"格局。

表 5-1　2017—2022 年黄岩区农民教育培训基本情况汇总

年份	高素质农民			农村实用人才			农民中专生（纯农专业）		
	计划人数（人）	完成人数（人）	完成率（%）	计划人数（人）	完成人数（人）	完成率（%）	计划人数（人）	实际招生人数（人）	完成率（%）
2017	340	355	104.4	—	—	—	40	63	157.5
2018	130	135	103.8	1 246	1 288	103.4	40	65	162.5
2019	120	286	238.3	1 100	1 120	101.8	40	65	162.5
2020	100	117	117.0	780	829	106.3	35	62	177.1
2021	120	138	115.0	770	775	100.6	35	43	122.9
2022	370	254	68.6	400	404	101.0	35	45	128.6

注：不包括参加省、市两级的培训人数。

4.落实高等院校和科研单位的作用

一是首创乡村振兴学院，促进乡村人才振兴。2018 年，全国首家乡村振兴学院——同济·黄岩乡村振兴学院在黄岩区成立，该学院是集乡村振兴理论研究、实践探索和教育培训"三位一体"的综合性学习教育平台。乡村振兴学院在管理方面采用"黄岩＋同济"双主体制，学院由同济大学和黄岩区委主要领导担任"双主任""双院长"，由同济大学教授、博士生导师和 21 名本土专家组成教学团队，开发出 20 多个课程，提供 10 余个现场教学点，基本覆盖省市县乡村各级人员培训与教学需求。在校区建设方面也是"乌岩头＋沙滩"双核心共建，南、北两个校区分别选址在乌岩头村和沙滩村。其中教学区设有媒体教室 3 个、学术报告厅 2 个，可容纳 330 人。

二是建设科技小院，助推乡村振兴。科技小院是集科技、农业和教育于一体的新型农业科技示范园区。2023 年，黄岩蜜橘科技小院入选"中国农村专业技术协会科技小院"。黄岩蜜橘科技小院设立在台州田苑农业科技有限公司（以下简称"田苑农业"），田苑农业在黄岩区宁溪镇岭根村建立了占地近 200 亩精品柑橘现代示范园，已搭建高标准连栋大棚 110 亩，初步搭建了智慧物联网系统，并已建立了红美人高效栽培体系。田苑农业与浙江大学环境与资源学院农业化学研究所、台州市黄岩区宁溪镇人民政府三方合作建立了浙江黄岩绿色数字柑橘实验室，实验室斥资近千万购置了不少大型实验仪器，实验室相关的配套设施齐全，还建有学生住宿楼、专家楼和培训中心等，可为学生的科研实践和农民的培训提供支持。2022 年，田苑农业获批设立省级博士后工作站，这也是黄岩农业领域首家博士后工作站。黄岩区按照"科协领导、高校实施、教师指导、学生长驻、多方支持"的工作方式建设科技小院，调动广大农业高校师生和农科院所科技人员的积极性，为广大农民提供产业技术服务，努力推动实现建设农业强国要求的"增产、提质、节本"目标。

5. 鼓励科技特派员引领农民增收致富

科技特派员是指经地方党委和政府按照一定程序选派，围绕解决"三农"问题和农民看病难问题，按照市场需求和农民实际需要，从事科技成果转化、优势特色产业开发、农业科技园区和产业化基地建设以及医疗卫生服务的专业技术人员。近年来，黄岩区成立了科技特派员工作领导小组，具体负责科技特派员工作的组织、协调、管理和服务工作，制定出台了科技特派员的政策措施，明确了科技特派员的任务、权责；设立了科技特派员工作专项资金，每年拨付 10 余万元项目、工作经费用于科技特派员工作，对科技特派员主持和参与的农业科技项目，黄岩区级科技计划优先给予立项。

2023 年，黄岩区拥有省市区科技特派员 12 人（省派 5 人、市派 4 人、区派 3 人），科技特派员团队 2 个（茭白设施栽培和竹产业各 1 个），各级财政累计投入 1 556 万元，科技特派员项目累计投入 12 480 万元，创建示范基地 30 处，推广新品种 58 个、新技术 42 项，带动农民增收致富约 1.86 亿元。徐凯是省派驻黄岩平田乡的科技特派员，一直从事果树栽培技术研发，获省级科技进步二等奖等奖励 5 项，担任中国园艺学会杨梅分会常务理事、浙江园艺学会常务理事等。在他的帮助下，村民们陆续掌握了杨梅、猕猴桃、枇杷等果树绿色生态高效栽培技术，为平田乡的果树高效生态栽培模式创新和果业绿色高质量发展提供了技术支撑。

> ── ● **实施农业"双强"行动，跑出农业高质量发展"加速度"** ● ──
>
> 　　2021 年以来，黄岩区聚焦高质量、竞争力、现代化，以提高农业生产效率和效益为导向，实施"科技强农、机械强农"农业"双强"行动，引领农业高质量发展跑出"加速度"，是全省唯一首批入选的"全国农业科技现代化先行县"。
>
> 　　组建农业"双强"行动专班，实行项目清单化推进、闭环式管理，统筹推进重点项目建设。2022—2023 年立项 5 个省级农业"双强"项目，其中临湖粮食全程机械化高标准农事服务中心、年供苗 1 300 万株的灵华工厂化果蔬育苗服务中心 2 个农事服务中心建设项目，绿沃川果蔬农艺农机融合示范试验基地（图 5-2）等 3 个农艺农机融合

示范基地建设项目，总投资达到 1 764.7 万元。

图 5-2　绿沃川果蔬农艺农机融合示范试验基地

实施科技"六大"工程。与省农科院等科研院所开展全方位、多领域合作，实行主导产业"链长制"和技术团队首席专家负责制，联合实施农业关键技术攻关、主导产业科技提升、科技成果转化示范、科技创新平台打造、新型农业经营主体培育、农业科技人才引育等"六大"工程。

加快农机农艺新融合。针对黄岩区林果优势产业的机械化薄弱环节，完善农机农艺协作攻关机制，改进农作制度、栽培养殖模式，大力推进宜机化改造。建立健全农机社会化服务体系，加快粮油、果蔬等产业全程机械化推广应用，打造区域高标准农事服务中心，推动农事服务向区域化、专业化、一站化方向发展。到2025年，建成 5 家农事服务中心、7 处农艺农机融合示范试验基地、3 个山区宜机化改造项目。

主要成效：

■ 发布黄岩区 2021—2022 年度产业重大技术任务清单，实施"揭榜挂帅"重大科技攻关项目 6 个，推进研发茭白小型适用农机装备 4 种，配置柑橘杂交组合 14 个，建成省级低碳生态农场 3 家。

■立足区位特色优势，建设一批集试验、推广、培训于一体的高质量发展科技示范基地。已打造绿色技术核心试验区 9 个，应用试验示范面积 3 万余亩；建成黄岩蜜橘标准化生产示范基地 53 处，茭白全产业链标准化示范基地 3 处。制定省级团体标准和地方标准 17 项，集成农作物绿色高效施肥与减药技术模式 17 套。其中 3 项农业技术在"第二届中国农业绿色发展产业大会"上集中展示。

■建成省级高品质绿色科技示范基地 19 处，省级数字农业工厂 3 家、数字牧场 2 家，全程机械化应用基地 2 处。"瓜果天下"应用系统在全省推广。黄岩茭白生产模式入选农业农村部 2021 年全国农业绿色发展典型案例，"连栋大棚叶类蔬菜 DFT 栽培模式"入选农业农村部 2022 年设施蔬菜机械化生产先进模式。

■与高校院所合作搭建农业科技研发创新平台，建成国家农业绿色发展观测黄岩试验站、中国黄岩蜜橘种源研究中心、中国杨梅科创中心和黄岩田苑科创中心。

■建设"政产学研用"优势资源集聚融合的创新联合体。2022 年，黄岩被列为浙江省第二批家庭农场整体提升试点县，培育市级及以上示范性家庭农场 55 家、农业龙头企业 17 家、农民专业合作社 39 家。浙江台州一罐食品有限公司与省农科院合作研发的柑橘罐头加工技术获中国食品工业协会科学技术奖一等奖。

■先后引进高校知名教授 4 名、外籍院士和博士各 1 名；台州田苑农业科技有限公司获批设立省级博士后工作站，入选国家级科技小院建设单位。2022 年完成普及性农民培训 139 242 人次，培育省、市级新农匠 14 名、市区级农技标兵 31 名。

第六章

农业绿色发展制度建设

黄岩区围绕绿色农业技术、产业、经营和数字等体系建设，出台了《黄岩区新时代农业绿色发展集成改革实施方案》，编制了黄岩区新时代农业绿色发展集成改革一张图，同时以被列为浙江省新时代乡村集成（农业绿色发展）改革试点单位为契机，以"肥药两制"改革为切入口，开启现代农业发展投入端集成改革。完善农业绿色发展政策体系，同步提升农业生态化和现代化水平。

一、"肥药两制"改革

"肥药两制"改革，即化肥定额制施用和农药实名制购买改革，是从源头上规范农业投入品流通使用，推动农业全产业链转型升级的重要举措。2015 年，农业部制定了《到2020 年化肥使用量零增长行动方案》和《到 2020 年农药使用量零增长行动方案》，提出了"肥药双减"的目标。按照省市有关要求部署，黄岩区在全省率先探索肥药减量增效的制度及机制创新，为推进"肥药两制"改革进行了卓有成效的尝试。

（一）黄岩区"肥药两制"改革的背景与发展历程

1. 黄岩区"肥药两制"改革的背景

20 世纪 80 年代以来，黄岩区各大水库、湖泊、河道水体的氮磷富营养化问题日益加剧。自习近平总书记提出"绿水青山就是金山银山"的理念以来，全省轰轰烈烈开展了"五水共治"工作，并取得了一定成效，但水资源的富营养化一直是治水工作的难点和重点，农业面源污染作为主要污染源之一，受到环保专家的高度关注。此前，农村普遍存在的畜禽粗放养殖、粪便污水直排、农业废弃物资源化利用率低，以及过度依赖化肥、农药，造成土壤板结、固肥解毒能力降低，肥药更容易流失等现象一直受到公众持续关注，控制和治理农业面源污染刻不容缓。

实施化肥、农药使用量零增长行动，是推进农业"转方式、调结构"的重大措施，也是促进节本增效、节能减排的现实需要，对保障粮食安全、农产品质量安全和农业生态安全具有十分重要的意义。黄岩区借鉴各地肥药减量工作取得的成功经验，对"肥药两制"改革提出了更高要求、更严标准，要求农业部门大力推进化肥减量提效、农药减量控害，积极探索资源节约、利用高效、产品安全、环境友好的现代农业发展之路。自2017 年以来，黄岩区把"肥药双控"列入年度十件大事，即以"有机替代、测土配方、科学用肥、水肥一体"为主的减肥措施和以"理化诱控、生态调控、生物防治、农业防控、科学用药"为主的减药措施，成立以分管农业副区长为组长的"肥药双控"实施工作领导小组，将"肥药双控"工作列入对乡镇（街道）综合目标责任制考核的内容。根据黄岩区产业特点，将茭白、水稻、水果、蔬菜四大主导产业作为重点实施品种，以"一环、三路、五河"沿线为重点推进区域，覆盖了全区 19 个乡镇（街道），全域推进

"肥药两制"。

2."肥药两制"改革的三个阶段

早在 2017 年底，黄岩区就率先在辖区内全面铺开农资"两化"（规范化、信息化）示范创建和农药实名制购买改革试点，目前已形成了一套完整的运行模式并取得了显著成效，已实现实名制购买的农资店全覆盖。纵观黄岩区"肥药两制"改革的发展历程，可以划分为三个阶段。

第一阶段为 2011—2013 年，对标准农田质量提升项目区，由政府统一购买物资，并在乡镇工作人员的监督下发放到各村，再由村组按种植面积分发给各农户。这种做法存在一些弊端。由于涉及面广，农资发放时段不一定和农时季节需求一致，也难以准确核实领取物资的农户是否仍在务农，因而造成了诸多不便和浪费。

第二阶段是 2014—2016 年，政府对农户购买商品有机肥实行定额补贴，但贴补农资仅惠及种植大户，且申领手续较为烦琐。其具体流程如下：有需求的种植大户自行向乡镇申报种植面积；通过审核之后，种植大户凭乡镇的确认证明，与农资经销单位联系采购，同时还需要垫付全额资金购买所需农资，才能投入生产；年末由农户收集各类原始资料，规范上报数据，经相关部门验收核实后，才能领取贴补资金。这种做法的弊端也很明显：种植大户需自行准备资料进行申报，流程复杂、前期垫付资金数额大、农资产品自行购置困难等。

第三阶段自 2017 年开始，依托数字化信息系统，构建黄岩区补贴农资实名购买系统，出台相关肥料、绿色农药补贴政策。自 2017 年起，黄岩区农户只需携带自己的二代居民身份证，到覆盖全区各个乡镇的农资网点，刷身份证就可购买贴补农资，且直接享受贴补价格，一站式完成购、补手续；各农资网点还储备了一定数额的贴补农资，当农户购买数量在储备范围内时，农资产品当场即可提货，完全与农时季节相匹配；当农户一次性购买达到较大数量的贴补农资时，供应商还提供送货到田头的服务。2019 年，黄岩区作为化肥定制施用试点县，将化肥农药购买实名制与施用定额制相结合，开发"诚信农夫"管理系统，出台《黄岩区农资"两制"管理平台使用星级评定办法（试行）》，推动农资"两制"管理平台应用，实现农药"进-销-用-回"闭环管理。

与前两个阶段相比，第三阶段实施的惠农物资贴补流程有四大优点。一是贴补惠及农户范围更广。全区共有九万多农户的种植信息，由村、镇、区三级调查汇总后统一录入平台；只要在贴补限额内，农户均可享受农资贴补，而不仅限于种植大户。在补贴农户的同时，还精简了农户准备材料和申报种植面积的烦琐步骤。二是贴补农资质量更加可靠。贴补农资由政府部门初步筛选，再进行招投标确定供应单位，不但要求产品质量过硬，也要求供货单位和经销商的信誉良好。另外，区农业农村局还安排了 60 余次专项抽检，加强监管。这样不仅节省了农户的精力，还有效规避了农资质量风险。三是更为直观地减少了生产成本。贴补农资都是长效、高效、低残留的农资产品，在减少农资使用总量的同时，还可有效减少农资使用频次，降低人工费用支出，节约生产成本。四是贴补资金结算更加简便。农户可直接购买贴补农资，并当场享受贴补差价。每个中标供应商根据本年度的供货实际，由农业主管部门协助其与财政部门结算差价资金。农户无须准备任何资料，也无须垫支费用，减轻了农户负担，便利了结算流程。

3. 黄岩区"肥药两制"改革成效

2020 年，黄岩在省内首次融合身份证识别和人脸识别技术，结合多样化的产品编码扫描和简码记忆功能，将其应用于全区所有 100 家农资门店的农资信息化管理系统。2021 年黄岩区又被列入浙江五家"两制"应用上线试运行县市之一。黄岩区农业农村局自主开发的"肥药两制"管理平台和溯源程序"诚信农夫"已与浙江省农业农村厅"浙农优品"数字化应用无缝对接，实现"农业投入品刷脸实名购买—定额使用—有效回收"闭环管理。同时培育应用示范农资店 7 家、示范主体 100 个，肥药实名购买和定额施用活跃度、活跃指数分别达到 100%、90%。截至 2022 年底，黄岩区全部 238 个规模以上生产经营主体已实现农产品产销可记录、流向可跟踪、信息可查询、责任可追究。此外，开发规模主体"浙样施"智慧施肥平台，为农户提供肥药精准施用智能化决策指导，实现精准施肥。2017—2022 年，区财政每年用于"肥药双控"资金超过 4 500 万元，年均化肥减量 3.4%，年均农药减量 6.3%，两项数据均居全省前列。

（二）"肥药两制"改革的黄岩模式

1. 推行三大模式，构建"购—用—追溯"闭环管理体系

一是推行"刷脸实名购买"可记录模式。在全省率先开发黄岩区农资"两制"管理平台，全面采集并录入全区 9 万多农户个人及种植情况等基本信息。融合身份证识读和人脸识别技术，农户完成首次"身份信息＋人脸识别"的身份核实和关联匹配后，即可实现在全区任何一家农资门店"刷脸"购买农资。门店通过"刷卡／刷脸＋扫码"的数字化方式记录农资购买信息，有效减轻了经营者手工输入身份信息的工作量，免除了购买者每次携带身份证的不便，同时也消除了误填、冒填信息等隐患，使农药实名购买更加方便、快捷。同时，同步记录农户购买农资的品种和数量，构建"刷脸购买、全程记录、平台汇总"的机制，部门可实现线上实时监管。2021 年农资"两制"管理平台已应用于全区全部 100 家农资门店，收集全区农户基础数据 8.4 万条，实现肥药"刷脸实名"购买全域覆盖。

二是推行"肥药使用管理"可视化模式。在全区农资门店架设无死角高清视频监控设备，在全省率先实现农资网点电子监控全覆盖，对农资购销情况开展实时监控。建立追溯平台——"永宁诚信农夫"App，规模农业主体通过购买农资后，需自主记录作物种植情况、农资施用信息等数据，并上传至"永宁诚信农夫"，从而实现农产品生产过程透明化追溯和可视化远程监管。2019 年"肥药使用管理"可视化模式在 50 个主体中进行试点，2021 年实现区级以上示范性专业合作社、农业龙头企业和示范家庭农场全覆盖。后续将开发系统自动预警功能。

三是推行"证码合一"产品可追溯模式。以合格证上附有产品产地、生产经营单位等生产信息的二维码为载体，创新纸质追溯与电子追溯双重功能的合格证出具方式。消费者通过扫描农产品合格证上的二维码，可即时查询该款农产品的生产基地基本信息、产品信息、检测信息、最后一次施药及安全间隔信息等，实现食用农产品产销可追溯。2022 年，区全部 238 家规模以上生产经营主体的农产品产销可记录、流向可跟踪、信息可查询、责任可追究，标识率和追溯率均达 100%。

2. 深化三大行动，构建"定—控—替代"肥药减量体系

一是精准测土，深化化肥定额施用行动。围绕黄岩水稻、蔬菜、水果、中药材等主导产业，重点对辖区 312 家农业基地开展免费测土服务，共采集并分析 570 个土壤样品。开发了"肥克施"智慧施肥 App，在全面掌握土壤样本的肥力组成结构等信息的基础上，结合省化肥定额制施用技术指导意见，制定全区水稻、茭白、柑橘等主要农作物化肥投入的定额标准和施用技术指导。同时，确保定期检测、实时更新，根据土壤养分状况的变化，随时调整指导意见，确保精准定量施肥，减少不必要的肥料投入。

二是技术集成，深化全域绿色防控行动。以肥药减量和生态保护为目标，将茭白、水稻、水果、蔬菜四大主导产业作为重点实施品种，以"一湖、一河"沿线为重点区域，稳步向周边推进农业防治、生态调控、生物防治、物理防治和科学用药等五大绿色防控措施。积极推广水肥一体化、秸秆堆肥还田、罗幔杨梅、枇杷套袋等创新控肥减药技术，完善重大病虫害数据采集和信息发布机制，科学预测并及时发布病虫情报。

三是一田多用，深化有机肥替代化肥行动。为确保"一田多用、一季多收"，大力推广"果园"＋绿肥、"稻－鸭"＋绿肥、"茭白－河蟹"等种养模式。绿肥、秸秆等有机肥源以覆盖还园、粉碎还田、堆腐还田等方式增强土壤地力，大幅减少化肥使用量，甚至可实现田间肥料"自给自足"。黄岩区已建立稻田（茭白田）养鸭、稻田养龙虾、茭田养河蟹、茭田养鱼等 5 个种养模式试验示范区。

3. 制定四大机制，构建"资金—技术"双重保障体系

一是建立实名购买补贴机制。以黄岩区农资"两制"管理平台收录的全区 9 万多农民的种植信息为基础，台后自动换算每位农户可享受的投入品补助额度，在册农户到全区任意农资网点实名购买配方肥、有机肥等 6 种补贴商品，财政以价格折扣的形式直接补贴给农户。

二是建立主体责任落实机制。按照《农药管理条例》等法律法规要求，明确农资经营者是农药实名制购买的第一责任人。区农业农村局执法大队作为监管部门落实全区农药实名制购买的监管责任，对农药经营门店开展检查指导。各乡镇街道落实农资管理属地责任，将农药实名制购买管理列为基层农业公共服务中心的重要工作内容，落实专人负责，积极配合推进农药实名制购买工作。

三是建立考核奖惩长效机制。根据监管巡查结果，对已发证的经营店未按规定执行农药采购台账、销售台账制度的，责令其限期整改，对拒不整改继续经营的将依法进行处理。同时，结合农资经营"两化"建设，将经营门店农药实名制落实情况纳入"两化"建设优秀经营单位考核内容，并赋较高分数权重，对农药实名制购买落实情况好的单位，通过农资经营"两化"考核在资金上予以奖补。还制定了《黄岩区农资"两制"管理平台使用星级评定办法》，以1年为1个奖补周期，对达标的实名制销售的农资门店进行奖励。对主动推广绿色防控产品、高效低风险农药和新型肥料，减少经营常规化肥、农药的经营门店，经评审成为"肥药双控"示范店的，区财政也会给予相应奖励。对不实施农药电子台账制度的经营主体、不如实记录生产档案的农业生产主体予以行政处罚，直至取消农资优惠补贴和农业项目等优惠政策。

四是建立精准技术对接机制。成立"肥药双控"工作实施小组，整合科教、质监、执法、土肥等各专业技术力量，下设综合组、粮油组、蔬菜组、果树组4个组，对综合示范区进行分片负责、分类指导，全面落实技术措施。此外，以在线监管、实地核查和检验检测等方式，对示范区内农产品进行质量监管和产地环境农残监测。

二、绿色发展政策体系建设

完善的政策体系是实现农业绿色发展的重要前提。黄岩区在绿色农业发展中以"绿水青山就是金山银山"科学理念为引领，坚持以高效生态农业为主攻方向，不断丰富完善农业绿色发展政策体系，为农业绿色发展提供政策保障。

（一）完善农业资源环境保护政策

1. 加大公共财政对农业绿色发展支持力度

为支持黄岩区绿色农业发展，加强与规范现代农业（渔业）发展项目资金管理，提高资金使用效益，2016年黄岩区农业林业局印发《黄岩区现代农业（渔业）发展项目资金管理办法（试行）》，以完善财政激励政策，加大公共财政对农业绿色发展支持力度。黄岩区现代农业（渔业）发展项目资金是由区财政预算统筹安排，用于粮食产业发展、畜牧产业发展、水果产业发展、蔬菜产业发展、渔业产业发展与监管、生态循环农业与农产品质量安全、农机化与智慧农业、农业科技与现代种业、现代农业提升发展等方面。

一是粮食产业发展补助。对实施早晚稻连作的，按实际种植面积每亩各补贴380元，对春粮与单季晚稻连作或旱粮连作的，按实际种植面积每亩各补贴280元；对全年仅种植一季粮作物的，按实际种植面积每亩补贴180元；在果园、幼疏林地间作套种旱粮给予每亩80元的直接补贴，以后年度奖补标准随区政府出台的年度粮食生产政策做相应调整；粮食生产功能区建设按每年度下达计划建设任务财政全额承担建设费用；水稻生产全程社会化服务建设如需要区财政承担配套资金，按下达立项实施计划财政足额配套，连片50亩以上高产优质旱粮示范基地建设，根据财政预算安排及项目评审确定，原则上每个项目财政补助不超过 30 万元。

二是畜牧业发展补助。通过生态示范牧场验收的新建现代生态示范牧场，扶持额度为示范场建设资金的 50%；通过省级美丽生态牧场验收的区财政按照省补助标准 1∶1 配套奖励；其他转型升级视下达具体建设任务确定补助或参照省市有关规定补助。重大动物疫病强制免疫经费及疫苗费、动物产品安全检测监管等经费，属于政府承担的部分，财政全额保障；动物强制扑杀补偿，猪按市场价值的 70% 给予补偿，经产母牛 7 000 元 / 头，怀孕 3 个月以上头胎母牛 3 500 元 / 头，后备母牛 1 500 元 / 头，小公牛 500 元 / 头；年羊 700 元 / 只，小羊 400 元 / 只，家禽按市场价值的 60% 给予补偿，其他动物按市场价值的 50% 给予补偿，按照上述补偿计算标准，扑杀动物的补偿金由区财政全额负担。

三是现代渔业产业发展补助。在水产养殖生态化改造中，水产养殖面积改造 20 亩以上，每亩补助资金最高不得超过 1 万元；稻鱼共生轮作面积 30 亩以上，每亩补助资金最高不得超过 0.5 万元；渔业油价补贴，根据党中央国务院、省、市相关政策，对捕捞渔船予以适当补贴；休闲渔业建设面积达 30 亩以上的，补助资金最高不大于投资额的 50%；其他渔业产业发展项目视下达建设任务确定。

四是生态循环农业发展补助。其一是畜禽养殖场关停整治补助。按区府办《关于加强畜禽养殖污染防治工作的通知》［黄政办发（2014）36 号］文件执行，其中，畜禽养殖污染治理达标验收补助：工业化治理通过验收合格的，区财政补助投资额度的 90%；养殖场污水建设预处理设施达标后纳入污水管网的，区财政补助新建管网建设资金的 90%。水禽上岸方面，按实际投资额的 90% 进行补助，但最多不超过 5 万元。保留畜禽养殖场按要求建成线上监控设施每场补助 1 万元。其二是新增储液池工程补助。每个工程项目按实际总投资额的 90% 给予财政补助，剩余 10% 由使用单位出资投入。其三是动物无害化处理中心运行经费补助。生猪按每只 80 元计算，若年处理结算量低于 10 000 只，则年处理结算量按 10 000 只计，西部山区"五乡一镇"（包括富山乡、上郑乡、宁溪镇、屿头乡、上垟乡、平田乡）收集费用按每车次给予补助 200 元，生猪每只处理费用另行计算。其四是农药废弃包装物实行有偿回收。农药瓶 200 毫升以下、200 毫升（含）以上，分别按每只 0.3 元、0.5 元回收；农药包装袋 50 克以下、50 克（含）以上，分别按每只 0.1 元、0.2 元回收。回收工时费和保管费、归集保管和运输费均按回收金额的 20% 计提。

五是农产品质量安全体系建设补助。对积极开展农资和农产品主体追溯并完成追溯设施设备建设安装、调试应用的建设主体，通过验收后给予基本费用的补助奖励；对按要求完成追溯体系建设的主体（正常运行的生产主体），优先享受有关农业补助项目；对应用二维码和及时上传自检数据信息的生产主体予以适当的补助奖励。对新增"无公害农产品"，每个获证产品奖励 1 万元，复查换证每个产品奖励 0.08 万元；对新增"绿色食品"，每个获证产品奖励 2 万元，续展认证每个产品奖励 0.8 万元；对新增"有机食品"，每个获证产品奖励 2 万元。通过"有机食品"复评的每个产品奖励 1 万元（同一产品同一类别不重复享受），对积极申报标准化生产基地的生产主体予以相应的补助奖励。

其他的补贴项目还包括农村土地承包经营权流转、现代种业发展、现代农业提升发展、农产品营销和外出农业发展等。后续又增补了一些补贴条款，涉及控制和减少化肥使用、控制和减少农药使用、扶持新型农业经营主体发展、柑橘黄龙病考核奖补标准、支农资金贷款贴息、乡镇和街道组织清理农药废弃包装物回收补助等。

2. 编制补助商品有机肥推广应用实施方案

根据浙江省政府办公厅《关于促进商品有机肥生产和应用的意见》（浙政办发〔2010〕151号）、《浙江省商品有机肥推广应用实施办法》（浙农专发〔2020〕10号）和《浙江省农业农村厅办公室关于下达2019年农业绿色发展主要目标考核任务的通知》等文件精神，结合黄岩区实际，2019年起每年均制定《黄岩区补助商品有机肥推广应用实施方案》。按照"积极探索，总结经验，稳步实施，企业参与，农民受益"的总思路，促进高效农业和无公害农产品生产，为农民提供优质廉价的商品有机肥，推动黄岩区商品有机肥推广应用和农业可持续发展。

方案的实施范围是区内粮油、瓜果蔬菜及中药材等农作物，重点支持化肥定额制实施区、化肥减量增效实施区、耕地质量提升区、农业绿色发展先行区等实施区域，不得用于水产养殖和占用永久基本农田发展林果业等法律法规明确禁止的农业生产经营活动。补助对象为直接从事粮油、蔬菜瓜果及中药材等农作物生产的经营主体。

实施补助的商品有机肥是需经肥料登记许可、利用浙江省畜禽排泄物等农业有机废弃物资源为主要原料、经发酵腐熟除臭后制成的有机肥料等产品，氮磷钾总养分、有机质、重金属及水分含量和酸碱度指标分别达到或超过《有机肥料》（NY 525—2012）、《有机－无机复混肥料》（GB 18877—2009）要求的产品。供肥企业实行备案制，需利用浙江省畜禽排泄物等农业有机废弃物资源为主要原料进行生产，组织机构健全，营业执照、肥料登记证等证件齐全，生产条件良好，具备完善的质量管理制度和出厂合格检验的质量控制条件。

商品有机肥在供应企业报备的最高零售价格内进行销售，产品实行分类补助，其中商品有机肥补助标准300元/吨，周年单位面积补贴量不超过2吨/亩，同一田块3年内补贴量累计不得超过6吨/亩；有机无机配方肥补助标准1 000元/吨，粮油、中药材每季每亩补贴量不超过50千克，蔬菜瓜果每季每亩补贴量不超过80千克。

3. 完善生态保护补偿机制

位于上垟乡的长潭水库作为台州市最重要的水源地之一，供应着台州市三区和温岭、玉环等市县近300万人口的饮用水。黄岩区西部山区五乡两镇位于长潭水库上游，由于受饮用水源保护的限制，库区无法发展工业、养殖业等产业，丧失了许多发展机遇，经济发展受到严重的制约，库区群众难以致富。为加强长潭水库饮用水水源保护，建立健全长潭水库饮用水水源保护生态补偿长效管理机制，保障饮用水水源生态保护与建设资金需要，进一步规范生态补偿资金和生态建设补偿资金（以下合称补偿资金）的筹集、使用和管理，切实发挥资金效益，根据《中华人民共和国预算法》《国务院办公厅关于健全生态保护补偿机制的意见》（国办发〔2016〕31 号）和《台州市长潭水库饮用水水源保护条例》等有关精神，制定了《长潭水库生态补偿资金和生态建设补偿资金管理办法》。

补偿原则有四点：权责一致，公平公正；循序渐进，合理补偿；统筹兼顾，突出重点；绩效考核，依规奖惩。补助对象包括生态补偿资金补助对象和生态建设补偿资金补助对象两类。其中，生态补偿资金补助用于长潭水库饮用水水源保护范围内原住居民的生活保障；生态建设补偿资金补助用于保护范围内生态建设、环境保护基础设施建设和污染防治等方面的支出，补助对象为列入保护范围内的乡镇、行政村（居）、市区直属有关单位。

补偿资金筹集具体来源如下：其一为台州市和受益地县（市、区）财政资金。台州市财政以 1 860 万元为基数筹集资金，每年按 10% 环比增长；长潭水库受益地县（市、区）财政以 4 340 万元为基数共同筹集资金，每年按 10% 环比增长，资金分担原则上按照每年各地实际用水量比例来确定。受益地包括椒江区、黄岩区、路桥区、台州湾新区、温岭市、玉环市，如有新增地区使用长潭水库水源，次年纳入分担。其二为原水费提取。根据上年度实际取水量，按照 0.04 元 / 米^3 从长潭水库原水费中提取补偿资金。原水费中补偿资金提取标准可视实际情况需要适时调整，具体标准由台州市人民政府依照法定程序制定和调整。其三为台州市财政返还保护范围内乡镇财政收入。台州市财政根据现行财政体制返还黄岩区宁溪镇、富山乡、上郑乡、上垟乡、屿头乡、平田乡等 6 个保护范围内乡镇地方财政收入中台州市财政的部分。

黄岩区根据保护范围内群众基本生活保障需要每年动态调整补偿资金的分配比例，其中生态补偿资金分配比例每年不得低于 50%。生态补偿资金使用包括基本医疗保险参保补助和临时困难补助。台州市和受益地县（市、区）财政资金每年按比例递增的资金优先用于基本医疗保险参保补助。临时困难补助总额原则上每年不低于 300 万元，具体分配由黄岩区根据保护范围内困难群众实际情况合理落实。生态建设补偿资金使用包括常规生态建设补偿资金和普惠性考核激励资金。常规生态建设补偿资金由黄岩区根据长潭水库生态保护、污染防治等资金保障需要进行灵活分配，优先考虑获得中央、省级水污染防治资金或其他资金支持的相关项目以及黄岩区长潭水库饮用水水源保护年度实施方案提出的重点工程项目。普惠性考核激励资金是指每年安排 800 万元用于对保护范围内乡镇或行政村（居）的考核激励。考核激励资金不得用于与常规生态建设补偿资金使用范围不相符合的支出，若当年留有结余资金，结余资金及存款利息抵扣下年度财政统筹安排的预算资金。

4. 制定农业主体绿色发展评价制度

为贯彻落实浙江省政府关于推行化肥农药实名制购买定额制施用的工作要求，推动农业主体生产方式转型升级，高质量培育"肥药两制"改革试点主体，根据《浙江省农业农村厅关于开展农业主体绿色发展评价工作的通知》（浙农科发〔2021〕23 号）等文件精神，2021 年黄岩区制定了《黄岩区农业主体绿色发展评价制度（试行）》。

黄岩区农业主体绿色发展评价制度的基本原则包括三点：一是结果触发与过程追溯结合。坚持简洁、明了、实用的主基调，在预设农业主体绿码的基础上，从产品质量、产地环境等方面反向设置主体变码触发情形，并围绕农业生产全过程设置定性类评价模块。二是实时归集与常态监测结合。以"数字三农"建设为契机，不断提高农业主体绿色发展评价的智治水平，依托"肥药两制"改革数字化应用自动归集相关信息数据，结合日常监督指导开展滚动式监测。三是分类要求与统一标准相结合。区分种植业、畜牧业、渔业产业大类，根据各产业绿色发展的侧重点，差异化设置具体评价内容。统筹开展农业主体绿色发展评价，按照统一标准加强评价结果应用。

评价的主要内容有四个方面：关联肥药定额施用、关联产品质量检测、关联产地环境监测以及跟进现场指导核查。评价对象是黄岩区范围内所有种养规模主体，在综合考虑主体规模、区域分布、工作实际等因素的基础上，率先对纳入"肥药两制"改革万家主体名录库的86家试点主体开展绿色发展评价。

农业主体绿色发展评价结果通过"浙农码"呈现，分为绿码、黄码和红码三个等次，绿码表示主体在绿色发展上总体良好；黄码表示主体尚存在一些不足或隐患；红码表示主体存在明显问题和较高风险。评价方法采用"预设＋触发＋跟进＋滚动"制，"肥药两制"改革数字化应用中设有评价模块，对纳入评价范围的主体预设绿码，变码情形触发后主体码自动变为黄码或红码，属地农产品质量安全监管员需要及时跟进核实，相关部门职能科室统筹结合业务指导、执法巡查等工作，滚动式开展现场评价。原则上各主体每年至少现场评价一次，适当提高蔬菜等复种指数较高、蛋鸡等出栏周期较短、一年收获多种或多季作物主体的现场评价频次，超过评价周期未更新的，原赋码结果自动失效。

评价结果也有广泛的用途。第一，可用于加强绿色发展评价互认。探索农业主体绿色发展评价与高品质绿色科技示范等基地评定、绿色食品认证等有机衔接，推动相近项目互认互免，对符合条件的绿码主体开通"绿色通道"，减少重复评价、简化认定程序。第二，有利于落实绿色发展扶持措施。各成员单位、各乡镇街道坚持以农业主体绿色发展评价结果三色码为导向，深入开展精准扶持，科学合理配置资源要素，优化农业绿色发展激励政策供给，将绿码主体作为重点培育对象，在农业补助、项目申报、创优评先、品牌宣传及使用、土地流转、商超对接、金融授信、政策保险等方面予以优先倾斜。第三，有助于优化绿色发展空间布局。科学评估农业主体与周边生态环境的关系，指导各地在主要流域、生态薄弱、环境敏感等重点区域，如长潭水库保护区、重点生态功能区等生态环境敏感、脆弱区域，试行产业准入制度，黄码、红码主体限期整改、限制种养等相关措施。按照"标杆建设一批、改造提升一批"的原则，推动农业主体生态功能和空间布局与资源环境承载力相匹配、相协调。第四，可用于强化绿色发展规范纠偏。区农业农村局、市场监管等部门及各乡镇街道要加强协作，严格农业投入品"进—销—用—回"全周期监管不放松，重点关注评价结果滑坡退步、持续低位的黄码、红码主体，对不符合绿色发展的行为及时规范纠偏。

（二）建立多渠道资金投入机制

以财政资金为主导，撬动更多的金融资本进入农业领域、进乡村，合力促进绿色农业发展。

1. 合理分配绿色财政专项激励资金

近年来，黄岩区财政局深入践行"绿水青山就是金山银山"理念，积极争取三轮绿色转化资金9亿元，大力支持生态共富西部振兴战略，助力黄岩区先后获评"国家级农产品质量安全县""省级生态文明建设示范区"等。2020—2022年，黄岩区财政局以该轮3亿元省级绿色转化财政专项激励资金为契机，围绕三大绿色产业，推动17个重点项目实施，撬动总投资40.43亿元，全力打通"绿色转化"通道，助力共同富裕。

一是形成环长潭湖"黄岩地产特色中药材产业带"。黄岩区安排绿色转化专项激励资金1500万元，撬动地方财政和社会资金投入7800万元，利用抛荒地、坡耕地和林地资源，发展中药材种植基地，形成环长潭湖"黄岩地产特色中药材产业带"。截至2022年底，规模化基地遍及26个村，从事中药材生产的主体达50个，栽培的中药材种数从仅10种发展至30余种，中药材种植面积达5000余亩，年产中药材222余吨、产业产值4505万元。支持构建露地结合设施、林药复合经营等种植模式，形成自营或共建生产型、观光型、综合型等3种类型基地，解决当地农民就业1300余人次，累计为当地农民增加田租收入300余万元、工资性收入1500余万元。

二是打造农业主题型米面特色小镇。投入绿色转化专项激励资金1500万元，撬动社会资金3600万元，依托下浦郑区域农业资源和历史文化内涵，打造以米面产业为主导，集乡村度假休闲、多元文化体验于一体的农业主题型米面特色小镇，探索建立以米面产业为纽带、村民集体入股的共同富裕示范村。通过"校地合作、党建联动"，引进自动化生产线（三期），实现传统手工米面生产自动化、规范化、产业化。推行标准化生产和无公害生产，树立米面品牌1个、标准1个。在全国建立首个"政、产、学、研、用"一体化的米面产业园区，整治十高路、村庄主路等交通干道，建设文化观光中心、休闲产业中心，提升古埠桥影、水车工业、埠头公园等九处特色观光景点，实现一二三产融合发展。

三是推动沙埠窑遗址文物保护与开发。围绕全国重点文物保护单位沙埠青瓷窑，完成沙埠窑遗址文物保护规划编制，加大沙埠青瓷窑址群现状保护和开发利用，支持系统考古勘探竹家岭窑址作坊区域，项目总投资1.85亿元，其中绿色转化专项激励资金1000万元。打造瓷器工坊研学和手工制作、地方美食体验等沉浸式体验活动，着力提升景区文化内涵和旅游品位，进一步激发青瓷文化产业创新创造活力。仅"2022沙埠夜经济文旅消费节"活动就流转闲置农房69间，吸引人流超3万人，带动直接消费600万元。设立青瓷文化发展管理公司，开发沙埠青瓷小镇项目和青瓷酒容器产业项目，通过吸引社会力量实现多业态的产业链及产业集群的融合，推动黄岩青瓷产业发展。

2023—2025 年，黄岩区将以新一轮 3 亿元绿色转化资金为"支点"，围绕"生态更优质·发展更绿色·生活更幸福"的总目标，将生态保护、生态转化和生态共富有机串联，打通生态美向产业兴再向百姓富的转化通道。以生态环境治理类、生态价值转化类、生态共富发展类三大类共 16 个项目为实施路径，创建生态保护补偿机制、横向碳汇补偿机制、生态资源价值实现机制、数字赋能生态产品经营开发机制四大机制，撬动 32.26 亿元的社会资本，完成总投资 40.45 亿元。

2. 完善农业绿色信贷机制

鼓励金融机构向绿色有机、低碳循环农业生产企业提供融资支持，适度扩大农业绿色发展金融投入规模。

一是面向蜜橘产业和中草药产业的"蜜橘贷"。黄岩农商银行积极加强与农林局、瓜农协会、柑橘协会、中药材专业技术协会等的沟通合作，与区农合联、财政局联合推出"蜜橘贷""优融通"两款专项创新产品，该产品具有杠杆放大、合作互助、利率优惠、流程简化、期限灵活等优势。黄岩农商银行还积极探索"合作互助金"运作模式，并得到 2 000 万元专项财政资金支持。截至 2023 年 6 月，该行"优融通""蜜橘贷"客户共 1 901 户，贷款余额 5.67 亿元，授信 7.88 亿元。深化与地方政府和担保公司紧密协作，形成合力积极支持家庭农场等新型农业经营主体发展。

二是面向外出瓜农的"乡情通"和"优融通"贷款。"乡情通"是黄岩农村合作银行推出的专项支持西瓜种植及相关产业发展，面向外出瓜农的私人订制贷款，即对不同地方的分会及会员按照客户信息，结合客户创业规模、道德品质、信用记录、经营偿还能力等因素进行量身定制，对每个农户逐笔建立信贷台账，作为授信、发放和回收贷款的依据，同时建立瓜农贷款联络员制度，对农户开展"阳光普惠贷"，进行分级授信。贷款对象从单纯的种瓜户逐步扩大到西瓜产前、产中、产后产业链上的所有群体，普惠服务覆盖面更广。贷款主要通过丰收小额贷款卡形式发放贷款，"一次核定、周转使用、随到随贷"。为加大资金投入力度，重点支持外出瓜农创业，2015 年底，黄岩农村合作银行主动对接中央财政支持农民专业合作社创新试点，推出"优融通"产品。在中央财政和瓜农合作社共同出资 2 000 万元筹资组建的"合作互助金"基础上，将融资数量扩大十倍，计划投放贷款 2 亿元，并实行利率优惠，为瓜农提供强有力的信贷保障，实现政府、银行、瓜农的"三赢"局面。

三是开发生态环境导向（EDO）的贷款产品。EOD 模式是以生态文明思想为引领，以可持续发展为目标，以生态保护和环境治理为基础，通过采取产业链延伸、联合经营、组合开发等方式，将生态环境治理带来的经济价值内部化的项目组织实施方式。2023 年 5 月，农发行台州市分行与黄岩交旅集团启动"水美黄岩·芳养共富生态环境导向的开发（EOD）项目"签约仪式。该项目位于黄岩西部地区，通过对农村生活污水进行治理提升、铅锌矿尾矿清库等生态治理工程，从根本上消除尾矿库以及生活污水所导致的生态破坏和环境污染。签约仪式上，台州农发行与黄岩交旅集团一并签约了《EOD 项目合作协议》和《战略合作协议》。该项目不仅是台州市首个入库国家生态环境部的 EOD 项目，也是农发行浙江省分行支持的首笔 EOD 项目贷款，已获批贷款资金 17 亿元，并于近日实现首笔投放 3 000 万元启动资金。

3. 创新商业金融服务模式

黄岩区的银行业金融机构持续创新商业金融服务模式，推动"普惠金融"服务不断深化，截至 2022 年底，涉农贷款余额 429.07 亿元，农户贷款余额 354.38 亿元，农户小额普惠授信服务覆盖率达 100%。

一是创新"丰收驿站"服务模式。2015 年浙江省农信联社在全省 2 万余家金融便民服务点的基础上，在全省推出集金融、电商、物流、民生、政务服务五位一体的"丰收驿站"服务模式，搭建了线下智能化服务渠道、线上综合化服务生态圈，成为深化普惠金融、助力乡村振兴、打通金融服务"最后一公里"的重要载体。黄岩农商银行立足地方产业特点，在外出瓜农丰收驿站专门成立了瓜农管理部门，并和区新联会一起组建瓜农服务团，通过不定期开展研究瓜农服务机制、走访外出瓜农、交流经验、培训座谈等方式，为瓜农提供专业化金融服务。

二是探索"整村授信"，解决农户融资问题。针对规模种植者资金需求扩大、无抵押物等问题，台州银行基于实地调研，准确把握村庄发展方向和村民需求，给村民充分授信。黄岩山主头村位于黄岩上垟乡北面，村民以外出种植西瓜居多，村里主要以农作物种植为主。2023 年 3 月，在人民银行台州市中心支行的引领下，台州银行上垟支行与山主头村建立"一链一策"结对机制，支行为山主头村整村授信 1 个亿元，每户村民获得 30 万元授信额度，大大缓解了村民们的资金需求。

三是突出普惠性，增强整体效能。黄岩农商行以整村授信工作为平台，对外出瓜农开展"全覆盖式"普惠建档和授信，主动前移贷前调查、授信评定等各环节，让外出瓜农到家即可签约，时间控制在半小时内。台州银行针对瓜农客户群体产品以自助类贷款为主，搭配网上银行、手机银行，客户可自主操作，对文化水平较为有限的客户可随时连线视频柜员，通过视频"面对面"的方式使客户享受到移动服务的便捷和温度，真正实现客户足不出户即可办理银行业务。台州银行还改进了贷款授信方式，运用村居扫码贷工具，在村里布置贷款码，村民通过扫描二维码即可线上获取贷款额度。客户经理带着移动平板电脑上门一对一开展服务，村民无须跑银行，即可获得优质的金融服务。

四是拥抱大数据，强化科技赋能。随着科技在金融市场中的作用越来越大，黄岩农商银行加大科技投入，联动政府部门开发"共富大脑—瓜农天下"数字化场景应用，及时发布信贷产品，实时掌握瓜农种植信息，了解瓜农经营动态，提供针对性服务。同时在客户管理系统、利率定价系统、瓜农数据库建设等方面加大投入，为精准营销提供了新的通道，形成了服务客户的立体式科技服务网络。

4. 拓展优质农业保险产品

对照《台州市人民政府办公室关于印发台州市政策性农业保险实施方案（2020—2022 年）的通知》（台政办发〔2019〕59 号）文件要求，黄岩区积极推动政策性农业保险增品扩面提标工作，不断探索拓展农业保险体系，开发符合区域特色、主导产业明显、农户投保意愿强烈的地方特色农业保险产品，推动农村地区将其产品优势发展成为产业优势和价值优势。

一是低温气象指数保险。包括枇杷低温气象指数保险和黄岩杨梅采摘期降水气象指数保险。枇杷低温气象指数保险属于地方财政补贴型保险，保险标的需符合以下四点要求：保险枇杷种植符合本地区农业技术部门要求和技术规范，生长正常；保险枇杷种植海拔高度在 250 米（不含）以下；相对连片种植面积在 5 亩（含）以上，且种植 5 年（含）以上，种植面积未达 5 亩的可以通过专业合作社、村集体统一组织投保；种植户信誉良好，无违法违纪记录。在保险期间，由于保险枇杷遭遇低温天气，保险合同约定气象观测站实测日最低气温达到 −2℃（含）以下且产生对应赔偿金额大于零时，视为保险事故发生，保险人按照本保险合同的约定承担赔偿责任。2022 年，枇杷低温指数保险参保 1.55 万亩，比 2022 年增长 288%。黄岩杨梅采摘期降水气象指数保险的保险标的需符合以下三点要求：种植杨梅树符合本地区林业技术部门要求和技术规范，生长正常；相对连片种植面积在 5 亩（含）以上，且投产一年以上，种植面积未达 5 亩的种植户可以通过专业合作社或以村、乡为单位的统保方式参保；种植户信誉良好，无违法违纪记录。在保险期间，由于保险杨梅在采摘期遭遇连续降雨天气，保险合同约定气象观测站实测每日 5—12 时降水量达到 3 毫米（含）连续 2 天及以上视为保险事故发生，保险人按照本保险合同的约定承担赔偿责任。2022 年杨梅采摘期降雨气象指数保险参保 11 112.5 亩，比上年减 57%。2023 年杨梅采摘期降雨气象指数保险参保 27 477.9 亩，比上年增长 147%。

二是黄岩区"红美人"柑橘价格指数保险。2020 年，为加快推进黄岩区柑橘产业可持续高品质发展，开展了政策性"红美人"柑橘价格指数保险试点工作。试点阶段主要针对部分已投产且种植面积较大的农业企业、种植大户和专业合作社。进入推广阶段后，拟将承保对象扩大到全区种植面积 5 亩（含）以上的非自然人种植大户。根据实际亩产以及提质控产目标，按投产年限分档由投保人与保险人在以下范围内协商确定，投产第 1 年不高于 500 千克/亩，投产第 2 年不高于 700 千克/亩，投产第 3 年及以上不高于 1 000 千克/亩。在保险期间，"红美人"优质柑橘商品果平均离地价格低于保险约定的目标价格时，视为保险事故发生，保险人按照保险合同的约定负责赔偿。

三是地方财政补贴型中药材种植保险和收入保险。根据《黄岩区中药材产业发展的若干意见（试行）》（黄政办发〔2018〕13 号）文件精神，黄岩区提出加快发展中药材产业"提品质、创精品、强服务、促增收"的发展目标。但是中药材种植受暴雨、暴风、洪水、泥石流、山体滑坡等自然灾害影响较大，而且近年来中药材的销售价格受市场影响波动比较大，影响农户的种植积极性。2020 年，黄岩区开展了中药材保险试点工作。保险类别包括种植保险和收入保险。其中种植保险主要针对连片种植面积 20 亩（含）以上的农业企业、专业合作社以及种植大户等，对于低收入农户不设种植面积条件。参保中药材应为具备相应种植规范标准和技术管理要求的合格品种，生长管理正常，且在当地有 1 年（含）以上成功种植经验。收入保险的保险对象条件与种植保险一致，试点初期只针对浙贝母和白及（4 年及以上）两个黄岩区主推的中药材品种，后续根据情况对保险品种做相应调整。

四是耕地地力指数保险。为进一步增强粮食生产能力建设，确保耕地地力和粮食安全，2021 年，黄岩区进行了耕地地力指数保险试点。耕地地力指数保险的对象为黄岩区内用于粮食生产且连片种植面积达 50 亩及以上的耕地，不包括新开垦水田。地力指数为土壤有机质含量。从事粮食生产的新型农业经营主体在政府耕作制度的指导下，进行农业生产的同时对耕地地力进行保护，并经专业机构对耕地有机质含量进行测定。在保险期间，保险耕地的有机质含量地力指标变化幅度大于 −5% 时，视为保险事故发生，保险公司按照约定负责赔偿。具体以投保时的有机质含量指标为基准，约定标准保险周期结束后，根据实际测得保险耕地的有机质含量，确定有机质含量的提升幅度。该保险保费区财政补贴 80%，农户自负 20%。

五是跨省瓜农补贴异地共保。海南省勐海县大棚西瓜种植面积约 3 万亩，黄岩区户籍瓜农在勐海县种植西瓜面积约 2 万亩，为当地农户提供了很多就业机会，带动了当地餐饮、旅游、大棚建材等行业的发展，同时也将西瓜种植技术传授给当地农民。近几年，由于天气变化异常，雨灾、风灾、旱灾等天气经常出现，威胁着瓜农的经济利益。黄岩区为此出台了《扶持黄岩西瓜产业在全国高质量发展的政策意见》，选定勐海县作为政策性西瓜保险的首个试点区域，中国人民财产保险股份有限公司作为承保公司，试点面积10 000 亩，主要针对在勐海县种植大棚西瓜的浙江台州黄岩区户籍瓜农，保险费的 50%由黄岩区财政补贴，另外 50% 保费由自愿参保的黄岩区户籍瓜农自缴。补贴对象为种植地点在勐海县的参保政策性大棚西瓜种植保险的黄岩区户籍瓜农。补贴对象必须严格按照勐海县人民政府办公室印发的《勐海县制止耕地"非农化"防止耕地"非粮化"稳定粮食生产工作方案》开展种植活动。保险标的需符合以下三点要求：经政府部门审定的合格品种，按照当地西瓜种植规范标准和技术管理要求，种植面积在 20 亩（含）以上，生长正常的西瓜；供西瓜种植使用的大棚，建造符合当地普遍的技术要求；种植场所在当地洪水水位线以上的非蓄洪区、行洪区。保险责任在保险期间，由于暴风、龙卷风，暴雨、洪水（政府行蓄洪除外），雹灾、泥石流、山体滑坡、火灾、雷击，空中运行物体坠落直接造成保险西瓜的损失，保险人依照本保险合同的约定负责赔偿。

5. 引导农业绿色发展社会资本的投入

一是坚持项目引领，增大资金投入。在黄岩区荣膺第一轮省"两山（二类）"建设财政专项激励区县之后，便发挥省"两山"激励资金"四两拨千斤"作用，配套实施三年总投入 198 亿元的 34 个"两山"项目，撬动 65 亿元工商资本共同参与。同时，黄岩区还不断加强财政投入，区财政建立了 2.17 亿元的"资金池"用于村居建设。此外，在区委区政府的鼓励和引导下，工商资本、金融资本、社会资本的上山下乡，也成了乡村振兴的新动力，区农商银行建立小微金融服务平台，为薄弱村提供 1.5 亿元的金融贷款，并授信 5.39 亿元用于美丽乡村建设。

二是积极引入高校社会资本。由于宁溪镇乌岩头村"九山少水一分田"和位于长潭水库上游这一特殊的地理位置，不能发展工业项目，所以乌岩头村盘活荒地引入社会资本，扭转土地空置情况，大力发展特色种植业，种植"红美人"、中草药、猕猴桃等，结合果园观光、生态采摘等开发特色旅游，丰富乡村旅游新业态。2018 年 2 月，全国首家以乡村振兴为主题的干部培调基地——同济·黄岩乡村振兴学院在黄岩宁溪镇揭牌成立。学院分为南北两个校区，南校区就设在乌岩头村。同济大学教授杨贵庆在了解当地民情，与村民们进行互动沟通后，现场指导乌岩头古村落进行整体保护与修复，同时充分利用自然风光和人文景观，开发旅游项目，推动当地历史文化村落展现新面貌、实现新发展。

三是不断探索乡村振兴新模式。2022 年，黄岩交旅集团与同济大学、云端觅境公司、乌岩头村联手打造高端民宿"半山半水泮云间"，该项目成为黄岩区探索"村集体 + 高校 + 企业"乡村振兴新模式的重要样板，不仅为村民提供更多的岗位，并且为村集体提供保底收入和资源分红，进一步带动乌岩头村旅游经济的发展。项目建成后，将联动演太线金廊工程、乌岩头古村、黄仙古道等景点，盘活村内柑橘、猕猴桃等种植基地，利用自然山水等资源，打造集赏景品果、采摘游玩、古村研学、康养休闲、生态示范、生产创收于一体的综合性景区村。

四是政府搭台引资，吸引回乡创业。开展"百企扶百村""千名乡贤帮百村"活动，引导 400 多名乡村能人返乡投资，带动 5.7 亿元社会资本参与扶贫开发。如北洋镇依托农业特色小镇打造，引进蓝美庄园、绿沃川农场、中德农场等一批高效益现代农业综合体，蓝美庄园每年可为所在村集体创收 130 万元，提供就业岗位 200 多个。通过"农户 + 基地 + 药企"合作模式，鼓励中药材龙头企业参与库区中草药种植，助力"消薄"。黄岩区初步确定了以"浙八味"为主的种植方向，上垟乡流转 449 亩土地，以引导种植大户回乡种植中草药。

五是创新结对方式，提供"妈妈式"服务。黄岩区 2015 年正式出台《首批浙商回归项目"认娘家"服务活动方案》，如北洋镇蓝美庄园由区委办公室认领，为其在土地、劳动力、技术、资金等要素配置上提供贴身"妈妈式"服务，帮助协调解决投资商在项目推进中遇到的难题，以及办证、求学、就医、建安置房等工作生活所需。2017 年出台《黄岩区招商项目行政审批"两包"服务方法》，对落户黄岩区并已签署投资协议的招商项目，由区重点项目审批代办服务中心对其实行审批手续包办、审批规费包干，并对重大引进项目、签约项目实行"一对一"VIP 服务，从签约到落地投产全程跟踪服务。

三、市场价格调节机制建设

（一）健全资源有偿使用机制

农村生态环境补偿与农业农村绿色发展相互依存、相互促进。在水资源建设、林业建设、土地整治、生态屏障建设等生态环境补偿过程中培育绿色产业，而生态农业、观光农业、乡村旅游、绿色加工等绿色农业的发展能够促进生态环境改善。二者协同推进有利于提升生态环境补偿效率，更好推进农业农村绿色发展。

1. 进一步落实和完善农业资源有偿使用制度

黄岩区以浙江省 2005 年 8 月出台的《关于进一步完善生态补偿机制的若干意见》为指导，结合本地区位特点，进一步落实和完善农业资源有偿使用制度，逐步建立政府引导、市场推进、社会参与的生态补偿和生态建设投融资机制，推动农业资源保护与节约利用。

一是通过财政转移支付向生态保护者提供资源保护和生态环境改善经费。浙江省已陆续实施了水、矿产等资源的有偿使用制度，征收资源补偿费，用于水资源和矿产资源的保护与管理。省财政每年安排 33 亿元以上财政转移支付资金支持欠发达地区，其中有相当一部分用于当地的生态建设。在此基础上，黄岩区政府通过建立县域生态补偿基金、生态公益林补偿基金等多种形式、多种渠道筹集生态补偿经费，用于环保基础设施建设和生态环境的保护与修复。

黄岩辖区内的长潭水库作为台州市唯一地级以上集中式饮用水源，承担着台州市区及温岭、玉环等地 300 多万市民和数万家企业的安全供水。为有效调动黄岩区及库区乡镇保护水源的积极性，2009 年 11 月台州市人民政府办公室出台实施了《台州市黄岩长潭水库库区生态补偿实施办法》。为适应饮用水源保护要求和老百姓生活水平提高需要，2021 年出台了《长潭水库生态补偿资金和生态建设补偿资金管理办法》，进一步完善长潭水库生态补偿机制，加大补偿力度。按照每年各地实际用水量比例来确定资金分担，进一步凸显"谁受益、谁补偿"的生态补偿原则。坚持循序渐进、合理补偿、统筹兼顾、突出重点原则，黄岩区根据保护范围内群众基本生活保障需要，每年动态调整生态补偿资金和生态建设补偿资金的分配比例，其中生态补偿资金分配比例每年不得低于 50%。"十四五"期间的筹集总额增长 29%，比"十三五"筹集总额翻一番。

二是构建以绩效为导向的耕地保护补偿标准。2016 年 3 月，在总结多年试点实践经验的基础上，浙江省国土资源厅会同省农业厅、省财政厅联合下发了《关于全面建立耕地保护补偿机制的通知》，明确从 2016 年起，全省各市、县政府要按照"谁保护，谁受益"的要求，对耕地保护进行经济补偿，在全省建立耕地保护补偿机制。总体目标是通过建立耕地保护补偿制度，落实耕地保护共同责任机制，使农村集体经济组织和农户能从保护耕地和基本农田中获得长期的、稳定的经济收益，切实加强耕地用途管制，层层落实最严格的耕地保护制度，使浙江省耕地和基本农田能得到有效保护，促进经济社会全面协调可持续发展。黄岩区结合本地实际，将强化耕地保护补偿资金分配与保护成效挂钩，规范补偿资金发放和管理。提出有条件的地区要进一步提高补偿资金标准，扩大补偿资金发放范围，充分调动村级组织保护耕地的积极性。出台《黄岩区坚决制止耕地"非农化"防止耕地"非粮化"工作方案（2021）》，提出制止耕地"非农化六个严禁"，防止耕地"非粮化四个禁止"。优化补贴资金发放办法，强化种粮导向，取消抛荒耕地承包农户的中央耕地地力保护补贴。

三是进行粮油补贴的数字化改革试点。鉴于种粮补贴工作中，农户对政策不清晰、申领不便捷，相关部门操作程序繁、工作效率低、行政成本高，农户和政府两个需求端的问题成为痛点、难点。浙江省出台了"粮补直达"改革举措。"粮补直达"是以粮油补贴数字化改革为重点，以规模粮油种植补贴、耕地地力保护补贴和一次性种粮农民补贴为抓手，应用"粮补直达"系统实现农户自主申领，资金"一键到账"的补贴发放系统。2023年，黄岩区作为当年度省"粮补直达"试点区县，积极构建"粮补直达"应用场景，打通农业、发改、财政、自然资源、统计、粮食物资、金融等部门业务数据，归集粮食政策、大户、耕地、种植、收购、贷款、保险等基础信息，集成补贴申报受理、种粮面积核实、补贴金额测算、补贴信息公示、主体确认补贴信息等功能到应用平台，实现动态补贴网上申请、网上发放、资金直达。

2. 深入推进农业水价综合改革

"十三五"时期以来，黄岩区积极践行"节水优先、空间均衡、系统治理、两手发力"的治水思路，贯彻落实最严格水资源管理制度，深入实施国家节水行动，全面推进县域节水型社会达标建设，在水资源节约和保护等方面取得了显著成效。2018年，浙江省水利厅确定台州市为全省农业水价综合改革试点市，黄岩区也于同年启动农业水价综合改革工作。2020年11月，黄岩区通过农业水价综合改革市级验收，农业水价综合改革工作稳步推进，全面完成改革面积任务，全面建立完善"四项机制"，全力推进"八个一"进村落地见效。截至2022年，实施农业水价综合改革面积13.995万亩，农田灌溉水有效利用系数提高至0.592。

一是农业水价形成机制。坚持以总体上不增加农民负担为前提，按照总量控制、定额管理的要求，在农田水利设施和量水设施配套完善及节水技术得到推广的前提下，对超定额用水探索惩罚机制。区水利局联合发改局出台了《关于核定黄岩区农业分类用水价格试行标准的通知》，建立健全骨干工程及末级渠系农业水价形成机制，明确粮食作物水价为0.08元/米^3，经济作物水价为0.27元/米^3。超额用水制度规定：用水量超出定额10%以内（含），超出部分水价按照指导价的1.1倍标准计；用水量超出定额10%～30%（含）时，超出部分水价按照指导价的1.2倍标准计；用水量超出定额30%

以上时，超出部分水价按照指导价的 1.3 倍标准计。

二是精准补贴和节水奖励机制。为大力推广节约用水，保障农民种粮积极性，促使农田水利设施良性运行，黄岩区不断探索，在 2018 年 9 月建立了《黄岩区农业水价综合改革工作绩效评价办法（试行）》和《黄岩区农业水价综合改革试点区精准补贴及节水奖励办法（试行）》，平原地区补贴标准为 8 元 / 亩，山丘区补贴标准为 7.5 元 / 亩，并且根据考核结果，对改革范围内的村实行差别化补贴。通过设置不同补贴标准，引导农业用水管理小组重视农田水利设施的管护。

三是工程管护机制。全区 19 个乡镇（街道）已明确以村级或灌区为单位的终端管理组织，落实管护责任和管护人员，负责灌区日常用水管理工作；完成各村共计 160 座山塘和 160 机埠信息的注册登记，共发放所有权证书 275 本，并将山塘、机埠、堰坝、沟渠等小型农田水利设施计入村集体资产，明确工程产权人，落实管护责任；出台水利工程维修管护办法、工程检查制度、灌溉用水管理制度等管护机制，明确终端管理组织成员工作职责，规范了放水管理和工程管护，相关制度均印制在放水员工作记录本上，各典型灌区实现了制度上墙。

四是用水管理机制。黄岩区农业水价综合改革三年期间共安装 62 套自动化用水计量设施，全区所有自动化用水计量设备均可通过农业水价综合改革管理平台查看各测点用水情况。同时，全区灌溉机埠已全面完成"以电折水"系数测算分析工作，并将成果汇总成表。通过"一镇一点"带动全区的方式，推算各村用水量，区年度实际用水量与绩效评价工作机制挂钩，根据用水情况发放节水奖励。2019 年，按照浙江省水利发展"补短板、强监管、走前列"总体要求，为加强用水管理和信息台账管理，开发了黄岩区农业水价综合改革信息化管理与考核系统。该系统实现灌溉用水监测，实时监测包括了用水量的数据监测和采集设备的状态，用户可查看实时的用水量数据以及设备的状态信息，达到"总量控制、定额管理"的目的。

（二）推动绿色农产品市场价格的实现

1. 推进绿色优质农产品优质优价

一是制定地方性生产标准，以"标准化"促进质量提升。黄岩区按照"一个品种、一个规划、一个方案、一套标准、一套技术服务体系"的"五个一"原则，制定地方性生产标准。通过严格控制化肥、农药的施用，杜绝使用高毒、高残留化学农药，促进循环农业发展，实现绿色优质农产品的生产，使经济效益和生态效益两者相得益彰。以茭白生产为例，通过实施标准化栽培与采收，茭白优品率提高了 5% 以上，农药残留合格率达 99% 以上。茭白品质的提升，带动了品牌的打造，黄岩"西红岩溪"茭白的市场价格和利润上升了 20% 左右。截至 2022 年底，黄岩区已制定《茭白生产标准综合体》等省级团体标准和地方标准 17 项，农作物绿色高效施肥等模式 17 套，打造绿色技术核心试验区 9 个，应用试验示范面积累计达 3 万亩，建成省级低碳生态农场 3 家、省级化肥减量增效（化肥定额制）示范方 4 个、省级农作物病虫害绿色防控（农药定额制）示范区 2 个。

二是提高区域品牌认证率。近年来，黄岩区以国家农产品质量安全市创建为助推器，农产品质量安全水平保持良好态势，优质农产品数量逐年增加，获得区域品牌认证的农产品价格得以大幅提升。截至 2023 年 4 月，全区绿色优质农产品比率达 57.14%，共有"有机食品" 45 个，"绿色食品" 77 个；省农博会上农产品金奖数连续多年保持全市前列；已成功获得"黄岩红糖""黄岩东魁杨梅""黄岩蜜橘""黄岩茭白"国家农产品地理标志登记证书，数量居全市首位；台州绿沃川农业有限公司、台州市黄岩良军茭白专业合作社、台州市黄岩官呑茭白专业合作社、台州市黄岩利民茭白专业合作社四家企业获中国良好农业规范（GAP）认证。黄岩茭白入选全国名特优新农产品名录。

三是科技赋能，提升农产品的品质与价格。自 2021 年起，黄岩区开展了为期两年的柑橘品质提升技术研究专项行动，努力攻克黄岩蜜橘新品种选育、本地早品质提升研究与推广、优良杂柑品质提升及养分管理研究、"红美人"等杂柑浅加温技术研究及示范、"红美人"果实品质形成与土壤和叶片营养关系的模型研究等难题，取得多项具有授权专利的生产技术配套方案。"红美人"常规栽培成熟期为 11 月下旬。随着该品种在浙江省内、国内迅速发展，市场竞争日趋激烈。在专利生产技术的加持下，黄岩区生产的柑橘提前两个多月成熟，虽然上市时间早，但品质和指标丝毫不差，由于错峰上市，竞争少，价格比正常市场价高了 2 倍左右。

2. 扶持绿色优质农产品的营销

为规范且健康地推进黄岩区农产品营销体系建设，进一步推进农产品与市场、超市、农产品加工企业的对接，进一步提升农产品品牌创建意识和营销宣传的影响力，进一步改善农产品直销、网络营销、冷链储藏、物流配送等领域的流通环境，培育壮大农产品营销主体的队伍，提高农产品的市场竞争力，2020 年黄岩区制定了《台州市黄岩区人民政府关于进一步扶持农产品营销工作的若干政策意见》（黄政发〔2020〕19 号），提出了四个方面的具体措施。

一是扶持培育农产品营销主体。①支持农超对接。对农产品营销主体销售黄岩本地优质农产品（优质农产品是指取得相关认证或质量可追溯的农产品。）当年进大型超市，销售在一年以上的，给予一次性奖励进场费的 30%，最高限额 10 万元。②支持营销主体网络销售农产品。对当年通过各种网络平台，以 B2C、C2C 形式销售黄岩本地优质农产品，经专项审计确定，销售金额达 20 万元以上的奖励 1 万元，销售额达 50 万元以上的奖励 4 万元，销售额达 100 万元以上的奖励 10 万元，销售额每增加 100 万元，再奖励 10 万元，最高限额为 30 万元。③支持营销主体收购本地农产品。对当年收购本地农产品 200 吨以上的营销主体（含农业龙头企业、返销大户），凭收购合同、发票等有效证明，给予 2 万元奖励。④支持本地农产品经营业主收购、销售与区政府结对的扶贫对口地区农产品。当年本地农产品经营业主收购、销售扶贫对口地区农产品，凭收购合同、收购发票、销售台账等有效证明，经专项审计确定，经区发改局、商务局等有关部门认定，收购并销售（不累计，以销售额为准）金额达 50 万元以上的奖励 3 万元，最高限额为 3 万元。

二是扶持农产品营销冷链等设施建设。①对农业企业、专业合作社、家庭农（林）场等农业主体，用于农产品冷藏的新建气调库等冷链设施，给予 70% 的补助。其中容量在 25～50 米^3 的最高限额 3 万元，51～99 米^3 的最高限额 4 万元，100～149 米^3 的最高限额 5 万元，150～199 米^3 的最高限额 7 万元，200～299 米^3 的最高限额 8 万元，300 米^3 以上的最高限额 15 万元。对已建气调库的主体，新购置杨梅抽真空包装机，给予 70% 补助，最高限额 1 万元。每个农业主体限补 2 个，一年只能补助 1 个。②对经营主体新购买的标准厢式冷链运输车用于农产品运输的，2 吨以下（含 2 吨）的，每辆按购车价的 40% 予以奖励，最高限额 4 万元；2 吨以上的，每辆按购车价的 30% 予以奖励，最高限额 8 万元。每家经营主体限奖 2 辆。

三是扶持创建农产品名优品牌。对新获得"中国名牌""中国出口名牌""中国驰名商标"（行政认定）、"证明商标""浙江名牌""浙江知名农业品牌""浙江名牌农产品""浙江出口名牌""浙江省知名商号""浙江农（林）业十佳、十大"等称号的单位，奖励政策参照《关于推进经济转型升级的若干政策意见》（黄区委发〔2016〕28 号）文件执行。对农产品当年获得地理标志产品专用标志的申报单位一次性奖励 10 万元；对农产品当年获得国字号的各类特产之乡称号的申报单位一次性奖励 10 万元；对当年获得区级政府性组织的获奖农（林）产品，奖励 1 000 元；对当年获得市级政府性组织的获奖农（林）产品，奖励 2 000 元；对当年获得省级以上政府性组织的金奖农（林）产品，每个产品奖励 10 000 元，获省级以上优质产品奖的，每个产品奖励 3 000 元。

四是扶持农产品展示展销宣传推介活动。①支持农产品专题推介活动。经区政府同意，主管部门组织的在省会城市（较大城市）举办专题农产品推介活动的，给予全额补助；经主管部门批准，由营销主体自行举办的农产品线上线下推介活动，给予 70% 推介经费补助，最高限额 10 万元。②支持农产品广告宣传。对当年农产品户外广告、电视广告宣传经费达 15 万元以上的单位，经核实后，给予一次性 5 万元的补助。对各营销主体统一制作的黄岩精品水果宣传广告，方案经主管部门审核批准后，广告费用给予全额补助。

（三）开发绿色农业生态价值

黄岩区通过大力发展以文化体验、摄影绘画、农副产品加工、水果休闲采摘等为主导的多元文化休闲旅游产业，打造休闲旅游品牌，拓展农业多种功能，促进一二三产业融合，提升生态产品价值，协同推进生态产品市场交易与生态保护补偿，实现生态产品价值有效转化。

1. 打造休闲旅游品牌，促进生态产品价值转换提升

黄岩区"农旅金廊 2 日游"被列入浙江省 2018 年"110 条休闲农业与乡村旅游精品线路"，也是台州市唯一一条入选线路，涵盖了黄岩区第一个 AAAA 景区柔川景区（图 6-1）、黄岩柑橘博览园、黄岩红糖体验文化园、蓝美庄园（图 6-2）、绿沃川农场、屿头沙滩村、美丽乡村范例宁溪镇乌岩头村（图 6-3）、富山半山古村落（图 6-4）等多个景点，其中国柑橘博览园所在地澄江街道凤洋村和溪上桃园所在地头陀镇溪上村入选"100 个最美田园"。这条旅游线路给游客带来了可观、可游、可感、可康养、可居的全新体验，同时带动了生态农产品销售，促进了其价值转换和提升。

图 6-1 柔川景区

图 6-2 蓝美庄园

图 6-3　宁溪镇乌岩头村

图 6-4　富山半山古村落

以"红色乡情"为主题的黄岩区"红色记忆·寻山问水"精品线路被列入2021年浙江省休闲农业和乡村旅游精品线路名单和2022年"浙里田园"休闲农业与乡村旅游精品线路名单。这一条线路上有充满红色革命精神的中共台属特委机关旧址、浙东浙南部队会师纪念馆；也有将山水景观与红色旅游文化相糅合的浙东十八潭景区；还有坐落于平田乡黄毛山茶场，海拔670米的天空之城、有"天然氧吧"之称的柔川景区；以及位于海拔465米的仙机峰上、首个以星空文化为主题的星光公园。其中2021年天空之城已建成配套游步道、定制木屋、风车、茶田小亭、茶室等，拟打造成集高山茶园景观欣赏、茶产品购销、户外拓展、烧烤露营、民宿餐饮、农事体验科普教育于一体的农旅基地；星光公园建有 3D 星空模拟馆、天文资料实物展厅、星光体验区、天文观测区等设施，拟打造成为"天文＋教育＋文化＋休闲旅游"科旅融合的休闲综合体。

以"绿色康养"为主题的"水天一色·醉美长潭之旅"与"红色记忆·寻山问水"之旅同时被列入 2022 年"浙里田园"休闲农业与乡村旅游精品线路名单。"水天一色·醉美长潭之旅"包括了蓝美庄园、柔川景区、乌岩头村、白鹭湾版画村、中国柑橘博园等经典。蓝美庄园是台州市首批中小学生研学旅行营地，也是第十批浙江省生态文明教育基地，国家 AAA 级旅游景区等，借助多样化的场地环境，蓝美庄园设计了许多针对中小学生的研学课程。白鹭湾版画村位于黄岩西部的柔极岭下、长潭水库之畔，距离城区 32 千米，是黄岩进入宁溪古镇的第一个村。自 2015 年开始，白鹭湾版画村抓住美丽乡村发展机遇，开始推进美丽乡村建设，以本村乡村能人、全国著名版画家顾奕兴的版画作品为特色，建成了版画主题文化礼堂、顾奕兴版画工作室，并在村舍墙体画上顾奕兴的版画，全面建设白鹭湾田园综合体，并创新打造"版画"主题的乡村旅游。2023 年，白鹭湾版画村入选浙江省乡村振兴局公布的"百村争鸣"十大系列文化艺术村名单。

2023 年，黄岩富山大裂谷与半山村入选浙江省"四市百村"首批乡村旅游精品路线。黄岩富山大裂谷旅游区位于黄岩富山乡，海拔 800 余米，为 6 000 万年前花岗斑岩山体崩塌形成的现代冰缘地貌、山崩地裂地质遗迹，距黄岩城区 59 千米，与温州永嘉楠溪江风景区毗邻，区位优越，交通便捷。旅游区常年云雾缭绕、崇山峻岭、涧水长流，自然环境十分优美；古村落、古作坊、古民风韵味十足；而地质演变形成的地裂山崩景观更是国内罕见的珍品。旅游区现有富山问财、裂谷寻宝、古壁修篁、石亭锦帆、山崩地裂、洞府双龟、天坪餐秀、双岩涌泉八大分景区。富山乡半山村位于黄岩西部，距黄岩城区约 57 千米，离乡政府所在地 5 千米。村庄始建于北宋年间，具有 800 多年历史的半山古村藏匿于一片竹林之间，从黄岩至永嘉的黄永古道穿村而过，村子里，溪边屋旁，种满了梨树、紫藤花等。以半山村"古道古树古村落、半山半水伴人家"的格局为基础，已经成功举办了多届梨花节（花朝节），在吸引人气的同时，也复活了"花朝节"这个具有 2 000 多年历史的传统节庆。

2. 挖掘农业文化遗产，以文促旅

农业文化遗产已经成为农业国际合作的一项特色工作，在促进农村生态文明建设、美丽乡村建设、农业绿色发展、多功能农业发展和乡村振兴、脱贫攻坚等方面发挥着重要作用。黄岩区在严格保护生态环境的前提下，深入挖掘黄岩蜜橘筑墩栽培生态系统、东魁杨梅农业文化遗产的价值，让这一兼具农业经济发展、生态保护和传统文化传承功能的遗产焕发新的活力。

黄岩素有"中国蜜橘之乡"之称，三国吴沈莹 264—280 年撰成的《临海水土异物志》对此已有记述，唐代黄岩蜜橘已被列为朝廷贡品。黄岩蜜橘筑墩栽培生态系统是黄岩祖先们在永宁江两岸含盐量较高的滩涂地上，台风季节常遭潮水的侵害、雨季常遭遇永宁江上游下来的洪涝侵害，在这种不利条件下，他们将陆地筑墩栽培和潮汐河道进行巧妙组合，形成了"筑墩淋卤，卤流大海，海潮涌河，营养肥泥，河泥雍橘，咸淡交替，优果延年"的独特低洼沿海盐碱滩涂地的土地利用方式和生态农业循环系统，至今有千年历史。在陆地柑橘栽培系统中，盐碱地通过筑墩淋卤，不仅使土壤含盐量迅速下降，而且降低了橘园的地下水位，从而确保了墩上橘树正常生长；在潮汐河道系统中，涨潮时海水带来大量营养元素并沉积在河道的淤泥中，富集海水营养的淤泥冬季被挖运覆盖到橘墩四周作为橘树肥料，使潮水带来的海水营养物质得到了有效的利用，减少了橘树肥料使用量，年年周而复始。2020 年，浙江黄岩蜜橘筑墩栽培系统被列入中国重要农业文化遗产，同年黄岩还举办了浙江首届中国重要农业文化遗产大会黄岩峰会。

自 1999 年举办首届黄岩柑橘节以来，一年一度的黄岩柑橘节成为黄岩区重要的文旅节庆活动，是以橘会友、以橘联谊的重大盛会。近年黄岩区深挖农遗文化内涵，开展"中华橘源·山水黄岩"品牌推广，不断扩大橘文化影响力，把"中华橘源"打造成集农业旅游观光、农业文化遗产展示、农业生产于一体黄岩蜜橘农旅中心。2020 年的柑橘旅游节首次推出了"上海万人游黄岩"活动，这项活动主要面向长三角地区特别是上海客源市场，宣传推介黄岩"千年永宁"文化、蜜橘采摘体验和美丽乡村旅游等精品文旅产品，还设计并推出适合上海市场的线路产品，将区内重点景区、相关饭店、相关旅游线路及优惠举措纳入上海"乐游长三角"网络服务平台，组织实施文化旅游专场。赴上海开展旅游市场营销，做大地接市场、拓展休闲度假旅游市场，把黄岩打造成为上海市民首选的旅行出行地之一。

东魁杨梅是目前世界上果实最大的杨梅品种，具有优良的品牌产业链潜力。截至 2022 年底，全国东魁杨梅栽种面积近 30 万公顷，占全国杨梅栽种总面积的 40% 以上。2022 年，黄岩区规划于江口街道东魁村建设黄岩东魁杨梅母树文化公园，总用地面积为 2.7 万米^2。工程拟围绕百年东魁杨梅母树铺开，结合东魁杨梅文化展览馆建立一个可持续发展的生态环境和集东魁杨梅种植技术、生产销售于一体的示范展示先行区，传承发扬东魁杨梅种植历史，形成东魁杨梅的展示窗口和品牌效应。

近年来，黄岩深入挖掘弘扬东魁杨梅母树文化，推动杨梅产业发展壮大。2021 年 6 月，黄岩区被列入省财政厅乡村振兴产业集成项目示范县，大力推进"一心（江口东魁杨梅始祖核心区）、一带（平田乡高山十里东魁杨梅新型产业园区）、一环（环库区罗幔杨梅链状新型产业园区）、一平台（杨梅全产业链服务平台）"建设，加快形成黄岩东魁杨梅集群效应。黄岩区政府还在每年初夏（6 月）举办杨梅采摘旅游节，包括美食节、亲子采摘体验活动、全国杨梅发展研讨会暨东魁杨梅开采仪式、杨梅节越野赛等活动，以"梅"为媒，将农业旅游产品与各类活动联系到一起，提升价值链，有力地拉动了特色农产品的销售，助力农民增收致富。

● 中国柑橘博览园"最美田园" ●

黄岩蜜橘，始于三国，盛于唐宋，种植历史长达 2 300 多年。中国柑橘博览园坐落于中国蜜橘之乡的黄岩区澄江街道凤洋、山头舟一带，是"黄岩蜜橘"的核心基地，也是黄岩蜜橘的发源地。园区始建于 2008 年，占地面积 1 500 亩，是一个集蜜橘文化展示、观光休闲、品尝采摘、生产加工于一体的多功能参与性的特色农业观光园区。于 2017 年成功创建国家 AAA 级旅游景区，先后获浙江省标准果园、省级农家乐精品点、浙江省科普示范基地、台州市美丽乡村精品村等称号。

中国柑橘博览园地理位置优越，距台州主城区仅 8 千米，距甬台温高速公路入口仅 13 千米，距高铁台州站仅 15 千米，距台州机场仅 28 千米，交通非常便捷。

中国柑橘博览园已建成入口广场、咏橘碑林、诗意游步小道、仿古木桥、精品基地、大型橘神雕塑、中国柑橘博物馆、黄岩名人馆以及柑橘品种园、绿道健身区、柑橘景观桥、游船码头和水上游乐区等景观设施，柑橘展销中心、烧烤广场、游客接待中心等服务设施，还建有学生素质教育馆等科普体验基地，把文艺演出、文化展示、柑橘采摘品尝、农产品营销推介融为一体，已连续举办了八届"橘花节"和"柑橘采摘节"，年接待游客从建园初期的不足 2 万人次发展到现在的 30 万人次以上，有效带动了地方旅游业和二三产业的融合发展，为"黄岩蜜橘"产业的可持续发展作出了积极贡献。园区以"互联网＋农民专业合作社＋柑橘营销大户"为经营模式，带动了以"黄岩蜜橘"为主的特色产业和其他相关产业的发展，年新增收入 500 多万元，为"黄岩蜜橘"产业的可持续发展作出了一定的贡献（图 6-5）。

图 6-5　中国柑橘博览园

3. 推动历史文化村落的"活态"保护利用

作为人类文明的重要遗产，传统村落总体布局所蕴含的自然生态智慧和社会内涵，其幸存的优秀历史建筑、建造工艺和构建，以及所承载的非物质文化遗产等，需要通过传统村落整体空间结构的保护和传承实现其地方文化价值和可持续发展。黄岩区通过实施优秀农耕文化保护与传承示范工程，发掘农业文化遗产价值，推动历史文化村落的"活态"保护利用。

一是深化校地合作。不断深化与同济大学、浙江工业大学、德国柏林大学等中外高校的合作，组建了由同济大学杨贵庆教授为首席的美丽乡村建设专家智库，形成了一整套遵循"实践—理论—实践"规律的历史文化村落建设规划的成功经验。自2012年以来，"同济大学美丽乡村规划教学实践基地""中德乡村规划联合研究中心"先后落户沙滩村、乌岩头村、头陀村等历史文化村落，秉承"功能注入"的思路，为传统村落物质空间寻找到适应当代的经济社会文化功能，加以适应性改造，结合乡村基础设施的建设，使得传统村落不仅具有独特的乡土风貌特征，而且具有与城市媲美的现代化宜居水平。并基于黄岩实践，编写了《黄岩实践》《乌岩头村》及《乡村人居：黄岩村庄风貌导则探索》。宁溪镇乌岩头村的"能人带动模式"被列为"浙江乡村振兴十大模式"之一，中办、国办转发的浙江省"千万工程"学习案例之一，以沙滩村"粮宿"为代表的绿色生态乡村建设实践，成为首届联合国人居大会报告案例并登上封面。

二是引进专业公司整体开发经营。富山半山村、乡村振兴学院南北校区（分别位于乌岩头村、沙滩村）由黄岩交旅集团统一运营。乌岩头村的半山区块引进"云端觅境"团队进行高端乡村度假区的规划设计、经营策划。引入专业公司运营使古村落集体经济得到持续发展。如乌岩头村半山区块以财政投入的700多万元作为村集体的入股金额，每年保底分红约20万元，此外再按经营状况获取利润分红。富山乡半山村将集体产权用房、竹林等资产部分租赁给黄岩交旅集团，部分作价入股参与经营，同时有30多户村民也将闲置住房出租，由交旅集团集中管理运营，可获得固定租金收入。

三是挖掘村落建筑文化、山水文化、耕读文化、红色文化、生态文化，识别村民的文化认同点，形成特定的"乡愁"和文化印记。村落的建筑和空间环境是历史文化的外化表现。对于传统村落的规划、修复和改造，必须进行文化的挖掘与定位，确立乡村独有的文化内涵，实施"文化定桩"。例如乌岩头村村口老石桥始建于清朝咸丰年间，是村落悠久历史的见证，作为"文化定桩"加以保护、传承和再利用。桥身共两跨，一跨为拱券形式，另一跨为石条平桥，但平桥早年被洪水冲垮。同济工作团队恢复保留了原有古桥的传统风貌，并作为步行功能连接改造后的"村民文化礼堂活动室"，成为提升村落历史文化内涵的重要步骤。这样黄岩区以《千村故事》"五个一"行动计划为载体，陆续将五代青瓷窑址、瑞岩寺、屿头太尉殿等37个文化古迹和翻簧竹雕、宁溪作铜锣、"二月二"灯会等27项民间传统文化艺术，应用到古村落的空间规划、村民日常生活和文化节会活动等各方面。

四、绿色发展组织体系建设

（一）加强组织领导

1. 成立农业绿色发展领导小组

黄岩区根据《中国共产党浙江省委员会农村工作实施办法》及时调整区农业和农村工作领导小组成员，由区委书记担任组长，区农业和农村工作领导小组办公室主任兼任副组长，牵头建立绿色发展协调推进机制，制定实施任务清单和工作台账。区委常委会每季度多次专题研究农业农村工作，建立区党委班子成员"包乡走村"常态化机制，跟踪督促重点任务落实，进一步完善区领导联系制度。2019年成立以分管农业副区长为组长的领导小组，具体负责全区农业绿色发展先行县创建的组织实施、政策制定、监督考核等工作。各乡镇人民政府、街道办事处明确分管领导，确定专职人员负责此项工作，按照"工作目标化、目标项目化、项目责任化"的要求，制订任务书，排出时间表，签订责任状，做到任务明确，责任到人。

2020年成立农业绿色发展支撑体系建设工作领导小组，由区长担任组长，区委、区政府分管领导为副组长，成员由区农业农村局、财政局、经济信息化和科学技术局、台州市生态环境局黄岩分局等有关部门组成。领导小组下设办公室，挂靠在区农业农村局，抽调区农业农村局、财政局、水利局等建设单位业务能力强的青年同志1～2名，实行集中办公，负责支撑体系建设的日常运行、牵头组织、综合协调、政策研究、督查考核等日常工作。将试点建设纳入黄岩区生态共富西部振兴战略专班的重点项目和区级目标责任制考核重要内容，由区四套班子领导挂帅推进，每两天上报工作进展，不定期刊出工作简报，红黑榜推进，构建层层落实、比学赶超的工作闭环。结合事业单位改革，增挂设立"省农科院·黄岩区国家农业绿色发展观测试验站"，由分管区长担任观测试验站站长，观测试验站下设粮油蔬菜、水果、畜牧、渔业等四个分站，明确编制人员，以保证长期运行。

此外，结合黄岩区创新强省农业科技（循环有机农业）示范试点、黄岩柑橘产业振兴发展、浙江省肥药两制改革试点、浙江省新时代乡村集成改革试点、浙江省农业标准化生产示范创建县等各试点及重点项目，分别成立以区政府分管领导为组长、各有关部门和相关乡镇主要负责人为成员的领导小组，各部门各乡镇结合实际，明确目标任务，细化政策措施，加强资金统筹，推进落实。区农业农村局及相关部门负责开展技术培训和监督管理，各部门通力协作，有序推进创新试点工作。

2. 组建专家智库

浙江省农业科学院、浙江大学、浙江农林大学、浙江省柑橘研究所等科研院所建立技术创新合作模式，组建由省农科院牧医所副所长任组长，省农规院副院长和省农科院数农所所长任副组长的农业绿色发展专家团队，形成长效工作机制，把握黄岩区农业绿色发展战略与方向。建立会商机制和合作机制，对承担技术应用试验任务的有关部门分别研究制定具体行动方案或工作措施，确保责任到人，形成分工协作、步调一致、共同推进的工作局面。建设新成果、新品种、新技术示范基地，探索搭建创新平台，进一步加强区院合作，完善黄岩区主导产业技术团队，为黄岩区农业绿色发展先行先试支撑体系建设提供保障。

（二）加强考核评价

2021 年黄岩区制定了《黄岩区农业主体绿色发展评价制度（试行）》，围绕"肥药两制"改革综合试点建设，抓好农业主体绿色发展的政策供给和制度创设，依托数字化手段开展主体评价和结果应用，科学反映主体绿色发展的进程和水平。通过进一步完善综合评价方法，科学运用统计数据、长期固定观测试验数据和重要农业资源台账等数据资源，开展农业绿色发展效果评价，着力打通农业优质优价的转换通道，从根本上激发农业主体绿色生产的积极性和主动性，不断增强农业可持续发展的后劲，推动农业绿色发展先行先试支撑体系试点县的建设。

1. 制定农业绿色发展评价指标体系

一是关联肥药定额施用。围绕主体信息上图入库、科学施肥用药、电子台账记录和合格证使用等重点内容，以肥药定额施用活跃度和定额标准执行情况反映农业主体的绿色发展水平，活跃度不达标或超限额施用的触发黄码。

二是关联产品质量检测。强化农产品质量安全对农业主体绿色发展的倒逼作用，产品检测涵盖快速检测、监督抽检等类型，覆盖生产、流通等环节，涉及农业农村、市场监管等部门，检测结果为不合格的触发红码。

三是关联产地环境监测。实行最严格的产地生态环境保护和监测结果关联制度，发生农业生态环境污染事件且涉及该主体的触发黄码。

四是跟进现场指导核查。作为农业主体绿色发展评价闭环的重要组成，现场指导核查中发现主体存在不符合要求的行为，根据触发程度分别赋黄码、红码；"三关联"涉及的问题和隐患经现场确认已整改消除的，转回绿码。

2. 建立健全规划实施监测评估机制

黄岩区建立健全考核协调机制，全面推行和完善以农业绿色发展为导向的政府评价考核机制。完善化肥农药使用量、废弃物资源化等调查核算方法，加强数据分析、实地调查、工作调度，对规划实施情况进行跟踪监测，科学评估规划进展情况。强化效果评价结果应用，探索将耕地保护、节约用水、化肥农药减量、养殖投入品规范使用、废弃物资源化利用、"全区禁渔"等任务完成情况，纳入领导干部任期生态文明建设责任制、乡村振兴实绩考核范畴。

2018 年黄岩区提出建立畜禽养殖废弃物资源化利用绩效评价机制，将畜禽粪污资源化利用纳入农业绿色发展示范创建，强化考核结果应用，健全激励机制和责任追究机制。2020年黄岩区把建设高标准农田、提标改造粮食生产功能区、永久基本农田保护、美丽牧场、增殖放流各种水生生物、农机安全、机器换人、推广农业新品种和开展农业核心关键技术攻关项目、培育农产品地理标志和"品字标"浙江农产品区域公共品牌、数字乡村及种养基地数字化改造、建设省级特色农产品优势区和农业产业化联合体、肥药两制改革及省级农资店建设、新建氮磷生态拦截沟渠、测土配方施肥覆盖率、推广有机肥施用量、农作物秸秆利用率、美丽乡村精品村、风景带建设等多项指标作为"实施乡村振兴战略实绩考核"指标。

2021年黄岩区将农业绿色发展先行县创建指标任务列入对乡镇的综合目标、生态区建设和"五水共治"等考核内容，提高考核分值。积极开展地方领导干部自然资源、资产离任审计，将生产中的化肥、农药使用量控制情况，兽药鱼药抗生素禁用情况、畜禽粪污、秸秆、农膜等回收和资源化利用情况，耕地、地表水使用情况、推行绿色生产方式、提升农产品质量品牌情况全部纳入年度综合目标考核，评价考核各地区资源利用、环境治理、生态保护、绿色生活等方面的变化趋势和动态进展，建立有制度、有标准、有队伍、有经费、有督查的绿色农业发展长效机制。

（三）加强宣传引导

1. 兼顾常规培训与针对性的宣传

黄岩区一方面坚持开展常规性的农业绿色发展培训，另一方面会结合重要的时间节点，开展针对性的宣传，增强农民节约资源、保护环境的绿色农业发展观念。

一是坚持常规性的培训。黄岩区农业农村局通过组织召开粮食、蔬菜、柑橘等培训会议、"三联三送三下乡"活动等，依托乡村振兴学院、田间学院和实训基地等平台，通过线上网络课堂和线下指导相结合，帮助广大农民群众、经营主体全方位拓展农业绿色发展、乡村振兴等知识。例如近年来黄岩区在组织农民培训时，针对农户需要，重点突出该区柑橘、杨梅、番茄、茭白等特色产业，聘请国家级、省级顶尖专家，对接几个主要示范性基地，进行现场指导、田间授课等常态化技术指导。截至2022年底，黄岩区共有省级高品质绿色农业科技示范基地19处，对接专家30多位。

多年来黄岩区以"进社区、进校园、进企业、进基地"系列活动为载体，构建起社会共治监督体系，建成了台州市黄岩农产品质量安全宣传教育基地。同时通过"绿色食品宣传月""食品安全宣传周"、黄岩区"宪法宣传周"等系列农产品质量安全法律法规宣传服务活动，开展下乡、进村、入户的普法宣传教育。

二是开展针对性的宣传。黄岩区根据区域的实际情况，结合上级管理部门的要求，针对性地开展农业"安全生产万里行"活动、安全生产问题整改"回头看"专题行、"三服务"专题行、危化品安全专题行、网上安全生产万里行、"农产品质量安全科普宣传直通车"等活动，组织进行食用农产品合格证宣传、优质农产品进社区、情况通报会、两代表一委员基地体验等活动，引导科学消费和理性消费，切实提高消费者的认知度、参与度。

为了巩固全国农产品质量安全县成果，深化"肥药两制"改革，推进全国农业绿色发展支撑体系试点县和省级农业绿色发展示范区创建，更好地服务基层群众、服务农业生产。区农业农村局启动了"绿色农业技术进百村（基地、主体）"项目，在全区各农业特色村、农业示范基地开展组团式宣讲、培训和服务活动。不仅请农业技术专家讲授绿色种植技术知识，还有农业执法人员讲解农产品质量安全相关知识，农产品种植中农药、化肥使用的法律法规。农技专家还到田头为农场工作人员进行现场技术指导。

2. 推介农业绿色发展案例

绿色是新发展理念的重要内容，黄岩以系统性的思维全力打好资源要素、产业基础、文化动能"三张牌"，宣传可复制可推广的农业绿色发展案例，推进发展方式绿色转型，推动绿色发展理念成为全社会共识。

一是总结典型经验，打造示范性绿色发展样板。2021年黄岩茭白生产模式入选农业农村部全国51个农业绿色发展典型案例之一（《"政策、技术、应用"齐发力　托起茭白产业共富梦》），并在全国农业绿色发展先行先试支撑体系建设工作会议上做典型发言。案例的主要举措包括：政策端驱动，实现财政精准式滴灌；技术端集成，发展标准化种植模式；应用端增效，打造全域型绿色示范。在推行了这些举措之后，黄岩区的茭白生产减少了化肥施用，提高了秸秆综合利用率，茭白的品质也得以提升，效益收入也不断攀升。

二是发挥示范主体的带头作用。黄岩区依托基层农技推广体系建设项目，将部分生产经营型新型职业农民培育对象纳入科技示范主体，这些示范主体带头应用新品种、新技术，并带动周边农户科学规范化生产。例如作为热带水果红心火龙果和多种果蔬草莓、樱桃番茄、"红美人"柑橘等水果种植的先行者，顾江波的博金农场已成为黄岩区果蔬产业的农业科技示范基地，直接带动周边水果专业合作社及种植大户的发展。台州市黄岩良军茭白专业合作社社长杨良军，除了自己种植60多亩茭白外，还带动周边200多户农民种植茭白，常年亩均收入达到15 000多元，使茭白种植成为当地的支柱产业。

> ━━━━◆ 黄岩"北洋清水"茭白供不应求的三个"法宝" ◆━━━━
>
> 北洋镇官岙茭白专业合作社生产的"北洋清水"牌双季茭白因具有鲜、白、嫩、脆、甜的特点获得众多消费者的青睐，并多次荣获浙江省农业博览会金奖，产品远销广州、武汉等全国十多个城市，年产值2 000多万元（图6-6）。
>
> "北洋清水"茭白供不应求源于三个"法宝"：一是优质水源。"北洋清水牌"茭白使用水源是长潭水库江北渠道，一级水源地，水质好。二是秸秆堆肥，循环利用（图6-7）。茭白秸秆通过粉碎后逐层堆叠，撒上有机物料腐熟剂、尿素等进行发酵，成为优质有机肥，每亩堆肥500千克可以减肥30千克。三是绿色防控。使用杀虫灯、性

诱剂、天敌、黄板等物理杀虫，利用生物防治控制化肥施用量和用药次数。

北洋镇官岙茭白专业合作社被浙江省农业厅授予"浙江省现代农业科技示范基地"和"一品一策"专项茭白全产业链质量安全风险管控示范基地等。

图 6-6　黄岩"北洋清水"茭白

图 6-7　茭白秸秆粉碎

第七章

经验、启示与展望

在经济增长的同时，如何降低对生态环境的不利影响，实现生态环境与经济发展的和谐共生，是人类面临的巨大挑战。习近平总书记明确指出，绿色发展是解决农业生态环境危机的根本出路。"十三五"时期，是中国农业贯彻绿色发展理念取得明显成就的时期，基本完成了《全国农业可持续发展规划（2015—2030年）》中"一控两减三基本"的任务。"十四五"时期，中国仍将继续沿着绿色发展的道路来规划和谋划农业的发展，进入绿色发展驱动的农业高质量发展时期。在国家层面通过加快体制机制创新，加大财政、科技投入等举措进一步推动农业绿色发展。黄岩的农业绿色发展起步较早，经过多年的探索，黄岩农业绿色发展先行示范样板亦初具规模且颇有成效，为持续推进绿色发展奠定了良好基础。当前，黄岩农业绿色发展正处于从初级阶段向高级阶段转化的关键时期，将面临诸多困难和挑战，但农业绿色发展作为持续性的系统工程，是实现农业高质量发展的必由之路。

一、国内外农业绿色发展经验

（一）部分国家推进农业绿色发展的举措

绿色可持续发展是当今世界农业发展的潮流，各国都在积极探索绿色农业发展的路径，构建切实有效的政策支持体系，以确定立足于本国特色的绿色农业发展模式。如以大规模农业为代表的美国资源减量智慧精准农业发展模式，以资源紧缺、小规模农业为代表的荷兰、以色列、日本、瑞典等国的循环农业低碳节能发展模式。

美国农业绿色发展大致可以分成三个阶段：启蒙阶段（20世纪前期至20世纪60年代）、快速发展阶段（20世纪60—90年代）、成熟及突破阶段（20世纪90年代以来）[3]。美国农业绿色发展的启蒙阶段较长，在此阶段美国的一些有识之士认识到化肥和农药的过度使用对农业和环境的危害，试图寻求农业可持续发展的路径。在农业绿色快速发展阶段，美国政府通过制定一系列的法律和法规来促进农业绿色发展。在成熟及突破阶段，美国政府以农村发展和农业的可持续发展为重点，根据绿色农业发展新情况补充完善了相关法律法规，并制定了一系列的政策和方案予以支撑。

荷兰农业绿色发展与美国的背景不尽相同，但也大致经历了三个阶段。第一阶段是20世纪80年代，其农业政策转型的最初目标就是治理养殖污染，也即严格控制畜禽养殖量。第二阶段是20世纪90年代，其特点是严格控制肥料和农药施用，通过监测农业生产活动过程中矿物质成分的实际流失量，防止农业生产对水体的污染。第三阶段是2000年以后，属于农业资源全面管理的阶段[7]。

日本的绿色农业发展同样也划分为三个阶段。第一阶段是绿色农业基础恢复巩固期（二战后至20世纪60年代），当时农业发展相对滞后，日本政府致力于强化小农经营模式，增加农民收入。第二阶段是绿色农业技术的提升期（20世纪70—90年代），政府在绿色农业技术方面给予补贴和扶持。第三阶段是农业绿色发展的和谐共进期（1990年至今），日本政府逐渐重视农业多功能性的发挥。

其他国家在绿色可持续农业发展方面的有效探索对于我国具有重要的借鉴意义，通过对部分欧美和亚洲国家的绿色农业发展经验加以回顾和分析，揭示其共性和经验，可以为黄岩区进一步推进农业绿色发展提供参照。

1. 出台相关法律法规为农业绿色发展提供法律保障

在美国的农业绿色快速发展阶段，美国政府通过制定一系列的法律和法规来促进农业绿色发展。首先，制定和实施了《农产品贸易发展和援助法》《粮食安全法》《食品、农业、水土保持和贸易法》等法律，与此同时还开展了"土地休耕计划""通过土壤保护计划、沼泽地保护计划、农夫条款、遵从条款等保护土地""乡村发展计划"等行动。其次，于1985年颁布和实施了《食品安全法》，首次将"环境保护"纳入农业法体系。最后，在其后颁布实施的《美国环境教育法》《食品安全法》和《联邦土地和管理法》中，农业政策工具的目标从农业内部的"污染治理"向整体"生态环境保护"转变。各州政府也结合本州实际制定了相应的绿色农业发展法律法规。通过依法治农，美国扭转了以往不可持续的农业发展道路，使绿色发展成为农业发展的主流形态。在成熟及突破阶段，美国政府进一步完善了相关法律法规。

在荷兰农业绿色发展的第一阶段，政府逐渐确立了各类农业环境保护法规。出台了《土壤保护法》，并制订畜禽养殖国家环境政策计划，要求从养殖结构调整、总量控制、粪便排放处理3个方面控制畜禽养殖业对环境的污染。此外还提出了化肥法案和农药削减计划，开始有计划地减少农业生产中工业化学品投入，提倡发展循环经济。在绿色农业发展的第三阶段，荷兰政府先后颁布实施了一系列法律法规，构建了较为完善的农业环境保护法规体系，制定了《动物粪便法》《土壤保护法》《水管理法》《自然保护法》等国家法规，明确了各相关利益主体的环境保护责任和义务，以限定种植养殖过程的养分施用和温室气体排放强度[7]。

在日本农业绿色发展的第一阶段，日本政府为加快农业土地使用权流转，相继颁布了《农业改良资金助成法》《山村振兴法》，修订了《粮食管理法》《农业协同组合法》等法律。1952年，日本制定了《农地法》，以法律形式确保了土地小规模家庭经营的合法性，倡导农业土地的集中连片经营和基础设施的共同建设，为农业绿色发展奠定了基础。

为了应对生态危机，解决农业污染带来的一系列问题，韩国政府首先通过立法对农业生产进行规范，大力推进亲环境农业发展，于1997年发布《环境农业培育法》，并将1998年定为"亲环境农业元年"。此后该法经过多次修订，2001年修改为《亲环境农业培育法》，2009年修改为《亲环境农业促进法》，为促进亲环境农业发展奠定了制度基础[8]。

针对农业生产过程中滥用农药和营养素以及土地的盐碱化对生态系统造成非常不利的影响，为保护农业物种遗传资源多样性，以色列将《生物多样性公约》及《濒危野生动植物种国际贸易公约》纳入了国家战略发展规划，将其作为制定农业政策的重点考虑因素[9]。并先后制定了《可持续农业发展计划》与《国家生物多样性战略行动计划》，把境内 25% 的土地预留出来用于生物多样性保护，旨在寻求实现农业发展与生物多样性保护之间的平衡。

2. 适时调整绿色农业发展支持政策

美国联邦政府和各州出台了一系列制度和政策，以促进农业生产和资源环境保护[10]。一是实行耕地轮作休耕、种植覆盖作物等制度。美国的耕地轮作休耕制度始于 1985 年，通过农民自愿参与和政府财政补贴，实施 10～15 年的休耕等长期性植被恢复保护工程，鼓励农户种植覆盖作物，以改善土壤质量、水质和修复当地野生动植物生态环境。二是狠抓水环境质量管控，以实现对水环境和水生态的强监管，维护好水质。三是建立完善的农业保险制度。美国的农业保险从农作物产量保险，发展到收入保险、指数保险等体系化的保险产品。从 1996 年开始，美国政府逐渐加大补贴力度，除了对农户提供补贴外，还为保险公司提供经营管理费用补贴、税收减免等优惠。这些农业保险措施，有效保障了农民在受灾或农产品价格低迷的年份也能获得预期收益。

欧盟 2014—2020 年制定的共同农业政策旨在促使农业生产更加市场化、自由化。该政策要求有 30% 的财政收入用于控制全球环境变暖和农业可持续发展，5% 用于支持乡村经济发展，对天气灾害等造成的损失进行补偿；30% 的农业补助资金则用于鼓励绿色种植。一是鼓励多样化间种和轮作，禁止单一品种种植，农场面积直接与需种多少种作物相关，增加生物多样性，减少病虫害。二是规定 15 公顷以上的耕地，要保留 5% 以上的耕地面积作为生态保护区，到 2018 年该标准提升为 8%。三是规定水源 5 米之内不能耕种，以保持水土，并对人工水沟的修建形态做出规定，以减少化肥农药直排。四是规定放牧的比例为每公顷最多只能放 56 头肉牛，奶牛则是 44 头。五是自 2005 年起要求平均每 78 公顷土地，必须有 1 名专职工作人员来管理。这些细化的规定为引导农户发展绿色农业，增强农业生产竞争力，起到了积极的推动作用。

在荷兰绿色农业发展的第二阶段，政府制定了更为严格的农业环境保护政策，在投入品减量、保护土壤质量、粪便和氨气排放控制等方面做了大量工作。政府同时也鼓励农户采取先进的饲养技术。2007 年，荷兰政府出台了新建动物圈舍低排放标准，将农业生产的环境保护要求由传统的种养环节进一步延伸到圈舍设计、种植养殖管理、废弃物处理等全生产链中。先后发布《畜禽养殖污染防治可行技术》《土壤环境质量标准》等一系列规范性技术指导和应用手册。另外，政府还积极支持研发可以转化应用的高效低残留农药和生物农药。在政策支持下，相关农场和企业积极采取措施，通过投资改进种养技术、提高管理水平，基本上达到了政府规定的新的工业品投入标准和养分排放标准。

环境保全型农业是指追求物质循环、维持土地有机和营养的成分、减少甚至不使用农药和化肥的农业生产活动。日本政府为此设立了有机认证制度，让从事环境保全型农业的农民得以进行有机认证。所谓的有机认证农户是指在生产有机农作物的同时又被政府授予了 JAS（日本农业标准）认证的农户。有机认证制度在日本正在不断推广，2006年有机认证农户占全部农民的 0.2%，占全部农户的 4.2%[11]。

以色列本国虽未制定有机农业生产标准，却严格遵循目标市场所在国制定的有机产品生产标准。2021 年，以色列的有机农产品生产已通过欧盟认证，其生产的有机农产品符合欧盟农业认证与检验程序的 EEC 第 2091/92 号法规和国际有机农业运动联合会有机农产品的生产标准[9]。

3. 加大财政补贴等资金投入是推动农业绿色发展的有效方式

2002 年，美国颁布了《2002 年农场安全与农村投资法案》，通过实施生态保护补贴计划对农业绿色发展进行支持。2007 年的《农场法建议》提出把农村发展的财政支持措施从"相机投入"转变为"经常投入"，设立能源资助平台、商业贷款和商业担保平台、商业资助平台和社区计划平台四大政策平台，合并、整合不同部门分散的发展计划、援助项目以及其他政策工作。2008 年，美国政府颁布《食物、保护与能源法案》，增强对有机农业的补贴；2010 年，美国政府颁布《健康、无饥饿儿童行动》法令，提出有机贸易协会将提供 10 亿美元的资金用于进行有机食品的试验计划，用于学校食品计划中有机食品的提供[3]。2018 年新的《农业法案》中加大了对"资源环境保护类"项目的财政支出，有 90% 以上的强制性资金支持流向土地休耕储备项目、环境质量激励计划、农业资源保护项目以及区域资源保护合作项目等 4 个大项。环境质量激励计划以补贴方式鼓励农牧场主采取养分管理、粪肥管理、灌溉水管理、害虫综合防治等措施，解决化肥农药和废弃物流失造成的面源污染问题[10]。

1989 年瑞典政府开始对有机农业实施财政补贴，1 781 个农场获得了为期 3 年的首批补助。政府要求这些农场的面积不小于 2 公顷，而且必须按照瑞典农业事务管理局的要求来进行有机生产，平均每年每公顷补贴 700 ～ 2 900 克朗（1 瑞典克朗约合 0.89 元，2012 年）。补贴的农作物有谷物、油料作物、豆类、马铃薯和糖料作物，以及部分青贮饲料[12]。

日本政府在提供财政补贴之余，还提供无息贷款来支撑农业绿色产业的发展。日本农业基本法规定了政府必须对农业予以财政补助的政策，通过财政转移支付的方式，对地方绿色农业的发展提供支撑。同时，日本政府筹建了政策性金融机构，对绿色农业产业中的企业提供长达 20 ～ 30 年的长期信贷资金，收取较低额度的利息，政府财政给予一定的补贴。此外，日本在农业绿色发展过程中，投入大量资金用于农业绿色发展的技术升级和对农民的应用培训[3]。

为提高农民粮食生产积极性，韩国政府一方面对亲环境农业生产环节进行大力补助，减少农民成本投入；另一方面帮助扩大农产品销路，提高农产品收益。其一，种植生产补贴高。以全罗南道为例，当地亲环境生产的农作物面积全国占比超过 50%，农民每种植 1 公顷水稻，国家财政就会补贴 120 万韩币（约 7 200 元）。其二，生产资料补贴多。如国家通过补贴企业，让企业将秧苗以低于成本的价格卖给农户；生产过程中用到的农机具也由国家单位以远低于成本的价格租给农户，并免费培训。其三，农产品收益高。为支持亲环境农业生产，《亲环境农业促进法》规定，要求国家机构和团体需优先购买亲环境农产品[8]。

以色列农业信贷投放量在1999—2014年一直位居世界前20位。除政府直接投资、提供优惠贷款、自然灾害保险、承担出口风险外，政府还通过市场化参与投资风险基金等间接形式，积极引导民间资本、海外资本投资于高新领域，促进其快速发展[13]。同时，政府还采取对农户采取补贴或征收特定产品税形式约束农户行为，从而达到农业生产和生态环境保护并重的目的。例如对采用生物技术防治虫害、污染处理达标的禽畜养殖农户给予补贴；对使用环境友好型产品的农户进行价格补贴，鼓励农户选购有利于保护生态环境的产品。通过价格补贴改变农户选用肥料的取向，提高了农民施用有机肥的积极性，增强该种肥料的市场竞争力[9]。

4. 促进先进农业绿色技术转化应用

美国以高校为主体创新推广农业技术，实现农业产学研一体化，建立以农学院为主体的农业教学、科研和推广"三位一体"的工作体系。推广服务工作由美国农业部和州农业局共同领导，以大学农学院为实施主体。研究推广计划由基层向上申请，以农户需求为导向自下而上制定项目。美国农业部下属的美国国家粮食农业研究所，每年约有13亿美元，用来资助美国农业科研、教育和技术推广体系，供全国的科研机构、大学、企业和农户申请，用以开展科学研究、技术示范。各州农业局也设立相应的资金项目，如密苏里州农业局和北卡罗来纳州农业局都有相应的资助项目，供相关研究机构促进农业科研、教育、技术推广一体化。与此同时，美国政府也鼓励农业企业探索开展可持续发展的技术路径。例如美国拜耳公司提出了农业"碳零排放"概念，探索减少能源投入、推广最优的耕作技术、研发和销售绿色技术产品、将废弃物环境排放减少到最低等。先正达等企业建立基于物联网技术的精准农业生产模式，以农户主动付费方式为生产提供服务，减少投入品使用，降低环境风险和生产成本等。

瑞典政府不断追加对有机农业研究经费的投入。早在1996年，由瑞典林业和农业研究管理局联合发起了瑞典首个有机农业项目。随后，瑞典政府先后启动了一系列针对有机农业生产的应用性研究，包括重点领域的初级生产技术研发和解决有机农产品生产瓶颈问题的技术探索。

由于日本小规模土地所有者占主要地位，农民在开发和利用先进科学技术上的困难更多。因此，政府在绿色农业技术方面投入较大，自1960年以来，日本农业科研经费不断增加，1976年就达到了1 518亿日元（约94亿元），占政府科研经费总额的30%。为了进一步推进农业技术成果在各地得到广泛应用和推广，日本政府在全国建立了完善的推广普及制度，研究成果需在各地方的农业试验场进行试验，确定其推广价值，再将其提交给当地农政局和基层农业试验场进行论证认可。为加快智慧农业发展，日本重点加快智能技术的推广利用，提升农业政策实施环节的数字化水平以及推进农业数字技术的研究和开发。

韩国政府为了应对全球性的气候变暖，投入了大量的资金和人力，探索未来农业技术。为提高能源利用率，减轻环境污染，韩国政府鼓励农场生产用电不用油，开展职能农场循环农业研究。一方面，通过补贴减轻农民的负担，另一方面，加强能源循环利用研究，通过研究太阳能板面积、蓄电池容量、农场生产各环节耗能等参数，以及生产废弃物再利用等技术，减少能源浪费，提高能源利用率及生产经济效益。为应对全球气温升高，近年来韩国致力于热带农业生产技术的开发与研究，以备未来之需。

以色列每年用于农业研发的投资超过农业总产值的 2.5%，其农业的科技贡献率在 90% 以上，居世界前列。节水灌溉技术、水肥连供技术、温室大棚技术、育种技术、信息技术等大量先进的农业生产技术被广泛应用于农业生产中。水肥连供技术使水分利用率提高到 95%、肥料利用率提高到 80%。温室大棚技术能自动调控温度、湿度、灌水、肥料供应等，大幅度提高了农产品产量，又有效避免了病虫害和光、热、水、气异常变化的影响，提高了农产品质量。先进的育种技术培育出了一系列符合农业生产需求和市场欢迎的新品种。信息技术广泛应用于以色列农业生产的全过程，将农业生产的各个环节有效连接起来，提高了以色列农业生产的效率和效益[13]。

5. 重视开发农业多功能性，推动绿色农业生态价值转化

在日本绿色农业的和谐共进期，日本政府致力于提升农业绿色发展的多元效益转化，充分结合旅游业与绿色农业，探索出协同推进的"农业观光"式发展模式，农业绿色发展与经济、社会发展的融合度不断加强。在循环农业发展基础上，为开发拓展农业多功能性，促进旅游业与绿色农业结合，1992 年日本农林水产省在《新的粮食、农业和农村的发展方向》政策文件中首次提出"绿色观光"，日本观光农业的发展从此走上"快车道"。在政府相关政策的扶持下，以观光农园、市民农园和农业公园为主要形式的绿色观光农业发展格局逐渐形成。2010 年《第六产业化地产地消法》颁布以后，以推进一二三产业融合发展为主要内容的"六次产业"得以快速发展，实现了三次产业融合的乘数效应，推动了绿色农业生态价值转化。

在绿色农业发展进程中，荷兰的农业发展政策目标在之前粮食供给的基础上，逐渐增加了环境保护、自然景观保持、增加动物福祉、降低气候变化影响等内容，目标趋向多元化；农业发展形态方面，除了依靠科学技术继续发展专业化集约型农业外，也更加注重发挥农业的多重功能，开始支持有机农业、旅游观光型农业、康养型农业等适合小规模农户的多功能性农业发展，近年来更是将循环农业作为未来农业的发展方向[7]。2000—2012 年，荷兰有机农场数量增长了 60%，在所有农场的占比由 2000 年的 1.6% 提高到 2012 年的 2.6%。

随着农业在国民经济中所占比重的下降以及国际市场上农产品的竞争日趋激烈，以色列农民收入有所下降，乡村旅游成为乡村经济发展的新选择。以色列政府重新审视了乡村休闲农业对活跃乡村经济的重要作用，农业部及其相关部委开始加大对乡村旅游建

设与开发的力度。以色列的乡村旅游得到政府文化旅游部门及农业与乡村发展部和其他非政府组织支持，特地设立了小企业贷款和担保基金扶持乡村旅游的发展。在以色列北部地区，有10%的农村家庭从事乡村旅游行业。乡村旅游作为以色列休闲农业的主要组成部分，已成为吸纳乡村剩余部分劳动力的重要途径，这种经营形式对以色列乡村整体经济发展具有积极作用[9]。

6. 培育新型农业经营主体，加大农业人才培养

美国相继在1862年、1914年、1917年、1963年、1997年通过了《莫雷尔法》《史密斯·利费农业推广法》《史密斯·休士法案》《职业教育法》《哈奇法》以促进农业教育。除此之外，还相继在1 962年、1964年颁布的《人力开发和培训法》《经济机会法》中明确提出，要进行农业培训班的开设，以此来形成一个完整的农业发展体系，提升农业教育发展水平。美国用了整整70年的时间，一直持续不断地调整完善其农业科教体系，以系列优惠政策推动完善法律法规建设，建成教育、科研和推广三者并举的高素质农民培育体系。第一是建立完善的学历教育体系，美国农业教育由正规的农业教育机构和一般推广教育机构构成，涵盖初、中、高等农业职业教育和学历教育。第二是推行科学有效的技能培训体系，政府积极发动社会各界团体和人士，成立民间高素质农民培育组织来进一步推广高素质农民的培育。第三是设立综合培训、科研和推广一体的农业实验站。未来美国将扩大高素质农民培育对象的范围，不仅只是针对农村人口和相关农业院校毕业的学生，从而为高素质农民的队伍注入更多新鲜血液[14]。

1989年瑞典农业科学大学设立了首个有机农业专业，并在1997年成立了可持续农业中心（CUL），开展了多项重要研究，逐渐成了全国的有机农业研究重地。瑞典环境农业科学空间规划研究委员会（Formas）与瑞典农业事务管理局也都拥有各自的主管研究项目[15]。

日本在培育新型骨干经营主体方面的主要政策包括促进经营规模及增加农村人力资本等。一是通过土地流转促进土地向骨干经营主体集中，提高规模经营能力。二是鼓励城市和第二、三产业劳动力及青年从事农业生产。政府对45岁以下具有营农意向的人员开展培训指导并给予政策支持，对实际新就农者在农业生产资料、经营条件及生活保障方面给予高额补贴。三是注重促进农业经营主体法人化，这也是日本近年来农业经营主体培育的重要方向。与此同时，日本在全国形成了以农村基层农协、都道府县农协和农协中央会为主的农业协同组合体系，在维护农民权益，为农民提供生产服务、运输服务、保险等维护农民权益等综合服务的同时，还承担食品安全监管、组织绿色农业发展等工作，带动农户发展绿色农业。

以色列创建了多种类型的农业产业化经营组织，包括公司＋合作经济组织（基不兹、莫沙夫）、公司＋合作经济组织（莫沙夫）＋农户、公司＋农户（个体农场）。这些产业化组织遵循以生态为基础，以市场为导向，以科技为支撑，以提高农民收入为目的，以农业法制和经济合同为保障的运行原则，建立了农民组织化、契约化、法制化的农业产业化运行模式[16]。

（二）国内典型县（市、区）推进农业绿色发展举措

自 2015 年公布的《中共中央　国务院关于落实发展新理念加快农业现代化实现全面小康目标的若干意见》首次提出农业绿色发展，2016 年中央 1 号文件明确指出"加强资源保护和生态修复，推动农业绿色发展"以来，我国各地因地制宜、积极探索创新推动农业绿色发展举措，取得了显著成效，有多个县（市、区）入选全国农业绿色发展典型案例。总结各典型县（市、区）经验做法，可为黄岩区进一步推动农业绿色发展提供有益借鉴。

1. 加强顶层规划设计与制度建设

农业绿色发展作为一种创新的发展模式，完善的政策框架是其开展实施的重要前提。各地不仅从省级层面持续完善绿色农业的政策体系，也立足于本地实际，加强顶层规划设计，落实政策和法律法规，制定行业标准；同时，执法监督、奖惩机制等问题也被更多地纳入政策考量。

山东乳山市强化顶层设计，出台了《乳山市支持乡村振兴十条激励政策的意见》等支持政策，用以构建"研发＋推广＋基地＋政策"体系，实施农业投入品减量增效提质行动。

湖北省大冶市以规划为引领，下好"先手棋"。开展了全市 12 个乡镇 171 个村的土壤环境质量调查，绘制了市、镇、村三级耕地障碍修复利用分布图。根据乡镇自然、经济和社会特点，规划产业方向和布局，发展休闲农业与乡村旅游，建成一批休闲农业示范点、多条精品休闲农业和乡村旅游线路，2021 年被认定为"全国休闲农业重点县"。

辽宁大连金普新区管委会连续多年出台《大连金普新区扶持都市现代农业发展的实施方案》，鼓励和引导技术服务部门和大樱桃经营主体开展大樱桃新品种引进与研发、生产设施建设、规模化种植、绿色示范、品牌培育、示范引导、产业融合、产地批发市场、仓储物流等项目建设，平均每年为大樱桃产业发展投入地方财政资金近亿元。

浙江衢州市衢江区较早就提出把农产品安全生产列为重大发展战略，提出构建生态循环型农业体系、打造"全国农产品质量安全放心区"的战略目标，优化农业产业布局，建设一批生态循环农业示范区，落实负面清单制度，明确农产品安全生产主体责任。

邛崃市属地镇（街道）生态环境部门强化畜禽养殖污染防治的监督指导，依法查处畜禽养殖污染行为，同时加强对畜禽粪污资源化利用的指导，通过"以禁促用"巩固治污成效。

陕西省华州区出台《加快新兴现代农业产业助推脱贫攻坚和农业可持续发展 2018—2020 年奖补政策的实施意见》，将农业特色产业发展与扶贫结合，对符合农业可持续发展认证条件的经营主体实施奖补政策。

2. 建立政府引导、部门协调、群众参与的工作机制

农业绿色发展离不开农民及社会各界参与。但因农业绿色发展成本高，技术要求高，

短期效益不显著，往往导致农民的参与积极性不高，出现"干部在干，农民在看"的现象。

为解决这个"上热中温下冷"的问题，四川省青神县坚持全盘谋划、分源施策，构建部门协调、群众参与、推动督导的集中收集处置方式。强化政府引导。印发《青神县农药包装废弃物回收处置工作实施方案》，细化量化任务。激发群众参与活力。坚持教育引导常态化，举办农药包装废弃物回收专题培训班 2 期，印发口袋书 6 000 册，组织全县农资经销商学习法律法规、农技知识，营造良好氛围。落实市场主体责任。严格按照《农药管理条例》等相关规定，压点升级淘汰农药经销店铺 41 家，建立农药入库、销售、回收三本台账，实现销售、回收、监管的高效管理。

3. 强化标准化生产技术推广、示范引领及农产品追溯质量体系建设

农产品质量安全是食品安全的基础和保障，农产品质量安全追溯体系是加强农产品质量安全监管的重要抓手，实行绿色农产品肥药减量化、标准化、品牌化及可追溯是农业绿色发展的重要环节。

湖南省澧县坚持"增产施肥、经济施肥、环保施肥"的思路，按照"精、调、改、替、提、带、集"的技术路径，依托新型农业经营主体和农业生产专业化服务组织，深入推进测土配方施肥，推广绿肥种植、有机肥替代化肥、水肥一体化、农业废弃物资源化利用等耕地保护与质量提升技术集成，实现化肥减量增效，走出一条高产高效、节本增效、环境友好的可持续发展之路。

辽宁大连金普新区积极开展全产业链标准制定及推广，形成了涵盖甜樱桃生产－储存－品牌－销售等多个环节 16 个技术规程的大连金普新区甜樱桃标准化生产体系，并被中国园艺学会樱桃分会授予"大连金普新区甜樱桃标准化示范县"称号。

贵州凤冈县制定了《地理标志产品凤冈锌硒茶加工技术规程》，并定期组织加工标准贯标培训。鼓励支持企业工厂改扩建和设备技改，不断提升标准化加工水平。严格茶园、茶青、茶叶成品抽样检测，建立了"生产有记录、信息可查询、流向可追踪、责任可追究、产品可召回"的质量管理体系和质量可追溯体系。2021 年"凤冈锌硒茶"成功入选全国第一批中欧互认地理标志保护产品目录。

天津市西青区围绕标准化种植生产管理的业务流程，发展数字化管理服务，建立一体化智慧农场管理服务平台。综合利用卫星遥感监测、精准气象、物联网、云计算等农业信息化技术，开展线上巡田、气象预警、病虫害精准防治，建设水稻高标准农田智慧农场。

4. 以产业化建设为载体，打通资源循环链

产业化经营是龙头企业带动小农户打通资源循环链、发展绿色农业的有效载体。产业化经营以市场为导向，以科技为支撑，以提高农民收入为目的，以农业法制和经济合同为保障。

浙江桐乡市是全国农作物秸秆全量化利用试点县，为巩固建设成果，强化秸秆多元化利用区域布局，政府着力培育龙头利用主体，健全"合作社＋企业"的市场化收储运体系，提升农作物秸秆离田高值利用。以就地消纳、能量循环为原则，以点扩面，利用两步纤维化技术，将蔬菜尾菜、废弃果树枝条和畜禽粪便等原料用于生产有机肥，拓宽农业废弃物资源化利用途径。推出了"果枝－食用菌－废菌渣－果园""茭白秸秆－湖羊－粪肥－农作物"等生态循环利用模式，其中，"稻麦秸秆机械粉碎全量还田利用"模式作为秸秆肥料化利用模式入选农业部 2017 年推介发布的全国秸秆农用十大模式。

重庆各县充分借助供销合作系统的组织优势、网络优势和服务优势，各个区县的农膜回收利用工作均是在地方供销合作社牵头下开展，基本建成了"农户－村级回收点－乡镇级回收点－区分拣储运中心－加工企业"的服务网络体系，这一产业链使农户、企业形成了新的利益链条，让废旧农膜能够最大限度地离开耕地、进入回收网点、化作新资源[17]。

山西万荣县立足县域实际，持续支持引导天天香食品、牧原农牧、华荣果业等农业龙头企业，探索形成了"苹果＋果汁＋饲料＋有机肥""养猪＋沼气＋沼肥＋种植"等四大农业产业链，打造现代生态循环农业，为农业产业升级提供了更大的空间。

5. 融合发展，促进生态价值转化

推动一二三产业融合发展，改善农村人居环境，建设美丽乡村，实现人与自然和谐共处，实现生产、生活、生态融合，促进生态优势转化为经济优势，实现生态产品价值转化，是农业绿色发展的应有之义。

云南省红河哈尼族彝族自治州弥勒市以花卉林果产业筑牢生态底色，融合生态产业打造发展平台。在生态修复的基础上打造特色景观，引进国际国内知名木屋企业合作开发木屋博览园及现代木结构建筑研发中心，建设集生态休闲旅游、森林木屋体验、木结构研发、康体养生为一体的生态康养度假区，呈现出以花卉、特色乡土园林植物种植为一产，以木屋研发、装配、展销为二产，以康养、度假、休闲、运动为三产的产业融合发展态势。同时，按照共建共享的理念，探索"景区景点＋农户＋产业园＋游客"的融合发展模式，拓展农民致富渠道，增加农民收入，促进产村人文深度融合发展。

浙江湖州安吉县将全县作为一个景区进行整体打造，依托美丽乡村建设来发展美丽乡村经济，推动生态循环农业和休闲观光农业发展，同时探索多种形式的乡村经营模式，促进竹产业、白茶产业与旅游、文化相融合，推动生态优势转化为经济优势，以农业高质量发展助力推进全域旅游。乡村农业旅游"富民效应"逐步显现，入选全国首批休闲农业与乡村旅游示范县、中国金牌旅游城市唯一获得县，被评为美丽中国最美城镇。

浙江绍兴诸暨市在对废弃矿山进行生态修复基础上，建立现代农业产业园区，2017年成功入选全国第一批国家级现代农业产业园创建名单。该产业园以珍珠、香榧、蓝莓等精品果业为主导产业，开展珍珠香榧等精深加工，推动当地农业产业集聚，并开展农业休闲旅游等，实现一二三产业融合发展。

二、当前农业绿色发展面临的问题与挑战

黄岩早在 20 世纪 90 年代就围绕发展效益农业开展了农业标准化建设，开启了农业绿色发展进程，此后又紧跟全省范围内部署开展的高效生态农业建设、"五水共治""肥药两制"改革等行动，陆续在耕地保护、水资源管理等方面实施了一系列措施，化肥农药减量使用、果菜茶有机肥替代化肥、畜禽粪污资源化利用、秸秆综合利用、包装废弃物回收、农膜回收、农业种质资源保护以及水生生物保护等行动陆续开展，面源污染治理成效显著，绿色流通体系初步确立，农业安全生产能力不断增强，绿色农业生产实现了良好开局。然而，黄岩的农业绿色发展仍然面临诸多问题与挑战，可以概括为以下五个方面。

（一）城乡二元壁垒尚未完全打破，农业绿色发展基础有待夯实

绿色农业发展所需成本较高。第一，绿色农业生产的土壤环境改善成本较高；第二，与传统农业生产相比，绿色农业的单产往往较低，无形中又增加了生产成本；第三，绿色农业的品管更为严格，生产周期较长，也会增加其管理成本[2]。农业绿色生产具有较强的外部性，需要全社会对绿色农业的理念达成共识，以政府投入为先导，逐渐吸纳社会资本，从而建立绿色农业生态环境协同治理的城乡一体化格局。但由于城乡二元壁垒尚未完全打破，仍然存在"先城后乡，先工后农"的思维，生产投入要素的流动难免有所阻滞，尚未形成农村生态环境协同治理的格局。在农业绿色发展进程中，耕地保护、农业污染防治、农业生态保护以及农业投入品管理等领域仍由政府主导，社会资本及民间参与农业绿色发展的主动性和积极性还有待激发。

受经济、社会、自然等各种因素的影响，目前黄岩农业高质量绿色发展的要素保障不足问题仍然突出。绿色发展的产业体系和经营体系都较为薄弱，绿色农产品以鲜销和初加工为主，农业产业链短，产品附加值偏低。与此同时，黄岩农业企业、农民专业合作社及家庭农场的数量和规模都偏小，尤其缺乏国家级龙头企业，对农户的示范带动作用不强，利益联结紧密的产业化联合体较少，产业项目之间的关联度较低，分散了资源要素。围绕核心项目发展的配套产业支持度不足，例如蔬菜加工产业便是短板。

（二）农业绿色技术开发与推广的支撑力量不足

农业绿色技术开发与推广的重要智力支撑是农业专业人才的引入与培养，以此推动绿色农业科技水平的提高，促进绿色农业科技成果的转化。近年我国农业科技进步贡献率有所提高，但是相关研究多停滞于理论阶段，加之科研成果转化渠道不顺畅，使得绿色农业新品种和新技术的推广受到限制。一方面，我国农业科技进步贡献率总体依然偏低，2019 年仅为 59.2%；同时我国农业科技成果往往侧重于产量提升，在农业绿色发展

方面的科技创新和推广具有先天性的不足，科研院所的绿色农业科技成果转化率较低。另一方面，农业科技人才和农技推广人才短缺。当前我国农业劳动力素质普遍偏低，老龄化情况严重，与绿色农业相关的专业人才也较为缺乏，极大地阻碍了绿色农业发展。

黄岩区的绿色农业科技与人才储备也面临与国家宏观层面相同的困境。近年来黄岩区已与部分省级科研院所及高校开展合作，但受科研人才资源所限及信息不对称的影响，科研成果转化率与落地率还有待提高。今后一段时间内，黄岩区乡镇两级农技推广人员陆续进入集中退休阶段，而年轻技术人员往往不愿从事农技推广工作，非农业事务也占据了农技人员的不少时间，这些因素进一步削弱了绿色农业技术的推广力量。基层农技推广体系面临"线断、网破、人散"。先进农业技术不易被农民认识、了解和掌握，影响了他们对绿色农业技术的应用热情，新技术在乡村中的难以拓展，必然会阻碍绿色农业技术的推广和绿色农业发展。

（三）农业持续减碳与提升农产品产量、质量和效益的矛盾日益显现

《"十四五"全国绿色农业发展规划》明确了 2025 年的规划目标，届时农业绿色发展将全面推进，资源利用水平明显提高，产地环境质量明显好转，农业生态系统明显改善，绿色产品供给明显增加，减排固碳能力明显增强。农业农村减排固碳是 2030 年前实现碳达峰、2060 年前实现碳中和的重要举措和潜力所在。农业绿色发展对减排固碳的作用毋庸置疑，但在今后一段时期内，农业持续减碳与农产品产量和质量双提升的矛盾将日益显现。一方面，农产品需求总量持续增长，农业发展面临的资源和环境挑战凸显，可能导致碳排放量的增长；与此同时，优质安全的绿色生态农产品和地域特色农产品可能供给不足，但常规农产品却时有过剩。另一方面，我国的家庭农业生产规模通常较小，它也被马克思称为"亚细亚生产方式"[3]，农户的生产行为决策主要围绕更高的产出收益而展开，其惯性导致农户改变行为的动力不足，从而抑制农业绿色生产。

黄岩西部为丘陵山地，有三分之二的面积地处长潭水库水源地保护区，具有耕地面积小和细碎化的特征，难以推行规模化和集约化经营。但小农户的分散经营不利于实现产业融合价值链中对产品标准、质量、品控的要求，还会导致碳排放分散，使得其检测、评估和处理成本增加，进而影响政府监管干预效率。碳排放交易是运用市场经济来促进环境保护的重要机制，通过市场化手段来推动低碳生产，但小农户很难作为有效主体参与碳交易市场，通常被排斥在交易市场之外，作为农业经营主体缺乏来自政策和市场的减排激励。因此在保证粮食安全和农产品有效供给的前提下，推进农业的绿色低碳发展，实现增产增效减排协同，是绿色农业面临的又一挑战。

（四）农民文化素质和人才储备难以适应绿色农业发展的需要

智慧农业[4]是指利用大数据、云计算、智能传感系统、物联网、人工智能、3S（RS遥感系统、GIS 地理信息系统、GPS 全球定位系统）技术、自动控制和互联网等现代信息

技术，在农业的生产、加工、经营、管理和服务等各个环节实现"精准化种植""可视化管理""互联网销售""智能化决策"和"社会化服务"等全程智能化管理。智慧农业是科学技术、大数据和农业的结合，必然是我国绿色农业的未来发展方向。作为绿色农业的主体，农民群体的素质短板可能会成为智慧绿色农业发展的重要制约因素。从镇到村，既缺乏专业化的信息技术人才，也缺乏能熟练操作线上平台数据工作的人手。有效农业劳动力持续减少，老龄化、兼业化、女性化趋势明显，受教育程度普遍偏低；在绿色农业发展中担当重任的新农人和精英人物储备不足，农业生产经营组织化程度偏低，这都在一定程度上制约了农业绿色发展。

从整体看，农民本身的文化知识水平也限制其对农业绿色发展的认识。据黄岩区2020年第七次全国人口普查公报，黄岩区小学和初中学历的农村劳动力占比仍然较高。农业绿色发展的效率和前景在很大程度上取决于农民的专业知识，文化素质的欠缺会限制农民对农业绿色发展理念的认知和践行，不易认同和运用绿色农业技术，使得农业标准化生产的推广受限，难以达成标准化生产的效益，从而影响农业标准化生产的积极性。

（五）农业绿色发展相关政策法律尚待完善

法律机制是推动农业绿色发展的基本保障。新中国成立以来，全国人大及其常委会先后颁布了 20 部涉及农业和农村经济方面的法律，国务院制定了 60 多个有关行政法规，农业部出台了 400 多个部门规章，以《中华人民共和国农业法》为核心的农业法律法规体系框架已基本形成。

虽然我国在生态环境保护与自然资源领域已经建立了基本的法律体系，但农业绿色发展理念尚未纳入立法布局，现行的关于农业发展的法律法规，不仅缺乏"山水林田湖草沙是统一生命共同体"的"绿色发展"理念，也缺失以保护农业生态环境为内容的、限制行为主体过度行使私权利的制度规范，更缺少对环境资源利用人破坏农业生态环境行为的环境行政监管[5]，农业执法的机构设置和管理体制不尽完善，执法行为也不够规范，农业行政执法的监督体系还不健全。农业政策和法规、农业执法及其有效监督体系对农业高质量绿色发展的全面保障和支撑作用亟待进一步强化[6]。

三、黄岩农业绿色发展总体思路与政策建议

（一）总体思路

党的二十大报告提出，中国式现代化是人与自然和谐共生的现代化。坚持走中国式农业现代化道路，是推进农业绿色发展的根本途径。因此，进入新发展阶段，必须坚持以习近平生态文明思想为指导，牢固树立和践行绿水青山就是金山银山的理念，贯彻新发展理念，坚持可持续发展，坚持节约优先、保护优先、自然恢复为主的方针，对标基

本实现美丽中国建设目标，对标《中华人民共和国国民经济和社会发展第十四个五年规划和 2035 年远景目标纲要》《"十四五"全国农业绿色发展规划》及省市县"十四五"规划纲要，落实中央碳达峰、碳中和重大战略决策，因地制宜，科学谋划农业绿色发展目标任务，高质量推进黄岩农业绿色发展。

浙江省在农业绿色发展进程中处于全国领先水平，黄岩区的农业绿色发展水平也位居浙江省前列，在诸多领域勇于尝试，奠定了农业绿色发展的基础格局。但是，与发达国家和地区相比，黄岩区在发展理念、产业结构、农业人才、科技创新等方面尚有完善的空间。黄岩区近年不断探索化肥农药减量增效、农业废弃物资源化利用、白色污染治理以及农业生态系统养护与修复等农业绿色发展举措，取得了良好的成效，今后应循这一路径不断深化和细化。以农业废弃物资源处理中的畜禽粪污治理为例，黄岩区采用的区域农牧对接方案包括全面建成配套沼液池（罐）、配套管网、堆肥场以及粪污集中处理中心等。但是荷兰除了末端的粪污综合利用技术，其农业科研部门还关注禽舍设计、饲料养分改进、养殖管理、粪污收集、养分提取等全过程的控制技术研发[7]。显然黄岩区与之仍然存在显著的差距。从黄岩区的发展现状看，可对标发达国家绿色农业由发展向成熟转化的阶段，在这一定位下，建议从五个方面来推动黄岩区农业绿色发展的进程。

第一，观念是前提。绿色发展的观念产生于人的主观意识，是改造客观存在，指导绿色生产实践的主导动力，决定了农业绿色发展的思路。第二，产业是核心。农业绿色发展必然以产业发展为载体，通过产业实现自然、经济和社会效益，并将部分经济效益应用于产业的扩大再生产，从而实现循环往复、逐步推广。第三，人才是基础。素质高、能力强的农业劳动者、技术人员、农村基层管理者是推动发展的根本力量。第四，科技是支撑。创新是所有发展动力的源泉，科技始终引领人类文明向前，农业绿色发展对科技贡献力提出了更高要求。第五，政策是助力。完善的农业绿色发展政策体系有利于调整农业结构、引导农业生产、促进农产品流通以及保护农民利益[18]。

（二）政策建议

1. 全面倡导农业绿色发展理念，将农业绿色发展融入基本发展目标

从美国、荷兰和日本等发达国家农业绿色发展的经验看，其绿色发展转型的起点有早有晚，但大致都在 20 世纪 90 年代和 21 世纪初达到了一个相对稳定的农业绿色发展格局。农业绿色发展已经成为这些国家农业发展和农业现代化的题中应有之意。注重生态生产技术运用、贯彻绿色发展理念已经成为农业产业链利益相关者的共同自觉行动[3]。在推进黄岩农业绿色发展的进程中，激发利益相关者的共同自觉行动应当成为共识。

一是全面倡导农业绿色发展理念。①倡导重视"三农"。通过知识宣讲、农旅文化、自然教育等手段提高公众对"三农"的认知。②宣传绿色发展理念。提高全社会对低碳、节能、循环发展的认知，使绿色生产和消费成为自觉遵守的文明风尚。③宣传培育公共品牌。使生产者和消费者正确认识优质农产品的合理溢价，以品牌拉动市场推动发

展[18]。通过培育和壮大绿色农业优质农产品市场，在为消费者提供更多优质农产品的同时，让大部分农户意识到自身不仅是绿色农业发展的践行者，也是获利者，从而以更高的积极性投入农业绿色生产，并进一步自发成为绿色农业的引领者。

二是将农业绿色发展融入基本发展目标。国际经验表明，农业绿色发展不能仅仅驻足于"发展理念"的视角，也不应仅仅停留在将其视为实现其他基本目标的手段和措施，而是必须要将其上升到（或融入）基本发展目标[3]，也即将农业可持续和绿色发展视为黄岩区农业和区域经济发展的基本目标，围绕资源利用更加节约高效、产地环境更加清洁、生态系统更加稳定以及绿色供给能力明显提升这四方面的内容[19]科学规划，做好顶层设计，不断深化发展格局。

2. 聚焦产业循环发展，加强生产资料循环利用[20]

我国近年来一直致力于通过发展循环农业来加快农业生产方式的转型升级，黄岩区应继续遵循发展循环农业的路径，大力推动"资源—产品—废弃物—再生资源"的循环农业方式，将循环理念不仅在农业内部深化，同时拓展至其他非农产业，以提高资源利用效率。

一是构建种养殖业物质循环，促进农牧、种养融合发展。养殖业与种植业的物质循环发展在我国农业发展进程中出现得较早，形成了种植业内部、种养业之间多种循环形式。黄岩区在这方面也具有良好的基础。在农村绿色发展要求的推动下，黄岩区应力争更进一步，形成以村为单位，种植业内部立体化、种植养殖平面化的循环体系，从而实现秸秆、过季菜、粪污等废弃物的再利用和再循环。

二是构建一二产业能源循环，促进生产、回收协调发展产业。①升级农业加工产业。当前发展农业加工业是一二产业融合发展的主要形式，但为深化绿色发展的理念，应强化技术开发，探索通过定向培育、加工提取等方式推动农产品的资源化和能源化。②发展废弃物收集加工产业。探索建立乡村废弃物再利用企业，集中收集秸秆、粪污等种养业废弃物以及农村生活垃圾，通过发酵、分离、提炼、净化等方式，转化为甲烷等清洁能源用于乡村或城乡工业企业发电。堆肥等有机肥料回流到种植业，无法再利用部分通过无害化处理后再进行排放。

三是构建一三产业资源循环，促进服务、市场创新发展。①推进"农业+文旅"模式。坚持因地制宜，挖掘乡土文化，挖掘在地知识，激活生态资源价值，推广"农文旅、农商旅、农康旅"等发展模式，积极建设发展农家院、采摘园等农业综合发展体系。②培育绿色农产品品牌，建立更加严格的绿色农产品标识认证制度，推进农业全产业链标准化建设，切实扩大绿色农产品的市场影响力。③积极推动数字乡村建设，打造农业农村互联网平台，缓解市场分割与信息不对称，有效畅通农产品在城乡间的产销渠道。

四是加强生产资料的循环应用，壮大绿色农业的社会化服务体系。积极推进农业生产与服务业融合发展，发展融资租赁，建立租赁补贴，引导推动大型农机设备、宅基地等生产资料租赁应用，在降低农民现代化生产成本的同时实现生产资料循环使用。在社会化服务体系建设方面，促进小农户与现代农业的有机衔接，统筹兼顾培育新型农业经营主体和扶持小农户[13]。

3. 大力提升农民科技文化素质，吸纳年轻劳动力

绿色农业的发展效率在很大程度上取决于农民丰富的专业知识[21]。以丹麦为例，其农业绿色发展的主体主要包括政府、研究机构、农民和教育机构，他们相互作用、相互联系，形成良性运转的组织体系：教育机构培训农民，使农民获得丰富的农业生产技能和经营管理能力；政府资助研究机构进行科技创新；创新成果通过大学教育不断向农民渗透。目前，黄岩区农村劳动力的数量和素质与农业绿色发展的需求匹配度较低，可能会成为影响农业绿色发展的不利因素。截至 2020 年 12 月，黄岩区 60 岁及以上户籍人口有 15.04 万人，比重达到 24.3%，为台州市最高。"十四五"时期，黄岩区人口老龄化将呈现加速发展态势。预计到 2025 年，全区 60 岁及以上户籍老年人口将达到 18.6 万人，占比将上升至 30%，80 周岁以上的高龄老人将超过 3 万人，老龄化向深度老龄化发展速度明显加快[22]。黄岩区的农业生产者也多为留守农村、教育程度较低的中老年人，其中女性占比过半。在这一背景下，伴随农业绿色发展进程，黄岩区需要进一步完善农民教育体系与机制，树立农民终身教育的理念，培育能担当农业绿色发展重任的现代化高素质农民，同时留住乃至吸纳年轻劳动力，从而减缓乃至逆转乡村老龄化进程。

一是健全教育资源体系[23]。依托省内高等院校、科研院所、职业技术学校、产研学教育点等多种教育资源，构建高素质农民群体的规范化培养平台。坚持理论与实践密切结合，建强用好同济·黄岩乡村振兴学院、农民田间学校、教育实训基地、农村文化礼堂、法律讲堂等资源阵地。建立由区级各部门和乡镇街道分管领导组成的共富工作群，建立贯通到乡村末端的素质提升体系，形成增大增强高素质农民群体的整体合力。

二是加强部门协作。各相关部门各司其职，打通汇聚涉农产业数据，共同推进高素质农民群体提升工作。聚焦"宜工则工""宜农则农""宜旅则旅"，围绕当地产业用工需求、特色农业产业、乡村文旅、农村电子商务、抖音直播等，分专业、分领域、分环节培育一批以农村实用人才、能工巧匠、乡村事业和产业带头人为主体的高素质农民群体。

三是加强农业后备人才选拔培育。鼓励和支持农业高校、农业职业院校整合校内外资源，采用委托培养、订单培养等方式为农业培育后备人才；从市场准入、金融服务、财政支持等多方位支持中高等院校毕业生等人员到农村创业创新；开展农村贫困家庭子女、未升学初高中毕业生免费接受中长期农业职业培训；鼓励外出务工青年农民带技术、带资金回乡创业，并积极创造良好的创业环境[24]。

四是鼓励年轻人向农村流动。一方面通过在当地的学前教育和基础教育中增设农业科普课程，开展农业体验、农业科普游学等活动，让青少年提高对农业和农村文化的兴趣；另一方面在中等和高等教育领域增加农业实践选修课，以社会调查、农业生产实习等形式，增强学生服务"三农"和农业农村现代化的使命感和责任感。在此基础上，通过提供更好的就业机会、教育培训、社会保障等福利政策，吸引年轻人积极参与黄岩区的农业绿色发展。这方面不妨借鉴国外的做法，例如，欧盟在制定共同农业政策时，提出青年农民继承前辈发展农业产业的，前5年可获得其总投资额25%的补贴，以鼓励他们的生产积极性[25]。

4. 高度重视绿色农业科技创新，奠定绿色农业的应用格局

绿色发展的本质就是要用绿色生态型农业技术替代非绿色生态的传统和"现代"农业技术。因此在向绿色发展转型的过程当中，成功的国家和地区都高度重视绿色生态技术的研发和运用。各国农业在向绿色发展转型的过程中，虽然整体都围绕农业绿色发展的诸多方面（投入品减量、节水节地、土壤肥力保持、农业多功能性利用等）来展开，但均立足于本国农业发展的实际，其农业绿色发展并非齐头并进，不同时期的着力点往往存在差异[3]。虽然黄岩区在范围、规模上与这些国家和地区相比要小得多，但仍然可以借鉴他们的发展经验。

一是要明确绿色生态技术创新的重点。黄岩区应关注以下三类农业绿色生态技术的创新进程[3]，以适应绿色发展需要。第一类是绿色育种技术，也即通过育种技术促进农业绿色发展。换而言之，种业发展要能够提供出适合绿色发展所需的新品种，这也是打造绿色农业优质农产品品牌的基础。第二类是低毒农药、高效化肥，包括生物肥技术的研发和运用。第三类是前述所有农业技术的总体集成性技术，如数字信息化农业技术等。绿色生态技术创新仍然应以柑橘、杨梅、茭白等特色产业为核心，同时也可因地制宜引入新品种。

二是在空间布局中体现绿色生态技术创新的层次。技术创新通常可以分为基础层次、应用层次和集成层次。基础层次主要是进行科学研究，探索新的技术和方法，为技术创新提供基础，其特点是反复实验和验证，以确保技术的正确性和可靠性。应用层次是将基础层次中研究出的技术和方法应用于具体的领域，技术和方法的适应性和实用性决定了其应用的广度和深度。集成层次是将不同的技术和方法集成形成一个新的系统或者产品，此时需要注意不同技术和方法的兼容性和协同性，确保系统或者产品的稳定性和可靠性。黄岩区应致力于在绿色生态技术创新和推广方面成为国内乃至国际的先行者，在一些地点设置绿色生态技术的试验区，从基础层次验证技术的正确性与可靠性；对于经过验证的绿色生态新技术，宜在全区尽快推广，确保技术在全省和全国的领先性；在少数暂时无法应用新技术的地点，可在适用性的前提下尽可能应用相对较新的成熟技术。通过成熟－领先－实验绿色生态技术的空间布局，黄岩区将实现绿色生态技术的滚动式创新和螺旋式发展。

三是通过技术创新来促进绿色农业标准化建设[26]。在技术集成的层次上，黄岩区应不断总结成功经验，加以集成，在此基础上制定和修订绿色农业投入品质量安全技术标准、绿色农业生产技术标准、农产品质量安全评价与检测技术标准、农业资源与产地环境技术标准、农业资源核算与生态功能评估技术标准。与此同时，加大农业标准的宣传和执行力度，强化标准的实施与监督，促进绿色农业标准支撑体系的建设，以适应农业绿色发展的动态需求。

　　四是农业生态绿色技术创新应以市场为导向。技术创新必须符合市场需求和用户需求，否则便难以得到应用和推广。因此，技术创新需要紧密关注市场动态和用户需求，不断进行调整和改进，推动技术创新的持续进步。要使农业生产者认可绿色生态农业技术，关键在于技术的经济可行性，市场是根本，但政府可能也需要在某些领域和环节上发挥重要的促进作用，例如通过补贴减少农户使用绿色生态农业技术的成本，又如在探索新技术时给予充分资助，承担部分试错成本。

5. 完善农业绿色发展政策支撑体系，探索精细化管理模式[21]

　　一旦明确绿色农业发展方向，就要建立与农业农村绿色发展相适应的、完善的支持政策体系，包括财政税收、绿色金融支持政策，从而切实发挥支持政策的导向作用，有效促进乡村绿色振兴。因此黄岩区应加紧完善以绿色生态为导向的农业补贴政策体系，加大对农业资源节约利用、生产投入品绿色化和农业废弃物资源化等方面的支持力度，提升农产品质量安全水平和地区竞争力。在奠定绿色农业发展支撑体系的同时，探索如何精准管控利用水土肥等资源，提高农业资源利用率，从而提升农业精细化管理水平。

　　一是积极发挥财政政策的正向激励作用。加大政府财政补贴力度并以此带动社会资金投入是推动农业绿色发展的有效方式。建立完善以绿色化为导向的农业补贴政策，并逐步提升补贴政策的精准性、指向性和实效性。着力发挥财政资金对绿色金融的引导和推动作用，通过设立补助金、风险补偿金、保证金、产业发展基金、贷款贴息资金等专项资金，撬动信贷资金支持农业绿色发展。加大对科研机构的财政补贴力度，主要用于研发提高农业效率且利于环保的绿色生态技术，并快速转化推广。平衡农业组织和农户之间的补贴，在绿色农业生产技术应用和生态环保等方面，加大对农户的直接补贴力度，使农民直接获益。

　　二是切实发挥信贷政策导向作用，完善保险体系。以扩大绿色金融为抓手，围绕乡村基础设施建设、新型农业经营主体培育，加大资金扶持力度支持。进一步细化支持措施，规范绿色金融产品和服务，将绿色金融融入农业循环发展中的每个产业链，形成更加完善的产业链金融体系。此外还可以借鉴美国和日本的政策思路，尝试将农业补贴转变为农业保险，如此既保证农户收入，又能减缓沉重僵化的补贴资金负担[27]。

　　三是完善农业保险体系，加大保险保障力度[13]。鉴于农业生产具有高风险性和低收益性，可以从以下几个方面来完善农业保险体系：①扩大农业保险的覆盖面，将主要粮食作物、畜禽品种、水产品、特色农产品、设施农业等逐步纳入保险范围。②创新开发符合农业生产经营特点的保险新品种，探索开展完全成本保险、收入保险、农机保险等。③建立农业保险与农业补贴、涉农信贷、农产品期货的联动机制，研究完善农业保险大灾风险分散机制。

　　四是切实推进农村产权制度改革，尽快建立完善的产权交易市场，促进土地经营权、住房财产权以及收费权、商标权等权益的流通交易，从而有效引导资金支持农业的规模经济和聚集经济模式；完善县（区）域资本市场建设，畅通绿色直接融资渠道，吸收社会资金支持农业绿色发展，实现通过市场配置资金。例如推动建立第三方投入机制，探索农业农村环境治理缴费制度与费用分摊机制，在有条件的乡镇试行，取得良好成效后全区推广，实现资金投入多元化[13]。

五是强化绿色发展相关风险防控手段，建立属地责任追究制度。建设追溯体系，推进农产品从田地到市场全程质量追溯体系建设，提高农产品信息准确性和透明度。加强诚信体系建设，建立市场诚信记录，促进市场信用信息公开共享，减少市场主体交易过程中的信息不对称；将失信行为纳入征信系统，加快建立诚信约束机制。完善奖惩机制，鼓励绿色农业生产方式，对绿色生产行为给予奖励，对违反法律规定的生产行为通过罚款、提高税收等措施进行约束。

六是鼓励发展和壮大农民专业合作社。扁平化的组织具有任务清晰、专业分工明确、管理层次简化、易于管理和沟通等特点，能使农场专注于生产，而企业专注于产品处理和销售。因此从长远的角度看，合作社是较为符合我国国情的农业经营模式之一。黄岩区应进一步强化对农民专业合作社和龙头企业的管理，以优化组织管理结构，实现精细化的管理模式。①探索农业精细化管理路径，明确各经营主体功能和管理规范，让农户共同解决实际生产中遇到的问题，制定能够科学量化的标准和可操作、易执行的作业程序，使农业生产的集约程度不断提升，切实提高农业企业的经营效益和发展质量。②进一步规范合作社和龙头企业经营内容，明确合作社和龙头企业与农户之间的分工及责权利关系，充分发挥各自专长，走"农民生产、企业（合作社）经营"的道路，让农产品及加工农产品直接进入市场，建立一个公共产销链，确保农民收益最大化。③提高合作社和农业龙头企业的审批门槛，对具备较为完善的销售渠道和销售网络条件的要优先审批。鼓励合作社理性带领会员发展绿色农业，增强农业的多功能性和可持续性，增强农村社区的活力，使农业和农村的发展符合环境保护、食品安全和质量标准。

6. 对智慧农业进行前瞻性布局，努力实现小农生产的"新旧动能转换"[28]

推进智慧农业，以智能技术赋能传统农业是实现农业生产能力稳定和持续的重要手段。当前智慧农业同农业生物技术已共同成为全球农业科技竞争的制高点和关键前沿。推进智慧农业发展，并以智能技术为确保农业生产能力的稳定和持续提供有力支撑，是日本2020年版《食物·农业·农村基本计划》在未来农业技术方面进行的重点布局。为了加快智慧农业的推进，未来日本将重点加快智能技术的推广利用，提升农业政策实施环节的数字化水平以及推进农业数字技术的研究和开发。中国的智慧农业起步相对较晚，黄岩区在智慧农业方面的尝试位居全省和全国前列，但与发达国家相比仍然有待推进，因而对智慧农业的前瞻性布局显得尤为重要。为此，黄岩区应尽快启动《智慧农业发展规划》的编制工作，进一步明晰黄岩区智慧农业发展的战略导向和发展路径。加大对智慧农业相关技术研发的支持力度，既立足于当前生产实际，又适度超前地开发同规模化农业相适应的智能技术，在智慧农业核心技术创新方面成为全省乃至全国的先行者。

参 考 文 献

［1］曹婧，徐晗，潘绪斌，等 . 中国草地外来入侵植物现状研究［J］. 草地学报，2020，28（1）：1-11.

［2］邢艳辉 . 我国绿色农业发展存在的问题及对策［J］. 乡村科技，2020，11（23）：33-35.

［3］杜志雄，金书秦 . 从国际经验看中国农业绿色发展［J］. 世界农业，2021（2）：4-9，18.

［4］徐兴家 . 智慧农业 为我国农业绿色发展提供新思路［J］. 中国农村科技，2019（8）：77-79.

［5］李嵩誉 . 农业绿色发展法律机制的建构［J］. 郑州大学学报（哲学社会科学版），2020，53（2）：
      38-42，126.

［6］倪玥敏，张亚雄，倪吾钟 . 农业绿色发展的要素制约与对策措施［J］. 浙江农业科学，2020，61
      （11）：2349-2354.

［7］张斌，金书秦 . 荷兰农业绿色转型经验与政策启示［J］. 中国农业资源与区划，2020，41（5）：1-7.

［8］陆明红，刘万才，赵清，等 . 韩国农业发展经验及对我国农业发展的启示［J］. 中国植保导刊，
      2020，40（3）：90-92，18.

［9］杨彪 . 以色列农业的可持续发展：问题、应对与走向［J］. 农业考古，2021（6）：243-251.

［10］周应华，陈世雄，尹昌斌，等 . 美国推进农业可持续发展的经验与启示［J］. 中国农业资源与区划，
      2020，41（3）：1-6.

［11］谢元媛，思沁夫，岸本纱也加 . 日本农业发展与食品安全的研究综述［J］. 中国农业大学学报（社
      会科学版），2015，32（3）：85-94.

［12］RAILL W B，PITTS E.Competitiveness in the food industry［M］.London：Blackie Academic &
      Professional，1998：236-238.

［13］沈云亭 . 以色列农业发展经验及对我国农业现代化的启示［J］. 农村·农业·农民（B版），2019
      （3）：33-37.

［14］杨柳，杨帆，蒙生儒 . 美国新型职业农民培育经验与启示［J］. 农业经济问题，2019（6）：137-
      144.

［15］罗江月，唐丽霞 . 瑞典有机农业发展状况［J］. 世界农业，2012（7）：77-81.

［16］温新荣，丁艳 . 以色列生态农业对我国西北地区农业发展的启示［J］. 内蒙古农业大学学报（社会
      科学版），2008（4）：56-57，60.

［17］李让正 . 农业绿色发展背景下重庆市废旧农膜资源化利用及问题研究［J］. 现代农业，2022（2）：
      92-95.

［18］焦翔 . 我国农业绿色发展现状、问题及对策［J］. 农业经济，2019（7）：3-5.

［19］中共中央办公厅，国务院办公厅.关于创新体制机制推进农业绿色发展的意见［EB/OL］.（2017-09-30）［2023-11-10］.http：//www.moa.gov.cn/ztzl/xy19d/lsfz/201710/t20171011_5837080.htm.

［20］李万超，冯啸，张栋.国际乡村绿色发展经验与中国选择［J］.金融发展评论，2021（9）：55-67.

［21］贾凤伶，赵玉洁，冯友仁，等.丹麦农业绿色可持续发展对我国的经验借鉴与启示［J］.农业科技管理，2020（1）：13-16.

［22］黄岩区民政局.黄岩区养老服务发展"十四五"规划［EB/OL］.（2021-12-31）［2023-11-10］.http：//www.zjhy.gov.cn/art/2021/12/31/art_1621914_59037610.html.

［23］黄岩区农业农村局.关于台州市黄岩区政协十五届二次会议第2023074号提案答复的函［EB/OL］.（2023-06-19）［2023-11-10］.http：//www.zjhy.gov.cn/art/2023/6/19/art_1229724861_58280.html.

［24］金玲，陈冬，刘晓梅.以终身教育理念构建新型职业农民培育新格局的思考［J］.农民科技培训，2019（3）：33-35.

［25］朱小丽，张桂兴，李静娟，等.法国绿色农业对我国农业发展的启示［J］.中国农业信息，2017（9）：15-17.

［26］倪玥敏，张亚雄，倪吾钟.农业绿色发展的要素制约与对策措施［J］.浙江农业科学，2020，61（11）：2349-2354.

［27］郭曦，齐皓天，钟涨宝.日本第四次修订《食品、农业和农村基本法》及启示［J］.中国人口·资源与环境，2016，26（7）：169-176.

［28］马红坤，乔翠霞，夏雯雯.推动小农高质量发展：日本农业新政的指向与启示［J］.现代日本经济，2022，41（1）：78-94.